LEHMANN · THÜRING (HG.)

RETTUNG UND ERLÖSUNG

Johannes F. Lehmann,
Hubert Thüring (Hg.)

RETTUNG UND ERLÖSUNG

Politisches und religiöses Heil in der Moderne

Wilhelm Fink

Publiziert mit Unterstützung des Schweizerischen Nationalfonds (SNF)
zur Förderung der wissenschaftlichen Forschung.

Umschlagabbildung:
„Der Brand des Rintheaters in Wien. Originalzeichnung von F. Kollarz", in:
Über Land und Meer, Nr. 15, Bd. 47, Oktober 1881-1882, S. 300.

Bibliografische Information der Deutschen Nationalbibliothek

Die Deutsche Nationalbibliothek verzeichnet diese Publikation in der
Deutschen Nationalbibliografie; detaillierte bibliografische Daten sind im Internet
über http://dnb.d-nb.de abrufbar.

Alle Rechte, auch die des auszugsweisen Nachdrucks, der fotomechanischen
Wiedergabe und der Übersetzung, vorbehalten. Dies betrifft auch die
Vervielfältigung und Übertragung einzelner Textabschnitte, Zeichnungen oder
Bilder durch alle Verfahren wie Speicherung und Übertragung auf Papier,
Transparente, Filme, Bänder, Platten und andere Medien, soweit es nicht
§§ 53 und 54 UrhG ausdrücklich gestatten.

© 2015 Wilhelm Fink, Paderborn
(Wilhelm Fink GmbH & Co. Verlags-KG, Jühenplatz 1, D-33098 Paderborn)

Internet: www.fink.de

Einbandgestaltung: Evelyn Ziegler, München
Printed in Germany
Herstellung: Ferdinand Schöningh GmbH & Co. KG, Paderborn

ISBN 978-3-7705-5869-8

Inhalt

JOHANNES F. LEHMANN UND HUBERT THÜRING
Einleitung   7

1. RETTUNG AUS DER GEFAHR

MICHAEL NIEHAUS
„Das war meine Rettung" 29

JOHANNES F. LEHMANN
Infamie versus Leben. Zur Sozial- und Diskursgeschichte
der Rettung im 18. Jahrhundert und zur Archäologie
der Politik der Moderne 45

REIMAR KLEIN
Die Rettung der Kinder 67

CHRISTOPH REHMANN-SUTTER UND CHRISTINA SCHÜES
Retterkinder 79

2. RETTUNG IM HORIZONT DER ERLÖSUNG

CHRISTIANE FREY
Die Zeit in Klammern: Rettung und Aufschub
in Gryphius' *Leo Armenius* 101

CLAUDE HAAS
„Jetzt Retter hilf dir selbst – du rettest alle!" Zur Tragödienpolitik der (Lebens-)Rettung in Schillers *Wilhelm Tell* 123

HUBERT THÜRING
Der Unfall und das Rettungswerk. Narrative und Modelle
bei Thomas Mann und Adolf Wölfli 149

3. ERLÖSUNG ALS RETTUNG DER RETTUNG

Daniel Weidner
Erlösung – Endlösung. Poetik der Rettung bei Peter Weiss 171

Silvia Henke
Wer's glaubt. Figuren der Erlösung in Kunstwerken
der Gegenwart 195

4. ERLÖSUNG VON RETTUNG UND ERLÖSUNG

Eva Geulen
Zum ‚Überleben' bei Agamben 213

Ralf Simon
Krypta und Erlösung (Arno Schmidt) 229

JOHANNES F. LEHMANN UND HUBERT THÜRING

Einleitung

Unsere Welt voller Abstürze, Untergänge und Katastrophen ist zugleich eine Welt voller Rettungen, Retter und Rettungsgeschichten. Wohl kein Wort muss man in jüngster Zeit der Finanzkrisen, Erdbeben, Nuklearunfälle und Grippeepidemien häufiger lesen und hören als das Wort ‚Rettung'. Täglich werden ‚Rettungspakete' geschnürt, ‚Rettungsschirme' gespannt, Vorsichtsmaßnahmen ergriffen („Clean Hands Save Lives"), laufen Rettungsprogramme an, damit angesichts der drohenden oder auch nur beschworenen Untergangsszenarien solches Rettungshandeln als alternativlos erscheine. Gefahrenwarnungen, Rettungsaktionen, Risikoberechnungen und Heilsversprechen als Unheilsabwehr sind aber nicht nur ein aktuelles Diskursinstrument zur Plausibilisierung und Invisibilisierung politisch kontingenten Handelns, sondern sie bilden ein zentrales und zugleich breit vernetztes Narrativ unserer Kultur,[1] das aufgrund dieser historischen Persistenz und seiner weiten und weit zurückreichenden Verzweigung ein kulturelles *Basisnarrativ* darstellt. Angesichts der Omnipräsenz in politischen, ökonomischen und ethischen Diskursen der Gegenwart erstaunt es, dass der Begriffe der ‚Rettung' weder in systematischer noch in historischer Hinsicht bisher als grundlegendes Narrativ unserer Kultur (und als Narrativ von Kultur selbst) reflektiert worden ist.

Dass die Rede von ‚Rettung' kulturell so fundamental ist, betrifft erstens die Struktur der abendländischen Erlösungsreligionen und Heilsordnungen mit ihrer Oppositionsbildung von Rettung und Erlösung einerseits sowie Vernichtungsdrohung und Verdammung andererseits. Es betrifft zweitens Grundfragen der Ethik: Wen soll und darf man um welchen Preis retten? Welche Lebewesen, Güter und Rechte darf man zur Rettung opfern? Es betrifft drittens Diskurse der Politik bzw. der politischen Theorie, und reicht hier von den römischen Kaisern und ihrem Titel als *soter* (Retter) über die Souveränitätstheorie der Frühen Neuzeit bis hin zur Moderne, in der Lebensrettung zum zentralen biopolitischen Dispositiv avanciert. Mit Basisnarrativ soll demnach hier gemeint sein, dass ‚Rettung' als ein vielfältig und variabel

---

1 Vgl. Wolfgang Müller-Funk, *Die Kultur und ihre Narrative. Eine Einführung*, Wien ²2008.

füllbares narratives Strukturmuster – Wer (1) rettet wen (2) aus welcher Gefahr (3) mit welchen Mitteln (4)? – zur Konstruktion von ‚Wirklichkeit' beiträgt, als ein Erzähl- und Deutungsmuster, das für die abendländische Kultur, vom Alten Testament bis zum Actionthriller, von Jesus bis zur Biopolitik und von der homerischen Odyssee bis zur Klimarettung unserer Tage konstitutiv ist.

Während das Rettungsnarrativ im engeren Sinn, d.h. als eine geschlossene Handlungssequenz, in der relativ begrenzten Gegenwart aufgeht, weist schon die Doppelfrage, wer wen rettet, in einen weiteren Rahmen oder Horizont der Motivation und Legitimation von Rettungsaktionen. Zwar tendieren die politischen und sozialen Bedingungen, unter denen Rettungen ergehen, in der Moderne dazu, mit den jeweiligen Aktionen zu verschmelzen, weswegen der Rettungsappell im Sinn des Not- oder Ausnahmezustandes jede Maßnahme zu rechtfertigen scheint. Doch ein Blick auf ältere Formationen gebietet, diesen Horizont jeweils als jenen längerfristigen Zeitmodus herauszuarbeiten, den vor allem die Religionen wirkungsmächtig als Erlösungsdimension modelliert haben. Mittels Verträgen verpflichten sich Retter und Rettungssuchende über eine mehr oder weniger ausgedehnte Dauer zu gewissen Leistungen wie Schutz, Hilfe, Glück von Seiten des Retters, Gehorsam, Verehrung, Arbeit von Seiten der Rettungssuchenden. Die Terminierung der Verträge verleiht den Versprechungen und Handlungen Ziel und Sinn. Die Auflösung oder Erneuerung des Vertrags kann als Erfüllung einer Pflicht oder als Entbindung von ihr mit entsprechenden Leistungen oder Belohnungen verbunden sein. In dieser Beziehungsstruktur besteht – vom Gottesbund bis zum Versicherungsvertrag – die Erlösungsdimension, deren Dynamik von den jeweiligen Machtverhältnissen moduliert wird.

Eine historische und systematische Analyse der Rettung muss also das Narrativ der Rettung von der Modelldimension der Erlösung unterscheiden und die Überlagerungen, Nachbarschaften und Entkoppelungen der beiden in den jeweiligen historischen Rettungsdispositiven aufzeigen. Im Blick auf die Moderne steht der Begriff des Basisnarrativs, in dem transhistorisch stabile und historisch veränderbare Faktoren als Verschränkung von Rettung und Erlösung, Immanenz und Transzendenz gedacht sind, als solcher in Frage. Angesichts der aktuellen Gemengelage von intellektuellen Messianismen und glaubenspraktischen Transzendenzbegehren, globalen Rettungsmaßnahmen und individuellen Schicksalszaubern scheint gerade die Disposition des zwischen Rettung und Erlösung gespannten Basisnarrativs die Thesen und Begriffe der Säkularisierung, der epistemischen Brüche, des Mythos und des

Lebens und nicht zuletzt den unbequemen Begriff der Transzendenz neu lancieren zu können.²

Begriffe, Modelle, Semantik

Es können drei diskursive Grundmodelle von Rettung und Erlösung unterschieden werden, die sich ablösen, überlagern und ineinandergreifen: Erstens, das eben erwähnte ältere, religiöse und politische *Vertrags oder Bundesmodell* zwischen Gott (oder Souverän) und dem Volk und dem Individuum. Für Gehorsam gegenüber dem Gesetz und Glaube an die Macht der göttlich-souveränen Instanz verspricht diese Rettung in der Not des Diesseits und Erlösung von allen Übeln im Jenseits. Liegt hier der Akzent eher auf der Transzendenz der Rettungsmacht, so haben die Menschen, zweitens, seit jeher selbst Maßnahmen ersonnen und ergriffen, um sich gegen Gefahren und Bedrohungen zu wappnen, in Katastrophenfällen zu reagieren, die Folgen zu bewältigen und die Schäden zu beheben. Aber erst seit dem 18. Jahrhundert, seitdem weniger das Heil der Seele, sondern zunehmend das biologisch-organische (körperliche) Leben als Substanz und Energie im Zentrum der Diskurse und Praktiken steht, bilden sich aus diesem Grundmodell der *Rettung vor, in und nach der Not* auch übergreifende *Rettungsdispositive* heraus. Ein drittes Modell im Komplex von Rettung und Erlösung, das von der antiken Philosophie über das Christentum bis in das moderne Therapiewesen reicht und die beiden anderen Modelle historisch und systematisch verbindet, besteht in den *intimen spirituellen und körperlichen Praktiken* (Riten, Meditationen, Askesen, Therapien, Kunst etc.), mit denen Kollektive und Individuen sich vor kommenden Übeln bewahren, gegenwärtiges Leiden lindern bzw. sich ihm entziehen und Katastrophen bewältigen. Dazu können die antiken Selbstpraktiken, das christliche Glaubensbekenntnis (als Verinnerlichung des Vertrags- und Bundesmodells) und die buddhistische Selbsterlösung ebenso gezählt werden wie Gerichte, Saturnalien, Messen und Festspiele.

Das semantische Feld der beiden deutschsprachigen Begriffe Rettung und Erlösung wird im Griechischen von einem einzigen, *soteria*, abgedeckt. *Soter* wird bereits in der antiken Mythologie (Vergil, Ovid) der Stifter eines goldenen Zeitalters genannt. In der römischen Kaiserzeit wird *soter* zum Titel des Kaisers, der überall im römischen Welt-

---

2 Zur Kritik am Begriff des Basisnarrativs vgl. den Beitrag von Eva Geulen in diesem Band.

reich Frieden und Ordnung bringt. Dadurch wird die politische Motivation der Titelübernahme für den Messias Jesus deutlich.³ Ausgehend von den Narrativen des Alten und des Neuen Testaments hat die jüdisch-christliche Tradition die Rettung im Sinne zweier ineinander wirkender Dimensionen entwickelt: Zum einen die *Rettung in der Gegenwart* (vor, in, nach einer Not), mit der eigentlichen Rettungsaktion im Zentrum, zum anderen die finale *Erlösung in der Zukunft* (von den Sünden, den Übeln, dem Gesetz). Das Alte Testament überträgt die für rechtliche Verhältnisse verwendeten Verben ‚loskaufen' und ‚auslösen' (*pāda, ga'äl*) auf die Beziehung zu Gott und schließlich auf die endzeitliche Erlösung.⁴ Diese rechtliche Bedeutung ist auch in der neutestamentlichen Auflösung und Erneuerung des Bundes, in der messianischen Rettung und im Jüngsten Gericht, mithin in der Soteriologie und Eschatologie mitzudenken. Umgekehrt gilt es, in den profanen Rettungsdiskursen und -narrativen die religiösen Semantiken zu erkennen.

Die Semantik von ‚Rettung' changiert zudem merkwürdig zwischen eigentlicher und übertragener Bedeutung. Die Begriffe ‚retten' und ‚Rettung' bezeichnen eine Handlung bzw. eine Geschehensfolge, für die es im Schiffbruch oder in einem auf den Abgrund zurasenden Zug zwar ein situatives bzw. szenisch-dramatisches Paradigma gibt, gleichsam einen normalen Einsatzort, aber dennoch kann man kaum zwischen eigentlicher und uneigentlicher Verwendung des Wortes ‚retten' unterscheiden: Jesus am Kreuz ‚rettet' uns, Angela Merkel ‚rettet' den Euro und ein ‚rettender' Einfall die Situation.

Die Tendenz des Begriffs zur übertragenen Bedeutung zeigt sich auch in seiner grammatikalischen Struktur. Retten ist ein Handlungsverb, das auf -ung substantiviert wird, so wie erlösen/Erlösung, handeln/Handlung oder stellen/Stellung. In der substantivierten Form verlieren diese Verben den unmittelbaren Bezug zur konkreten Handlung, indem sie einerseits das Ergebnis der Handlung – und damit abstrahierend einen Prozess bzw. eine Sache – fokussieren und indem sie sich andererseits als Ergebnis/Sache von der konkreten Handlungssituation

---

3 Martin Karrer, „Jesus, der Retter (Soter). Zur Aufnahme eines hellenistischen Prädikats im Neuen Testament", in: *Zeitschrift für neutestamentliche Wiss. Für die ältere Kirche* 93 (2003), S. 153-167.

4 H.-J. Kraus, „Erlösung" (II. Im AT), in: *Die Religion in Geschichte und Gegenwart. Handwörterbuch für Theologie und Religionswissenschaft*, in Gemeinschaft mit Hans von Campenhausen u.a. hg. v. Kurt Galling, 7 Bde., Tübingen ³1986, Bd. II, S. 586-588.

ablösen. Das gilt auch umgekehrt, es sind gerade die Verben, die selbst schon eine nicht-konkrete Handlung ausdrücken, die auf -ung substantiviert werden: herstellen/Herstellung, aber nicht backen/Backung, befreien/Befreiung, aber nicht losbinden/Losbindung.[5]
In Robert Musils *Mann ohne Eigenschaften* stellt der General Stumm von Bordwehr fest, dass die „Beliebtheit der Wortgruppe Erlösung" unter Intellektuellen darin begründet liegt, dass man „den Gebrauch dieser Wörter mit einem liebenswürdigen Mangel an Ernst ausstattet":

„Du hast mich wirklich erlöst!" Oder dergleichen: wer würde das nicht schon gesagt haben, sofern dem bloß zehn Minuten ungeduldigen Wartens oder eine andere Unannehmlichkeit von eben so kleinem Format vorangegangen ist? [...] Es wurde ihm auf diese Art deutlich, daß es nicht ein natürliches, einfaches und menschliches Geschehen ist, was mit solchen Worten ausgedrückt wird, sondern irgendeine abstrakte und allgemeine Verwicklung; Erlösen und nach Erlösung Bangen ist auf jede Weise anscheinend etwas, das nur einem Geist von einem anderen Geist angetan werden kann.[6]

Und das, was jenseits eines natürlichen Geschehens nur ein Geist dem anderen antun kann, das soll man, so der General weiter, wie eben die Rede von der Erlösung, nicht allzu „wörtlich"[7] nehmen. Die Rede von der Erlösung, so die Pointe bei Musil, funktioniert in der Moderne nur metaphorisch, uneigentlich. Das gilt aber im Grunde auch schon für die religiöse Verwendung des Erlösungsbegriffs selbst. Bereits hier ist die Rede vom Erlösen und Erlöser eine Metapher, eine Übertragung aus dem Bereich der Ökonomie bzw. der Vertragsregelung und meint soviel wie ‚auslösen' bzw. ‚freikaufen'.[8] Jesus erlöst uns, aber nicht, wie es bei Luther mit Rückbezug auf diesen ökonomisch-vertragsrechtli-

---

5 Im Grimmschen Wörterbuch steht zwar unter dem Lemma „Erlösung" als Grundbedeutung „losmachung", das ist aber lediglich der Versuch „liberatio" ins Deutsche zu übersetzen und ansonsten kein gebräuchliches Substantiv. *Deutsches Wörterbuch* (1854-1954), hg. v. Jacob und Wilhelm Grimm u.a., 33 Bände, München 1984, Bd. III, Sp. 907.
6 Robert Musil, *Der Mann ohne Eigenschaften*, in: ders.: *Gesammelte Werk*, hg. v. Adolf Frisé, 9 Bde., Hamburg 1978, Bd. II, S. 519.
7 Ebd.
8 U. Theissmann, „Erlösung", in: *Historisches Wörterbuch der Philosophie*, hg. v. Joachim Ritter und Karlfried Gründer, 13 Bde., Darmstadt 1971-2007, Bd. 2 (1989), Sp. 717-719.

chen Hintergrund heißt, „mit Gold und Silber, sondern mit seinem heiligen, teuren Blut".[9] Weil aber bereits die Rede von der Erlösung durch das Blut Christi eine Metapher ist, kann man auch eine andere Metapher verwenden und sagen, Jesus ‚rettet' uns durch seinen Kreuzestod. Da eine Rettungstat, wie sie paganen Göttern und römischen Kaisern im Ehrentitel des *soter* zugesprochen wurde, in der Regel machtvolle und vor allem militärische Stärke voraussetzte, ist die Rettungstat Christi, das Selbstopfer, selbst aber nur in übertragenem Sinne eine Rettungstat. Gerettet wird hier ja nicht innerweltlich das Volk Israel aus der politischen Not, sondern im übertragenen Sinne alle Gläubigen vor der Vernichtung im Endgericht, vor dem zweiten Tod, indem sie für ihr Verhalten belohnt und damit von der vertraglichen Pflicht des Gehorsams erlöst werden.

Es ist der religiöse Kontext, der – insbesondere im griechischen Begriff *soter* – die Begriffe ‚Rettung' und ‚Erlösung' überblendet. Das gilt auch für den Begriff des Messias. Die Messias-Hoffnung des Judentums richtet sich auf eine politische Figur, den gesalbten König, der in die Geschichte des Volkes Israel sichtbar eingreift, Gerechtigkeit herstellt und die Feinde niederwirft. Christus – so die griechische Übersetzung des hebräischen ‚Messias' – ist in diesem Sinne gerade kein Messias. Ein gekreuzigter Messias ist eine *contradicto in adiecto*.[10] Christus durch typologische Interpretationen dann doch als Messias zu deuten, als Typus, der rettet und erlöst, impliziert wiederum Übertragungen und Verschiebungen und betont im Moment der Rettung eher die Erlösung.

Narrativ und Zeitlichkeit

Die immer schon übertragene Bedeutung von retten/Rettung und erlösen/Erlösung liegt auch darin begründet, dass sie jeweils nicht, wie es bei Musil heißt, „natürliche" Handlungen bezeichnen, sondern abs-

---

9 Claus-Dieter Osthövener, *Erlösung. Transformationen einer Idee im 19. Jahrhundert*, Tübingen 2004, S. 22. Vgl. auch 1 Petrus 1,18 (Einheitsübersetzung): „Ihr wißt, daß ihr aus eurer sinnlosen, von den Vätern ererbten Lebensweise nicht um einen vergänglichen Preis *losgekauft* wurdet, nicht um Silber oder Gold, sondern mit dem kostbaren Blut Christi." In der Luther-Übersetzung steht statt ‚losgekauft' das Verb ‚erlöst'.
10 Klaus Schreiner, „Messianismus. Bedeutungs- und Funktionswandel eines heilsgeschichtlichen Denk- und Handlungsmusters", in: *Zwischen Politik und Religion. Studien zur Entstehung, Existenz und Wirkung des Totalitarismus*, hg. v. Klaus Hildebrand, Oldenbourg 2003, S. 1-44, hier S. 5.

trakte Elemente eines narrativen Zusammenhangs. Narrative der Rettung und Erlösung sowie die jeweiligen Konstruktionen von Gefahren bzw. Szenarien vergangener wie zukünftiger Vernichtungen bzw. Vernichtungsdrohungen strukturieren nicht nur mythische und religiöse Weltentwürfe sowie aktuelle Diskurse ethischen, ökonomischen und politischen Handelns. Vielmehr gehört es zum eisernen Bestand aller Abenteuergeschichten, Aventüren und Actionthrillern, dass hier Geschichten von Helden erzählt werden, die sich aus ausweglosen Situationen doch noch mit List oder Gewalt (oder mit Hilfe Dritter) retten oder auch nicht retten können. Das Narrativ der Rettung ist zum einen ein Urreligiöses, insofern es, zumindest im Zeichen monotheistischer Wahrheitsansprüche, um die Alternative von Verdammung und Rettung und um den Zusammenhang von Richten und Retten kreist,[11] andererseits ist es ein urweltliches Narrativ, das in der irdischen Welt ausweglose Situationen und unter Bedingungen der Zeitknappheit spielt und sich in der Epik und der Dramatik seit ihren griechischen Anfängen ebenso findet wie in der populären Unterhaltungskultur der Gegenwart.

Der Begriff der Rettung ist in seiner wie auch immer übertragenen Verwendung von einer impliziten Narrativik nicht zu trennen. Der Begriff und sein Gebrauch setzen voraus, dass eine Handlungsfolge bzw. Geschehensfolge als die *Geschichte* einer Rettung erzählt wird. Diese folgt einem „Plotschema", d.h. einer „Folge von Ereignissen, die mit einer gewissen Konsequenz auseinander hervorgehen und zugleich in ihrer Gesamtheit eine episodische Einheit bilden, die mithin sowohl syntagmatisch als auch paradigmatisch verstrebt sind".[12] Entscheidend für das Narrativ der Rettung ist, gerade im Unterschied zu dem der Erlösung, die *innere Struktur der Zeit*.

In der Rettung geht es um die irdische, chronologische Zeit in höchster und dramatischer Verdichtung. Rettung geschieht *a fortiori* in letzter Sekunde. Die Grundbedeutung des Verbs ‚retten' ist nach dem

---

11 Jan Assmann, Bernd Janowski und Michael Welker, „Richten und Retten. Zur Aktualität der altorientalischen und biblischen Gerechtigkeitskonzeption", in: *Gerechtigkeit. Richten und Retten in der abendländischen Tradition und ihren altorientalischen Ursprüngen*, hg. v. dens., München 1998, S. 9-36. Vgl. auch Bernd Janowski, „Die rettende Gerechtigkeit. Zum Gerechtigkeitsdiskurs in den Psalmen", in: *Recht und Literatur. Interdisziplinäre Bezüge*, hg. v. Bernhard Greiner, Barbara Thums und Wolfgang Graf Vitzthum, Heidelberg 2010, S. 239-255.
12 Albrecht Koschorke, *Wahrheit und Erfindung. Grundzüge einer allgemeinen Erzähltheorie*, Frankfurt am Main ²2012, S. 30.

Grimmschen Wörterbuch „aus der Gefahr *reiszen*".[13] Rettungssequenzen sind daher zerlegbar in Zehntelsekunden, etwa im Filmbild einer rückwärtslaufenden Uhr und des Countdown bis zum Moment der Explosion der Bombe. Von Rettung sprechen wir meist, wenn ein Prozess unaufhaltsam, nämlich wie von selbst und unumkehrbar, läuft und dadurch selbst zum *Bild der Zeit* wird, und er dann doch noch gegen jede Wahrscheinlichkeit aufgehalten wird: Wenn ein vollbesetzter Zug mit kaputten Bremsen bergab auf eine eingestürzte Brücke zurast – hier wird der den Gesetzen der Schwerkraft unterworfene Zug zum dramatischen und sichtbaren Bild der Unumkehrbarkeit der Zeit –, dann wird er, wenn nicht etwas oder jemand rettend eingreift, unweigerlich in den Abgrund stürzen, weil eben Sekunde auf Sekunde folgt. Was immer hier als Rettung in letzter Sekunde erscheint, zum Beispiel eine Herde Elefanten, die während der Zug in sie hineinfährt, diesen abbremst, so dass er gerade noch rechtzeitig zum Stillstand kommt, dieses Rettungsereignis schneidet wie eine Vertikale die horizontale Zeitachse, es erscheint daher wie eine Aufhebung oder Umkehrung der Zeitlichkeit selbst. Von hier aus versteht man auch den doppelten Bezug der Rettung zum Wunder und zur Katastrophe.[14] Rettung hält den gerichteten Ablauf der Zeit an, sie suspendiert die chronologische Zeitlichkeit selbst.

Geht es so im Narrativ der Rettung vor dem Hintergrund der laufenden Zeit um die sich ausschließende Alternative von Leben und Tod, um ein Entweder-Oder, so unterhält das Narrativ der Erlösung eine andere Beziehung zur Zeit. Rettung bezieht sich auf eine unmittelbar drohende Gefahr, Erlösung auf einen Zustand, der auch ohne Erlösung weitergeht. Wenn niemand die verzauberte Prinzessin erlöst, lebt sie eben unerlöst weiter; wenn niemand, und nicht einmal der Tod, den Kranken von seinen Schmerzen erlöst, lebt er eben mit Schmerzen weiter. Erlösung verknüpft die unerträgliche Gegenwart mit einer besseren Zukunft (für die Guten, für die Bösen verhält es sich umgekehrt) und moduliert also die Grenze von Endlichkeit und Unendlichkeit, Vergangenheit, Gegenwart und Zukunft, Diesseits und Jenseits. Die Literatur, vor allem die Romantische, ist voll von unerlös-

---

13 *Deutsches Wörterbuch*, Bd. XIV, Sp. 825.
14 Diese Doppeldeutigkeit einer Katastrophe als Wunder der Rettung und eines Wunders der Rettung als Katastrophe findet sich reflektiert in Kleists Novelle *Das Erdbeben in Chili*. Vgl. Johannes F. Lehmann: „Rettung bei Kleist", in: *Ausnahmezustand der Literatur. Neue Lektüren zu Heinrich von Kleist*, hg. v. Nicolas Pethes, Göttingen 2011, S. 249-269.

ten Figuren, die von etwas oder jemand in einem Bann gehalten werden, die als unerlöste Teufelsfiguren oder Wiedergänger durch die Texte von Novalis, Hoffmann oder Eichendorff wandern. Überhaupt ist zwar das Wort „unerlöst" gebräuchlich, wie etwa Musil von den „unerlösten Nationen" Kakaniens spricht, aber nicht das Wort „ungerettet". Das Gegenteil der Geretteten sind nicht die Ungeretteten, sondern, wie es bei Primo Levi heißt, die „Untergegangenen".[15]

So fokussiert die Erlösung nicht die Entscheidung und das Entweder-Oder und nicht das Vorher und Nachher in einer Abfolge von Zehntelsekunden, sondern die gedehnte Gleichzeitigkeit eines Sowohl-als-auch, die Gleichzeitigkeit von Erlösungs*bedürftigkeit* und Erlösungs*fähigkeit* oder Erlösbarkeit. Die sechs Brüder im Grimmschen Märchen sind zwar in Schwäne verzaubert, aber sie sind dennoch nicht nur Schwäne, sondern zugleich unerlöste Menschen. Der Mensch lebt – nach Paulus – zwar im Fleisch und in der Sünde und folglich unter der Drohung des Todes, aber zugleich ist er oder etwas in ihm erlösungs*fähig*; kann er, wenn er glaubt, statt im Fleisch, im Geist leben.[16]

Ausgehend von Paulus' Brief an die Römer hat die Theologie den zugleich auf die Gegenwart und auf die Un/Endlichkeit ausgerichteten Zeitbezug in einer eher *eschatologisch-apokalyptisch* und einer eher *messianisch* akzentuierten Erlösung ausgeprägt. Während die eschatologisch-apokalyptische Variante die Vergangenheit und Gegenwart auf die zweite Wiederkunft Christi am Ende der Zeiten hin spannt, ist die messianische Erlösung auf die Jetztzeit der ersten Auferstehung zum Leben bezogen und jeder Zeit möglich. Agamben entwickelt in seiner Paulus-Lektüre und anderswo den Begriff der messianischen Zeit als eine Zeit, in der die chronologische Zeit aufgehoben ist, in der Vergangenheit und Gegenwart ineinander geblendet werden und in der die Erwartung in der Jetztzeit immer schon erfüllt ist,[17] und folgt damit dieser Struktur der Gleichzeitigkeit im Narrativ der Erlösung. Erlösung impliziert einen Fall in ein globales Unerlöstsein und zugleich das Mitlaufen der Möglichkeit bzw. der Hoffnung auf Erlösung als Erfahrung der Gegenwart. Adorno, für den es nach dem Fall bekanntlich nichts

---

15 Primo Levi, *Die Untergegangenen und die Geretteten* (1986), aus dem Italienischen von Moshe Kahn, München/Wien 1990.
16 Röm 8,8-9: „Wer vom Fleisch bestimmt ist, kann Gott nicht gefallen. Ihr aber seid nicht vom Fleisch, sondern vom Geist bestimmt, da ja der Geist Gottes in euch wohnt."
17 Giorgio Agamben, *Die Zeit, die bleibt. Ein Kommentar zum Römerbrief* (2000), aus dem Italienischen von Davide Giuriato, Frankfurt am Main 2006.

Richtiges im Falschen gibt, kennt aber doch ein Licht im Dunkeln: „Erkenntnis hat kein Licht, als das von der Erlösung her auf die Welt scheint."[18] Motivisch ist im Narrativ der Erlösung nicht die ereignishafte Gefahr bestimmend, sondern – gemäß der Grundbedeutung von Erlösen im Sinne des Auslösens, Ablösens und Freikaufens – der Zustand der vertraglichen Bindung. Man hat es demnach im Narrativ der Erlösung in der Regel mit einer strukturellen Dreipoligkeit zu tun: dem Erlöser, dem zu Erlösenden und der Instanz, die für das Unerlöstsein einsteht, sei es ein böser Zauberer, sei es der zornige Gott, das sündige Fleisch oder die Schmerzen des Todkranken. Die Rettung funktioniert demgegenüber zweipolig, da die drohende Gefahr selbst, aufgrund ihrer drängenden Zeitlichkeit und ihrer automatischen Prozesshaftigkeit (etwa im Countdown bis zur Explosion der Bombe) nicht mit sich verhandeln lässt, nicht als Subjekt erscheint. Narrative der Erlösung, sofern sie dem Modell des Loskaufs folgen, implizieren den (Verhandlungs-)Sieg über das Böse, über den bannenden Zauberer oder den alten Adam. So heißt es bei Benjamin: „Der Messias kommt ja nicht nur als der Erlöser; er kommt als der Überwinder des Antichrist."[19] D.h., er erlöst nicht nur vom Bösen, er besiegt auch das Böse.

Aus der unterschiedlichen Zeitlichkeit ergibt sich ein weiterer Unterschied zwischen Rettung und Erlösung. In der dramatisch gedrängten Zeit der Rettung geht es immer auch um das Moment der Entscheidung darüber, was gerettet werden soll/kann und was nicht und was gegebenenfalls dafür geopfert werden soll. Rettung impliziert einen Tausch, in dem – in Sekundenschnelle – über Werte zu entscheiden ist. Die Moralphilosophen problematisieren dies gerne im sogenannten Trolley-Problem, in dem wieder unaufhaltsam fahrende Züge die Situation setzen. Zu entscheiden ist hier, ob mittels einer Weichenumstellung Menschen gerettet bzw. getötet werden dürfen. Die Frage des Trolley-Problems lautet: Darf (durch Umlegen der Weiche) der Tod einer Person *in Kauf genommen* werden, um das Leben von fünf Personen zu retten?[20] Damit zielt die Entscheidung in der Rettung

---

18 Theodor W. Adorno, *Minima Moralia. Reflexionen aus dem beschädigten Leben*, Frankfurt am Main 1973, S. 333.
19 Walter Benjamin, Über den Begriff der Geschichte, in: ders., *Gesammelte Werke*, hg. v. Hermann Schweppenhäuser und Rolf Tiedemann, Frankfurt am Main 1991, Bd. I/2, S. 690-708, hier S. 695.
20 Vgl. hierzu: Ezio di Nucci, *Mindlessness. Decision making philosophy*, Newcastle 2013.

auf eine *Reduktion*: Gerettet wird das Wesentliche, das Wichtigste, sei es, wie im barocken Trauerspiel, die Keuschheit oder die Seele, sei es, im modernen Katastrophenfall oder in der Medizin, das nackte Leben. Die Erlösung dagegen zielt auf eine *Transformation*, in ihr geht es nicht um eine Entscheidung darüber, was wirklich wichtig und also noch zu retten ist, sondern um das positive Ziel, einen Zustand der Fülle bzw. der Eigentlichkeit zu erreichen bzw. wiederherzustellen. Rettung ist defensiv, Erlösung offensiv – was Konsequenzen für den unterschiedlichen Einsatz der beiden Narrative und ihre Verknüpfung im Feld der Politik und der Machtbeziehungen hat.

Das Rettungsnarrativ produziert notwendig zwei *figurale Positionen*, Retter und Gerettete, sowie das – um die Achse des Lebens rotierende – Machtverhältnis zwischen ihnen. Der Gerettete lebt ein Leben, das nun gleichsam nicht mehr ihm selbst gehört. Während den Rettern als Helden Ruhm und Ehre gehört, bleibt den Geretteten die Schuld und die Scham des Überlebens.[21] In nahezu allen abendländischen Schöpfungsmythen erscheinen die Menschen als einer Vernichtungsdrohung Entronnene und somit als Gerettete.[22] In der griechischen Kosmogonie gilt das sogar für Zeus und die olympischen Götter, die vor ihrem Vater und dessen Machtgier gerettet worden sind, im Alten Testament sind im Grunde alle Menschen Nachfahren zweier in der Arche Noah Geretteter, so dass man sagen kann, der Mensch erscheint von Grund auf als Geretteter vor dem Hintergrund einer Vernichtungsdrohung, die hinter ihm und zugleich auch als Schatten vor ihm liegt. Das geschuldete Leben erneuert und bestärkt die im Bund vertraglich begründete Beziehung zwischen Retter und Gerettetem und verleiht umgekehrt der Begründung im Bund selbst den Ruch einer vom Retter selbst veranstalteten Gefahr, Not und Rettungsaktion. In diesem Sinne ist der lebende Mensch selbst immer der Überlebende und gleichsam „der Rest, der gerettet wird" (Röm 9,27). Und damit dies nicht vergessen werde, muss die Erinnerung in der Gefahr und Rettung erneuert werden und die Erlösung bis ans Ende der Zeiten aufgeschoben bleiben.

---

21 Levi, Die Untergegangenen und die Geretteten.
22 Vgl. hierzu den Beitrag von Reimar Klein in diesem Band.

Rettung, Erlösung – Macht, Politik

Die Beziehung zwischen der souveränen Macht und dem Leben, das sie leben lassen oder töten kann, ist nach Foucault und Agamben die grundlegende politische Beziehung. Während Thomas Hobbes im *Leviathan* zeigt, dass die Souveränität ihre Totalität und ihren tiefsten Grund in der Tatsache hat, dass der Unterworfene in der Unterwerfung sein Leben *rettet* oder den Tod ‚wählt', ist seit dem aufgeklärten Absolutismus nicht mehr die lebensrettende Unterwerfung Grund und Quelle der souveränen Macht über Leben und Tod (Foucault), sondern wird die Lebensrettung konkrete politische Aufgabe der regierenden Macht. Ende des 18. Jahrhunderts werden allenthalben städtische Rettungsgesellschaften gegründet, Rettungsanstalten bzw. Gerätschaften erfunden und Rettungen in fürstlichen Edikten geboten. Rückt in den Souveränitätstheorien des 17. Jahrhunderts das Leben in seiner Rettungsbedürftigkeit (nämlich das *nackte* Leben) als Urphänomen des Politischen in den Blick, so wird um 1800 das biologische Leben und seine Verwaltung und Steigerung zur politischen Aufgabe. Die Einfügung des Lebens in die Politik hat in den Diskursen und Praktiken der Rettung eines ihrer wesentlichen Korrelate. In dem Maße, wie es die Politik seit um 1800 nicht mehr nur mit Rechtssubjekten, sondern mit Lebewesen zu tun hat, wird die Lebensrettung der Bürger als polizeiliche Aufgabe des Staates nun zu einer Macht, die Leben gleichsam schafft. Das verbindet das hier einsetzende Rettungswesen mit der Bevölkerungs- bzw. mit der Sexualitätspolitik, da die Macht nun als Lebensmacht auftritt und selbst versucht, durch Rettung Leben zu *machen*. Leben und Recht geraten dabei in der Rede von Rettung in ein je verschiedenes Verhältnis. Während die Rettung des individuellen Lebens vom Recht seit dem 18. Jahrhundert gefordert wird (und zu dieser Rettung Polizisten heute „finale Rettungsschüsse" gegen andere abgeben dürfen[23]), so rechtfertigt die Rettung staatlich-politischer Lebensbedingungen gerade die Einkassierung bzw. die Aufhebung des Rechts im Ausnahmezustand. Die Lebensrettung avanciert zum Leitimperativ der modernen Biopolitik.

Das betrifft die Rettung des menschlichen Lebens an seinem problematischen Anfang (etwa die Debatte um den Embryonenschutz oder der Umgang mit Frühgeborenen, deren Leben um jeden Preis und mit

---

23 Vgl. Martin Wagner, *Auf Leben und Tod. Das Grundgesetz und der „finale Rettungsschuß"*, Göttingen 1992.

allen technischen Mitteln gerettet wird) und an seinem Ende (wo man heute seinen Tod vor Lebensrettungsmaßnahmen mit einer Patientenverfügung retten muss). Und es betrifft – vor allem – die systemischen Bedingungen, die das Leben politisch, ökologisch und ökonomisch allererst ermöglichen (Rettung des Weltklimas, Bewahrung vor Grippeepidemien, Rettung des globalen Finanzsystems bzw. systemrelevanter Banken, Katastrophenhilfe etc.). Globale Systemkrisen und deklarierte Ausnahmezustände ermöglichen und erfordern damit pausenlos Rettungshandeln. Und umgekehrt erzeugt jede als Rettung deklarierte Handlung diskursiv den Ausnahmezustand, der die Rettungen wiederum rechtfertigt und dringlich macht – bis hin zum sogenannten „Rettungsfoltern".[24]

Gegenüber der Rettung eröffnet der Begriff der Erlösung eine prospektive oder auch teleologische Perspektive. Die ins Politische gewendeten Messianismen sind seit der Erfindung des Begriffs durch den polnischen Philosophen und Mathematiker Hoëné Wronski 1831 im 19. und dann vor allem im 20. Jahrhundert Legion. Nationalismen und Reichsbildungsphantasien, völkische Auserwähltheitsideologien oder hegelianische Vernunft, immer geht es um politische Utopien eines kommenden, von der Politik erlösten Zustands. Diese Hoffnung auf Erlösung kann nun in dem Maße auch als Ruf nach Rettung *narrativiert* werden, wie die Szenarien des Untergangs *dramatisiert* werden. Das ist wohl auch der Grund, weshalb Paulus trotz der Verkündung der Erlösungstat Christi und der Jetztzeit so hartnäckig an der Zorndrohung Gottes und dem Endgericht festhält: Auf diese Weise kann der Untergang, vor dem die Erlösung uns *retten* soll, immer wieder inszeniert werden. Und das ist schließlich auch der Grund, warum man statt von einem „Erlösungsantisemitismus"[25] eigentlich und treffender von einem Rettungsantisemitismus im Nationalsozialismus sprechen muss: Die Deutschen und die Welt sollten nicht von den Juden erlöst, sondern vor ihnen gerettet werden.

---

24 Vgl. Georg Wagenländer, *Zur strafrechtlichen Beurteilung der Rettungsfolter*, Berlin 2006 (= Schriften zum Strafrecht, H. 173) und Rainer Trapp, *Folter oder selbstverschuldete Rettungsbefragung*, Paderborn 2006.
25 Dieser Begriff stammt von Saul Friedländer, *Das dritte Reich und die Juden*, erster Band: *Die Jahre der Verfolgung 1933-1939*, aus dem Englischen übersetzt von Martin Pfeiffer, München 1998, S. 87-128.

Die Beiträge

Die vielfältigen Überkreuzungsmöglichkeiten des weit verzweigten Basisnarrativs der Rettung und sein untergründiges, immer wieder ganz anders aktualisiertes Verhältnis zum Narrativ der Erlösung ergeben verschiedene Zugänge, die unterschiedliche Aspekte fokussieren. Die ersten vier Beiträge widmen sich dem Aspekt der Rettung aus der Gefahr.

Rettung aus der Gefahr

In seinem Beitrag „,Das war meine Rettung'. Zur Produktion einer Subjektposition" setzt sich *Michael Niehaus* mit der Frage nach der Subjektposition desjenigen auseinander, der von sich als Gerettetem spricht. Dem Subjekt bleibt, so zeigt Niehaus, bevor es gerettet wird, nichts als das Festhalten an seiner „Instituiertheit". Dieses Festhalten verdankt es sich jedoch nicht selbst. Vielmehr soll die Rettung gerade jenen Punkt markieren, an dem das Subjekt seine eigene Hilflosigkeit erkennt, indem es sich selbst nicht zu retten vermag. Es erkennt, dass die Instituiertheit, die es über Wasser hält, ihm gegeben ist. Da die anderen untergehen, ist das Narrativ der Rettung seiner Logik nach immun gegen seine Widerlegung. Es bleiben grundsätzlich nur diejenigen übrig, die für ihre Rettung danken können, die Rettung darf mithin kein Zufall sein. Der Gerettete ist in dieser Hinsicht das Gegenteil des Überlebenden, oder genauer: der Überlebende ist der schwarze Doppelgänger des Geretteten. Solange das Rettungsnarrativ funktioniert, gibt es eine Instanz, der man für seine Rettung *danken* kann. Das Festhalten am Rettungsnarrativ, so erklärt Niehaus die fortdauernde Fundierung im Religiösen, ist nichts anderes als das Festhalten an der Transzendenz der Instanz, der man die Rettung zu verdanken hat, gleichsam die wunderbare Verwandlung des Zufalls in Sinn. Ebenso wie die schwindende Kraft des Rettungsnarrativs gilt es umgekehrt auch, seine Unumgänglichkeit zu analysieren, wie Niehaus zum Schluss ausführt. Die Rettung ist an eine vertragsförmige Verpflichtung und Erfüllung gekoppelt, die das Geschehen teleologisch strukturieren. Sie besteht narratologisch darin, von etwas zu künden oder etwas zu verkünden, also zu einem Sprecher oder Erzähler zu werden wie Ishmael, dem einzigen Geretteten beim Schiffbruch der Pequod in *Moby Dick* (während der bloß Überlebende dem Verstummen überantwortet ist). Die Instituiertheit des Subjekts bewahrheitet sich nicht zuletzt in jener besonderen Zeitlichkeit, die es ihm gestattet, sich für den Fall der Rettung zu *verpflichten*.

Johannes F. Lehmann erkundet in seinem Beitrag „Infamie versus Leben – zur Sozial- und Diskursgeschichte der Rettung im 18. Jahrhundert und zur Archäologie der Politik der Moderne" Diskurs und Geschichte des Rettungswesens seit Ende des 18. Jahrhunderts. In einer theoriegeleiteten Lektüre zeigt er mit Agamben und Foucault, wie die Einfügung des Lebens in die Politik zu einem Diskurs der Lebensrettung führt, in dem der Konflikt zwischen Ehre und Leben zentral ist. Der neue Wert des Lebens unterläuft die alten juridischen Ehrbegrifflichkeiten, denn zu seiner Rettung muss das Recht sich selbst – in einem lokalen Ausnahmezustand – zurückziehen und etwa die Infamie des Selbstmörders widerrufen, damit dieser nicht dem Berührungstabu der Unehrlichkeit verfällt, sondern gerettet werden kann. Sichtbar wird anhand dieses Nukleus des Rettungsdiskurses die Genese eines Paradigmas der Politik der Rettung, das Lehmann Agambens These vom Paradigma des Lagers als Nomos der Moderne entgegensetzt. Noch die Vernichtungspolitik der Nazis wurde von den Akteuren selbst als Rettung, als Rettung des eigenen rassischen Volkskörpers gewertet.

Reimar Klein setzt ebenfalls beim Thema des Lebens ein, fokussiert hier allerdings die Figur des zu rettenden Kindes. So widmet er sich in seinem Beitrag „Die Rettung der Kinder" den wiederholten Versuchen, die Figur der Mignon in Goethes *Wilhelm Meisters Lehrjahren* und *Wilhelm Meisters Wanderjahren* zu retten. Er zeigt, warum diese Versuche für den Roman notwendig sind und warum sie scheitern müssen. Zur Verdeutlichung und als Kontrast werden die Szene einer geglückten Rettung aus Goethes *Wahlverwandtschaft* sowie die einer vereitelten aus Kleists *Erdbeben in Chili* herangezogen. Darüber hinaus wird die Vorgeschichte des Themas im Bereich des Mythos, der Religion und des Märchens verdeutlicht und die Frage nach der besonderen Bedeutung der Kinder und ihrer Rettung für die Literatur aufgeworfen.

Der Beitrag von *Christoph Rehmann-Sutter* und *Christina Schües* über „Retterkinder" knüpft hier unmittelbar an, fokussiert aber die gegenwärtige, medizin-ethische Dimension von Kindern als Retter. Rehmann-Sutter skizziert zunächst die medizinisch-technische Situation, in der zur Rettung eines lebensbedrohlich erkrankten Kindes unter Anwendung von In-vitro-Fertilisation und Präimplantationsdiagnostik ein immunologisch passendes Kind zwecks Spendung von Nabelschnurblut, Knochenmark oder/und peripherem Blut erzeugt wird. Die Pflicht zur Hilfeleistung und erst recht zur Lebensrettung eines Kindes und der Umstand, dass weder das zu rettende Kind noch das Retterkind entscheidungsfähig sind, lässt „Freiwilligkeit" zum leeren Wort werden. Die Geburt des Retterkindes wandelt sich von einer nicht-reziproken

Gabe des Lebens durch die Eltern zu einer Gabe unter Vorbehalt. Das gerettete Kind gerät seinerseits in ein nicht aufzuwiegendes moralisches Schuldverhältnis. Für die Ethik, so legt Rehmann-Sutter abschließend dar, geht es nicht darum, die Beteiligten durch eine vorgegebene Rechtfertigungsstrategie vom moralischen Konflikt scheinbar zu erlösen, sondern darum, den unlösbaren Konflikt zu verdeutlichen, ihn aufzuweisen und damit verstehbar, einschätzbar und vielleicht bewältigbar zu machen. Auf gesellschaftlicher Ebene ist neben der Perfektionierung der Medizin aber auch die politisch-ethische Frage zu stellen, ob es Krankheitskonstellationen gibt, aus denen deshalb kein Ausweg führt, weil die Konflikte zu groß sind, in die man betroffene Familien, insbesondere „Retterkinder" bringen würde. Unabschätzbar ist schließlich, wie sich diese Rettungskonstellation im biographischen Selbstverständnis der beteiligten Individuen ausprägt, das sich notwendigerweise mit anderen Narrativen artikulieren wird.

Eine zweite Gruppe von drei Beiträgen erforscht den Zusammenhang von Rettung und Erlösung mit dem Akzent auf dem Pol der Rettung.

Rettung im Horizont der Erlösung

Christiane Frey legt in ihrem Beitrag „Die Zeit der Erlösung. Gryphius' *Leo Armenius*" dar, wie das barocke Trauerspiel die Paradoxie der Zeit der Erlösung exponiert. Strukturiert wird die Zeitordnung – inhaltlich und dramaturgisch – durch Figuren des Aufschubs. Der Aufschub verweist auf die ambivalente Figur des Katechon, des Aufhalters. Der Katechon hält das Ende der Zeiten auf; zugleich aber verzögert er das Kommen des Messias. So wie der Katechon Zeit gibt, aber auch die Erlösung aufschiebt, so führt in Gryphius' Trauerspiel die gewährte Gnadenfrist zu einer Beschleunigung des Untergangs. Gleichzeitig aber wird genau das zur Bedingung der Rettung. Solange das „eitle" Machtspiel sich fortsetzt, lässt das Ende auf sich warten. In diesem Sinne wurde Gryphius' *Leo Armenius* nicht, wie sonst üblich, als Ausdruck ‚weltlicher Heillosigkeit' gelesen, sondern als Drama des Aufschubs. Diese Neulektüre macht plausibel, dass und inwiefern sich Politisches und Theologisches in Gryphius' Stück nicht von einander trennen lassen. Der Beitrag erweist diese (katechontische) Untrennbarkeit nicht nur mit Blick auf das Trauerspiel selbst, sondern, darüber hinausgehend, mit Bezug auf polit-theologische Theorien des 17. Jahrhunderts.

Claude Haas beleuchtet den Unterschied von souveränen und heroischen Rettungsnarrativen in tragödienpoetologischer Perspektive. Ausgehend von der Beobachtung, dass insbesondere in Schillers *Tell*-Drama die Hauptfigur wiederholt als heroischer Retter tituliert und monumentalisiert wird, sie selbst aber nicht zum politischen Handlungsträger avanciert, stellte er die Frage nach den dramaturgischen und darstellungstheoretischen Ursachen und nach der Implikation einer Präsentation des Retters als einer ausgewiesenen „Leerformel". Denn die einschlägigen tragödientheoretischen Überlegungen von Hegel bis Walter Benjamin binden die Figur der Rettung direkt an den Tod des tragischen Helden und damit an die Kunstform der Tragödie. Indem Schiller die Funktionslosigkeit des heroischen Retters regelrecht vorführt und er seinen Protagonisten am Ende des Stücks auch überleben lässt, so die These von Haas, schreibt er sich immanent und kritisch in eine geschichtsphilosophische Tragödienreflexion ein, die Rettung und Tod, anders als andere Rettungsnarrative, emphatisch zusammenfallen lässt. Dabei zeigt die Konfrontation Schillers insbesondere mit Hegel, dass beider Tragödienmodelle sich nur auf den ersten Blick kategorisch unterscheiden, da Hegel das Rettungspotential der Tragödie als Form kategorisch historisiert und dem Drama seiner Zeit dieses Potential genauso wenig attestieren kann wie Schiller. Abschließend diskutiert Haas die politischen Konsequenzen dieser Enthaltsamkeit vor dem Hintergrund der späteren Philosophie des Tragischen, die im Gegensatz zu den Tragödienprojekten um 1800 die Rettung – und damit auch die Erlösung – für Tragödie und tragischen Tod wieder zu emphatisieren versucht.

Am Beispiel des für die Moderne typischen Rettungsnarrativs des Eisenbahnunglücks untersucht *Hubert Thüring*, wie sich im scheinbar ganz auf die Erhaltung und Sanierung des physischen Lebens ausgerichteten Rettungsdispositiv um 1900 immer wieder narrative Elemente oder ganze Muster religiöser Rettungskonzepte mit transzendenter Perspektivierung durchsetzen. Thomas Manns Erzählung *Das Eisenbahnunglück* führt vor, wie gerade selbstsichere und technik- und machtgläubige Subjekte der Moderne, so auch der Erzähler, in potentiellen Gefahrensituationen von Zweifeln an den immanenten Gründen – im materiellen wie moralischen Sinn – der ‚Rettungswürdigkeit' ihres Lebens befallen werden und reflexartig transzendente Instanzen anrufen. Von da aus zeigt Thüring auf, wie sich im 19. Jahrhundert der Unfall als neues soziales Übel und gleichzeitig ein Dispositiv von Diskurspraktiken der Sicherheit und der Versicherung herausbildet und wie sich das transzendente Erbe teils explizit – durch die religiöse Begrifflichkeit –, teils implizit – durch das auf eine terminierte ‚Erlösung' ausgerichtete Vertragsmodell – transformiert. Der Ironisierung der modernen Rettungsbedürftigkeit durch Manns Erzähler steht der Humor Adolf Wölflis gegenüber, der Unfälle mit und ohne Rettung seriell inszeniert und die Frage nach den Gründen der Rettung, die sonst an die Risikokalkulation adressiert werden, an die göttliche Willkür zurückdelegiert. Bei Mann wie Wölfli erscheint indes das Schreiben selbst als eine Praktik der immanenten Selbstrettung, die sich der lebenszeitlichen und endzeitlichen Erlösung zu entschlagen versucht.

Die dritte Sektion fokussiert den Zusammenhang von Erlösung und Rettung, mit dem Schwerpunkt auf der Erlösung.

Erlösung als Rettung der Rettung

Daniel Weidner untersucht unter dem Titel „Endlösung – Erlösung: Poetik der Rettung bei Peter Weiss" einen historisch und ästhetisch eingrenzbaren Entwurf einer Poetik, die der Erfahrung von Auschwitz – als dem Ort, an dem keine Rettung mehr möglich zu sein scheint – gerecht wird. Dabei wird der Topos von Auschwitz als ‚Hölle' umgekehrt: Für Weiss ist nicht das Lager die Hölle, sondern die Gegenwart der Bundesrepublik, in der vom Lager nicht gesprochen wird. Die ‚Ästhetik des Widerstands' wird insgesamt als Arbeit gegen dieses Schweigen verstanden, somit auch als rettendes Schreiben, das aber nur dann seinem Gegenstand treu bleibt, wenn es immer auch seine eigene Bedrohtheit zum Ausdruck bringt, wie es bei Weiss insbesondere in der Auflösung der Erzählung in (Alp-)Traumbilder geschieht. Insgesamt zeigt Weiss' Werk, dass man nach Auschwitz nicht mehr über Rettung und Erlösung sprechen kann – die Diskurse sind radikal beschädigt. Aber gerade in dieser Beschädigung werden sie nicht nur unentbehrlich, sondern auch unvermeidlich, indem sie die Gegenwart halluzinatorisch heimsuchen: Nach Auschwitz kann man nicht mehr nicht über Erlösung sprechen.

Mit der Permanenz und Transformation religiöser Erlösungsfiguren beschäftigt sich *Silvia Henke* in ihrem Beitrag „Wer's glaubt. Figuren der Erlösung in Kunstwerken der Gegenwart". Während es einerseits scheint, dass Kunst wie Literatur und Religion seit dem 19. Jahrhundert getrennte Wege gehen, dass Künstler wie Schriftsteller sehr dezidiert Abstand nehmen von Bekenntnissen und „gebeugten Knien" (Hegel), ist anderseits seit den 1980er Jahren des 20. Jahrhunderts eine vermehrte Wiederaufnahme von religiösen Themen in Kunst und

Literatur zu beobachten. Ausgehend von der äußerst wirksamen Performance von Marina Abramovic, *The Artist is present* im *Museum of Modern Art* 2011, bei der 700'000 Besucher die „Audienz" wahrnehmen, befragt Henke die Produktions- und Rezeptionsweisen solcher sakraler Präsenzmomente. Mit Michel de Certeau, Bruno Latour, Jürgen Habermas, Jean-Luc Nancy u.a. diskutiert sie die Transformation religiöser Praktiken und deren hermeneutische ‚Aneignung' an zwei Videokunstwerken, *Angel* (1997) von Mark Wallinger und *Maria breit' den Mantel aus* (2011) von Judith Albert. Sie zeigt, wie *Angel*, in Anknüpfung an Walter Benjamins messianische Geschichtsphilosophie und Allegorie-Konzepte, und *Maria breit' den Mantel aus*, mittels Metonymisierung der traditionsschweren mariologischen Glaubenspraktiken, Oszillationsbewegungen zwischen emotionaler Nähe und rationaler Distanz, unmittelbarer Erlösung und reflektierender Aufklärung erzeugen.

Die letzten beiden Beiträge erkunden die Möglichkeit einer Sphäre jenseits von Rettung und Erlösung.

Erlösung von Rettung und Erlösung

Eva Geulen setzt sich mit dem Begriff des Überlebens auseinander, der zunehmend dort zum Zuge kommt, wo die metaphysischen Dimensionen von Rettung und vor allem Erlösung fragwürdig werden. Nach kursorischer Sichtung einiger Theoretiker, vor allem Hannah Arendt und Günther Anders, rekonstruiert sie Bedeutung und Funktion des Überlebens im Werk Giorgio Agambens. Die theologische Problematik des Rests, der gerettet werden soll (Jesaja, später von Paulus im Römerbrief wieder aufgenommen) steht bei Agamben zunächst im Vordergrund. Aber in seinem Auschwitz-Buch und in den Studien zum *homo sacer* wird der Begriff versuchsweise entgrenzt und avanciert zum Stichwort einer ‚neuen Ethik', deren Inbegriff die Figur des ‚Muselmanns' in den Konzentrationslagern ist. Das aber, so Geulens kritische Schlusswendung, mutet dem Begriff des Überlebens entschieden zu viel zu und führt nicht nur zu seiner problematischen Sakralisierung, sondern tendenziell auch zu einer Theodizee der Shoah.

Ralf Simon entwickelt in seinem dem Spätwerk von Arno Schmidt gewidmeten Beitrag zunächst das Theorem, dass Kriegserfahrungen diejenige Trauerarbeit, die nur an individuellen Toden erfolgreich zu vollziehen ist, unmöglich machen, so dass eine kollektive Traumatisierung entsteht. Das Phänomen der intergenerationellen Weitergabe der

Krypta (die Gespenster der unbetrauerbaren Tode) ist in der Psychotherapie bekannt, insbesondere aus dem Kontext der israelischen Gesellschaft, in der in der dritten Nachfolgegeneration des Holocaust die Traumatisierungen der ersten Opfergeneration auftauchen. Simon stellt die These auf, dass Arno Schmidts Kriegserlebnisse (Zweiter Weltkrieg) eine vergleichbare Krypta erzeugt haben und dass Schmidt die Kollektivsymbolik dieser Kryptonymie in seinem Werk formuliert. Daraus ergibt sich die Frage, ob und wie eine solche Krypta aufgelöst werden kann: Muss sie durch erneute Gewalterfahrung gleichsam immer wieder aufgeladen werden oder verlischt sie mit der Zeit, wenn es keine erneuten Traumatisierungen gibt? Wie lange dauert eine solche Zeit? Die spekulative These lautet, dass Erlösung als Verlöschen der Krypta definiert werden kann. In Arno Schmidts Spätwerk unternimmt Simon den Versuch, die dafür nötige Länge der Zeit dadurch herzustellen, dass eine Ontologie von Parallelwelten erzeugt wird. Was dergestalt in einer Gleichzeitigkeit über- und nebeneinander existiert, wäre in die Länge der chronologischen Extension verlegt jene *longue durée*, welche nötig ist, um die Krypta zum Erlöschen zu bringen. In dieser Perspektive wird die schwarze Welt bei Arno Schmidt überraschend auf Erlösungssemantiken durchsichtig, die ihrerseits die bei Schmidt im Hintergrund stehende Gnosis mobilisiert.

Anlass und Dank

Die in diesem Buch versammelten Beiträge sind aus der Tagung „Rettung und Erlösung. Politisches und religiöses Heil in der Moderne" hervorgegangen, die vom 16. bis 18. Februar 2012 an der Universität Basel mit finanzieller Unterstützung des Schweizerischen Nationalfonds (SNF) durchgeführt worden ist. Wesentliches zur Organisation und Durchführung der Tagung hat Carla Aurnhammer beigetragen. Für die Redaktion des Bandes waren sie und Nils Hayn wichtige Helfer. Die Herausgeber danken den genannten Institutionen und allen beteiligten Personen für die Unterstützung.

1. RETTUNG AUS DER GEFAHR

MICHAEL NIEHAUS

„Das war meine Rettung"

I

In den folgenden Überlegungen geht es nicht um die ‚wirkliche und wahre Rettung', sondern um die Produktion einer Subjektposition in einem *Diskurs* – um die Produktion der Subjektposition des *Geretteten*. Mit dieser Absicht verbindet sich die Behauptung, dass ‚Rettung' diese Subjektposition nicht nur impliziert (das ist klar: was wäre die Rettung ohne Gerettete), sondern dass ‚in letzter Instanz' nur die Geretteten sagen können, was Rettung *ist*. Sie tun es, indem sie sich einen Diskurs zu eigen machen, der sie sagen lässt: „Das war meine Rettung". Natürlich kann man auch Stummes retten – ein Tier, eine Pflanzenart, die Umwelt, die ganze Erde, eine Beziehung, die Phänomene, einen Begriff –, aber das sind gewiss abgeleitete Formen der Rettung, bei denen es um die *Fortexistenz* (um das *Weiterleben* im wirklichen oder übertragenen Sinn) von etwas geht, was nicht selbst Zeugnis ablegen kann.[1] Nur die Geretteten, die Zeugnis abzulegen vermögen, können jenes unbestimmbare Mehr zur Sprache zu bringen versuchen, das im Akt des Gerettetwerdens über das bloße Leben hinausgeht.

Die Rettung als solche impliziert die Zeitform des *futurum exactum*. Man mag die ‚wirkliche und wahre Rettung' für etwas halten, was in einer uneinholbaren Zukunft jederzeit und immer aussteht, aber mit einer solchen Auffassung nähert man die Rettung eben der *Erlösung* an, die uns mutmaßlich in eine andere Seinsstufe transformieren wird. Die Rettung als solche hingegen ereignet sich *hienieden*. Und weil sich hienieden noch Weiteres ereignen kann, kann man nicht wissen, sondern nur glauben, dass die Rettung, die mir zuteil geworden ist, tatsächlich meine Rettung *gewesen sein wird*. Die faktische Rettung ist zunächst

---

[1] Vgl. auch den Artikel „Rettung" von R. Glei und S. Natzel im *Historischen Wörterbuch der Philosophie*, Bd. 8, Basel 1992, Sp. 932-938: Das griechische Substantiv *soteria* sowie die von ihm abgeleiteten Verben sind „in der gesamten Antike in einem allgemeinen Sinn ‚Rettung aus einer Gefahr' (insbesondere Lebensgefahr) gebräuchlich" (Sp. 932). Auch als bei den Vorsokratikern (etwa bei Heraklit) belegtes Abstraktum meint es zunächst „das Überleben im biologischen Sinn" (Sp. 933). Ähnliches gilt, wie man unschwer dem *Grimmschen Wörterbuch* entnehmen kann, für das deutsche Wort „retten".

einmal etwas Vorläufiges.² In dem *Diskurs* jedoch, der das Subjekt von seiner Rettung sprechen lässt, erscheint sie als etwas Endgültiges. Im Sprechen über seine Rettung *muss* das Subjekt die Zeitform des *futurum exactum* ausblenden. Statt dessen wird ein Narrativ vorausgesetzt, das die Biographie des Subjekts *ad hoc* auf eine schlichte Weise strukturiert: Es gibt die Zeit vor der Rettung, es gibt die Rettung, und es gibt die Zeit nach der Rettung, von der aus das Subjekt spricht.³

Es ist nicht schwer zu sehen, dass es für das *Narrativ* der Rettung in unserer Kultur ein *Paradigma* – oder ein *Gleichnis* – gibt. Das ist die *Rettung des Schiffbrüchigen*, der nichts mehr hat, woran er sich festhalten kann.⁴ Die Rettung des Schiffbrüchigen kann man als die Errettung aus dem absoluten *Ausgesetztsein* auffassen. Das Meer ist ein Element, in dem man sich *eine Zeit lang* über Wasser halten und die wunderbare Errettung erhoffen kann, obwohl weit und breit nichts in Sicht ist – die Rettung impliziert eine *befristete* Zeit. Wer aus den Wassern gerettet wird, war nicht in der Gewalt von *Jemandem* – wie die Prinzessin in der Gewalt des Drachen, aus der sie *befreit* werden muss –, sondern nur in der Gewalt von *etwas*, einem gleichgültigen Medium, in dem der Mensch sich nicht *einrichten* kann.⁵ Es handelt

---

2 Heinrich Kaulen stellt bei seiner Präsentation von „Rettung" als einem Grundbegriff Walter Benjamins fest: „So wird in der jüdischen und christlichen Theologie sowie in den von ihr beeinflußten eschatologischen Geschichtsvorstellungen Rettung letztlich identisch mit Erlösung und Erlangung überweltlichen Heils." (Heinrich Kaulen: „Rettung", in: *Benjamins Begriffe*, hg. v. Michael Opitz und Erdmut Wizisla, Bd. II., Frankfurt am Main 2000, S. 619-664, hier S. 624). Demgegenüber ist daran festzuhalten, dass die Rettung widerrufen werden kann, die Erlösung hingegen nicht (mit allen sich daraus ergebenden Konsequenzen).

3 Bekanntlich gibt es auch einen Rettungsdiskurs in dem Sinne, dass etwas durch einen Diskurs gerettet wird. Lessing etwa hat mehrere „Rettungen" verfasst (u.a. *Rettungen des Horaz*), in denen tote Autoren gegen ihre Verächter verteidigt werden. Dieser Wortgebrauch lehnt sich an die *vindicatio* an. Hier meint ‚Rettung' im juristischen Sinne Verteidigungsrede (zur ‚Ehrenrettung'). Der wesentliche Punkt ist hier der Stellvertretergedanke: Man ergreift für denjenigen das Wort, der selber nicht (mehr) das Wort ergreifen kann. Auch dies ist natürlich eine abgeleitete Form der Rettung, in der der ‚Gerettete' nicht von sich sagen kann, dass er ein Geretteter ist.

4 Vgl. hier natürlich Hans Blumenberg, *Schiffbruch mit Zuschauer. Paradigma einer Daseinsmetapher*, Frankfurt am Main 1979.

5 Die Bedingung des Sich-Nicht-Einrichten-Könnens ist wesentlich. Wenn Jemand im übertragenen Sinne von sich sagen können will, er sei aus etwas gerettet worden, so muss sich die Rettung auf einen Zustand beziehen, in dem man

sich beim Paradigma – bzw. beim Gleichnis – der Rettung vor dem Ertrinken um die minimallogische Version der gleichsam maximalen Rettung, die allerdings den monotheistischen Glauben an die Unbeseeltheit der Natur voraussetzt.[6] Wer nichts mehr hat, woran er sich festhalten kann, wird sich allein dadurch, dass er sich in der Dehnung bzw. Verdichtung der Zeit *nicht aufgibt*, der Errettung als würdig erwiesen haben. Wer sich aufgibt, ist zum Tod des Ertrinkens verurteilt wie Kafkas Georg Bendemann durch seinen (sozusagen monotheistischen) Vater.[7] Natürlich lehren uns zahllose Geschichten der Rettung auch außerhalb der Wasser, dass man nicht alle Hoffnung fahren lassen soll, da die Rettung immer noch möglich ist. Aber erst die minimallogische Version stellt den verführerischen Fehlschluss der Geretteten so recht vor Augen: Während ansonsten die Rettung unabhängig davon naht oder ausbleibt, ob die ihrer Bedürftigen alle Hoffnung haben fahren lassen oder nicht, vermag der aus den Wassern Gerettete den Umstand, dass er überhaupt nicht hätte gerettet werden *können*, wenn er sich zuvor aufgegeben hätte, in den ebenso falschen wie unwiderleglichen Kausalnexus gießen, dass er gerettet wurde, *weil* er sich nicht aufgegeben hat. Das ist der Kern des *Narrativs* der Rettung, wenn der Gerettete sich dieses Narrativ aneignen können soll.

Von Rettung sprechen heißt, die reine Kontingenz eines Geschehens bestreiten. Vielmehr hat sich der Gerettete der Rettung, die er nicht sich selbst verdankt, gleichwohl irgendwie als *würdig* erwiesen. Darin liegt das der Rettung immanente Theologumenon. Und darin unterscheidet sich – unter anderem und vorläufig – der Gerettete von seinem gespenstischen Bruder, dem bloß Überlebenden. Von der Figur des Überlebenden gibt es zwei prinzipielle Versionen, die sich gegenseitig bedingen. Für Canetti steht der Überlebende – sich jenseits der

---

    vielleicht wohl ‚sein Leben fristen' kann, in dem aber das Leben als nicht eingerichtet erscheint im Sinne des *vitam instituere* (vgl. zu dieser römischen Formel Pierre Legendre, *Vom Imperativ der Interpretation*, Berlin 2010, S. 51f.).

6 Beim berühmtesten aller Schiffbrüchigen, Odysseus, ist diese monotheistische Voraussetzung zum Beispiel nicht gegeben, weil dieser es nicht mit dem Meer als einem gleichgültigen Medium zu tun hat, sondern mit seinem Widersacher Poseidon.

7 Das Meer ist die Zone, in der die von der väterlichen Instanz repräsentierte symbolische Ordnung, d.h. die Instituiertheit des Subjekts in Differenzlosigkeit aufgelöst werden kann; vgl. Michael Niehaus, „Entgründung. Auch ein Kommentar zu Franz Kafkas ‚Das Urteil'", in: *Weimarer Beiträge* 3/2002, S. 344-363, hier S. 356.

symbolischen Ordnung wähnend – als Held auf einem Haufen Gefallener und prahlt, weil ihm die höheren Mächte gewogen sind – und deshalb vertraut er auch darauf, aus der nächsten Gefahr, in die er sich stürzen wird, unverletzt hervorzugehen.[8] Für Primo Levi hingegen ist der Überlebende von Scham beherrscht, weil er – aus der symbolischen Ordnung gefallen – nur durch Zufall und zweifelhafte Mittel dem Leichenberg entkommen ist.[9] Der im eigentlichen Sinne *Gerettete* hingegen hat ein anderes – ein ganz *persönliches* und *christliches* – Narrativ zu generieren: Anders als der Überlebende muss und darf er *dankbar* sein für die Vorsehung, die ihn gerettet hat. Sie hat für ihn offenbar nicht ohne Grund und vermutlich auch nicht ohne Endzweck gesorgt (ein Trugschluss, der bekanntlich den Liebenden in Kleists *Erdbeben in Chili* zugrunde liegt[10]).

Wie die Rettung aus den Wassern besonders deutlich vor Augen führt, ist die Rettung im Singular in letzter Instanz eine *Wiedergeburt*. Wenn er das Narrativ der Rettung ganz ausfüllt, spricht der Gerettete aus der pietistischen Position des *Wiedergeborenen*, des zum wahren Leben *Erweckten*, der nun davon Zeugnis ablegt,[11] wie es etwa die

---

8 Vgl. das Kapitel „Der Überlebende", in: Elias Canetti, *Masse und Macht*, Frankfurt am Main 1980, S. 249-313.
9 Das einschlägige Buch von Primo Levi heißt zwar *Die Untergegangenen und die Geretteten* (München 1990) bzw. *I sommersi e i salvati* (1986), aber bereits die begriffliche Opposition im Titel macht deutlich, dass der Gerettete hier der Überlebende im strengen Sinn ist. Sowohl die Figur des Überlebenden bei Elias Canetti wie die bei Primo Levi machen – wenn auch auf entgegengesetzte Weise – deutlich, dass es sich beim Überlebenden um eine genau genommen unmögliche Position handelt. Der Überlebende Canettis ist ein Phantasma, der Überlebende bei Levi ist existenziell unmöglich. Es handelt sich um eine unmögliche Subjektposition, weil sie eine Nichtpositionierung ist, man kann sein Leben in ihr nicht *einrichten*, man kann nicht bei ihr bleiben.
10 Vgl. zur Rettung bei Kleist im Allgemeinen und im *Erdbeben in Chili* im besonderen Johannes F. Lehmann, „Rettung bei Kleist", in: *Ausnahmezustand der Literatur. Neue Lektüren zu Heinrich von Kleist*, hg. v. Nicolas Pethes, Göttingen 2011, S. 249-269.
11 Die vielfach neu aufgelegte klassische Sammlung zur Demonstration ist: Johann Heinrich Reitz, *Historie der Wiedergebohrnen. Oder Exempel gottseliger so bekannt- und benannt- als unbekannt- und unbenannter Christen Männlichen und Weiblichen Geschlechts In Allerley Ständen: Wie dieselbe erst von Gott gezogen und bekehret und nach vielen Kämpffen und Aengsten durch Gottes Geist und Wort zum Glauben und Ruh ihres Gewissens gebracht seynd*, 4. Aufl., Itzstein 1717.

selbstverfassten Lebensläufe der Herrnhuter Brüdergemeine[12] zur Darstellung bringen. So, wie es im Leben des Geretteten etwas gegeben haben muss, was ihn zum Gerettetwerden prädestinierte, so ist das gerettete Subjekt dazu prädestiniert, einen Diskurs zu halten, in dem diese Prädestination sinnfällig wird. Das gerettete Subjekt versteht sich als *instituiert*; es sieht sich auf einem festen Grund *verankert*.

Es versteht sich von selbst, dass das Rettungsnarrativ im Religiösen fundiert ist, dass das Festhalten an ihm das Festhalten an einer transzendenten Instanz impliziert, der man die Rettung zu verdanken hat, dass es immer um die wunderbare Verwandlung des Zufalls in Sinn geht. Jenseits aller Reden über Säkularisierung gilt es festzustellen: Es gibt keine rein profane Rettung. Profan ist nur das Überleben. Wer von seiner Rettung spricht, zitiert ein nicht-profanes Narrativ (auch wenn er es beliebig profanieren kann). Das Paradigma bzw. das Gleichnis der Errettung vor dem Untergehen in grundloser See durch eine (wie immer) transzendente Instanz liegt auch den sogenannten Rettungen zugrunde, die sich – im übertragenen Sinne – in (wie immer) seichten Gewässern ereignen. Gerade die Rettung in den und aus den seichten Gewässern kann vor Augen führen, dass hier von der Produktion einer Subjektposition im Diskurs die Rede ist, die uns jederzeit zur Verfügung steht. Den Rettungen aus seichten Gewässern, den Rettungen im übertragenen Sinn soll daher nun die gebührende Aufmerksamkeit geschenkt werden.

II

Um die diskursive Logik der Rettung auszuloten, bietet sich eine seit Dezember 2009 florierende Kolumne aus dem *ZEIT-Magazin* an, der wöchentlichen Beilage der *ZEIT*. Dort findet sich auf der letzten Seite stets ein Interview mit einer erfolgreichen Person des öffentlichen Lebens, die aktuell ‚im Gespräch' ist. Dazu gehören Schriftsteller, Künstler, Schauspieler, Modemacher, Wissenschaftler, erfolgreiche Geschäftsleute usw. Die im Wechsel von Ijoma Mangold, Herlinde Koelbl und Louis Lewitan geführten Gespräche stehen unter dem Motto „Das war meine Rettung". Bevor das Augenmerk auf das empirische Material selbst gerichtet wird, soll dieses Motto, das zugleich den Titel der Kolumne bildet, sozusagen von der Theorie aus auf seine Implikationen

---

12 Vgl. etwa Christine Lost, *Das Leben als Lehrtext. Lebensläufe der Herrnhuter Brüdergemeine*, Hohengehren 2007.

hin befragt werden. Denn jedes der vier Wörter, aus denen es besteht, ist bemerkenswert.

Was heißt es erstens, dass *das* meine Rettung war? Man darf also voraussetzen, dass man mit dem Finger auf das Rettende zeigen kann. Und dieses Rettende ist nicht ein Jemand, sondern ein *Etwas*. Es geht also zunächst einmal nicht darum, dass ein Mensch einen anderen gerettet haben könnte. Die Position des Retters gibt es nicht hienieden, es gibt nur Gerettete, denn jeder etwaige Retter ist nur das ausführende Organ, das unwissende Werkzeug der Vorsehung. Eben weil es gewiss und eindeutig ist, dass derjenige, der einen Ertrinkenden aus dem Wasser fischt, im eigentlichen Wortsinn ein Retter ist, ist es für den Geretteten nicht sinnvoll zu erklären, dass *das* seine Rettung war. Denn was dabei gerettet wurde, ist nur das ‚nackte Leben' gewesen, das etwa demjenigen, der es in den Wassern verlieren wollte, gegen seinen Willen erhalten worden ist. Gerade der gerettete Selbstmörder wird erst dann sagen, dass *das* seine Rettung war, wenn der Retter zugleich das Werkzeug der Vorsehung gewesen sein wird und die Rettung im übertragenen Sinne eine Umkehr oder gar eine Neugeburt. Der Hinweis, dass *das* meine Rettung war, impliziert, dass die Rettung nicht nur bezeichnen *kann*, sondern dass man sie bezeichnen muss, weil man ihr nicht ohne weiteres ansehen kann, dass sie eine ist.

Was folgt zweitens daraus, dass das meine Rettung *war*? Natürlich muss die Rettung in der Vergangenheit liegen, damit man sie als solche identifizieren, damit man sie als solche *bezeichnen* kann. Aber in dieser Vergangenheitsform steckt mehr – nämlich das epische Präteritum. Impliziert ist ein Subjekt, das von seiner Rettung erzählen und damit das Rettungsnarrativ *reproduzieren* kann. Wie der auktoriale Erzähler muss das Subjekt die Geschichte, die es zu erzählen hat, als *abgeschlossen* ansehen. Das Subjekt, das so spricht, muss sich auf dem sicheren Boden eines Jenseits wähnen, wo es in einem gewissen – noch genauer zu erhellenden – Sinne *gefeit* ist. Denn es muss sich selbst die Autorität dessen attestieren, dem – irgendwie – ein Überblick über das Leben als Ganzes gewährt ist. Erst von einem unhintergehbaren Abstand aus zeichnet sich das „Das" ab, das unwiderruflich und also unter Ausblendung des *futurum exactum* meine Rettung *war*. Wer so spricht, wer sich in dieser Sache der Vergangenheitsform bedient, steht nicht mehr unter dem unmittelbaren Eindruck eines gerade Geschehenen. Er adressiert sich *nicht* im Perfekt an jemanden, um ihm zu sagen: „Du hast mich gerettet".

Drittens soll es *meine* Rettung sein, die das war. Das Narrativ der Rettung kennt offenbar nur den Einzelnen, nicht das Kollektiv. Nicht von *unserer* Rettung ist hier die Rede. Warum? Weil das Narrativ der Rettung alle Kollektive unter dem Gesichtspunkt ihrer Endlichkeit betrachtet. Spätestens an der Himmelspforte erhält man nicht im Kollektiv Einlass. Und man wird auch – diese Analogie trägt weiter, als es auf den ersten Blick scheint – nicht als Kollektiv *interviewt*.[13] Dem Geretteten geht es *a priori* nur um sich. Wenn jemand dennoch von *unserer* Rettung sprechen möchte – was ihm natürlich unbenommen ist –, so meint er damit nicht die gemeinsame Rettung, sondern die Rettung des Gemeinsamen. Höchstens könnte er hinzufügen, dass die anderen *seine* Rettung waren.

Viertens schließlich ist auch das Wort ‚Rettung' nicht nur deshalb bemerkenswert, weil es ein religiöses Motiv zitiert, sondern weil es dies entsprechend auch im *Singular* tut. Es wird von vorn herein unterstellt, dass es die Rettung nur in der Einzahl gibt: Für jeden Einzelnen ist offenbar genau *eine* Rettung vorgesehen. Wie könnte es anders sein, wenn die Rettung eine Umkehr oder gar eine Wiedergeburt ist? Wer etwas anderes denkt, denkt nur an sein nacktes Leben, das freilich immer wieder gerettet werden kann. Umso größere Ansprüche sind an den Überblick zu stellen bzw. an die Sprechposition, die es mir erlaubt, auf *meine* Rettung zu zeigen. Wie sicher muss man seiner Sache sein, wenn man ausschließen kann, dass man etwas fälschlich für seine Rettung hält, was sich am Ende als etwas ganz anderes erweist?

Aus all dem geht hervor, dass „Das war meine Rettung" eine sehr starke Aussage ist, eine im Grunde kaum überbietbare und nicht einlösbare Behauptung. Wie ist es dann möglich, dass sie das Motto einer Serie von Interviews mit ganz verschiedenen Leuten bildet? Welches sind die Implikationen des Erscheinens dieses Satzes an *diesem* diskursiven Ort? Wie können all diese Leute aus der in diesem Satz implizierten Subjektposition sprechen? Wollen sie, mit anderen Worten, im Ernst behaupten, dass *das* ihre Rettung gewesen ist? Sind sie allesamt Nachfahren der pietistischen Erweckungsbewegungen? Haben sie alle in der *Gefahr* geschwebt, in der das Rettende wächst?

---

13 Dem widersprechen auf den ersten Blick die Interviewsituationen in der Sportberichterstattung, in denen etwa eine Staffel nach einem Lauf interviewt wird. Hier geht es aber um den ganz anderen Typ des ereignisbezogenen Interviews, bei dem es wesentlich ist, dass die Gefragten noch ‚unter dem Eindruck' des Ereignisses stehen, von dem sie noch nicht im epischen Präteritum erzählen können, wie es für das Narrativ der Rettung erforderlich ist. Abgesehen davon wird das Wort den Befragten in diesen abweichenden Interviewsituationen natürlich nacheinander vom Interviewer erteilt.

Zunächst einmal liegt der Einwand nahe, dass der Satz „Das war meine Rettung" lediglich ironisch gemeint ist, dass er ein Narrativ herbeizitiert, nicht aber übernimmt. Tatsächlich handelt es sich ja um das Motto einer *Serie*, das den Interviewten als ein Narrativ *angeboten* wird. Diese Leute treten gerade nicht an, um von ihrer Rettung zu künden wie einst die Erweckten, vielmehr wird ihnen ein Satz, der als Motto der Serie selber bereits ein Zitat ist, noch einmal in den Mund gelegt. Die Interviewten können höchstens eingeladen werden, das Rettungsnarrativ auszuprobieren, es auf ihr Leben anzuwenden, sich versuchsweise als Gerettete zu verstehen, die uns von ihrer Rettung zu berichten vermögen.

Tatsächlich ist die Frage, ob die Interviewten das Rettungsnarrativ ‚im Ernst' für sich in Anspruch nehmen oder ob es sich lediglich um ein ‚ironisches Spiel' handelt – ob sie sich diesen Satz tatsächlich anmaßen oder ob sie ihn bloß zitieren –, falsch gestellt. Seine Stärke und seine Unhintergehbarkeit müsste das Rettungsnarrativ gerade darin erweisen, dass es unter bestimmten Bedingungen gewissermaßen *a priori* applizierbar zu sein schiene: Für alle X, die es geschafft haben, dass man sie um ein Interview bittet, würde gelten, dass sie ihr Leben als einen Anwendungsfall des Satzes „Das war meine Rettung" auffassen können müssen. Oder, um das Ergebnis noch ein wenig mehr der Tautologie anzunähern: Jeder, den man von sich sprechen hören will, muss über sich als Geretteten sprechen können. Daraus folgt, dass das Rettungsnarrativ aussagekräftig und nichtssagend zugleich ist. Aussagekräftig, weil es die *Kraft der Aussage* durch die Gefahr oder wenigstens die Krise affirmiert, die der Aussagende hinter sich lassen musste, um von ihr sprechen zu können. Nichtssagend, weil es so dehnbar sein muss, dass es beinahe *jedem Leben* unterlegt werden kann, das von sich *Zeugnis* ablegt. Kann also dieses Motto in gewisser Weise über jedem Porträt-Interview mit einem *Prominenten* stehen? Dann wäre ein Gerettetsein in der Subjektposition des Prominenten bereits impliziert.[14] Hinsichtlich der beanspruchten Aussagekraft träfe zwar der Kommentar von Louis Begley zu, der sein Interview am 16.2.2012 mit der Bemerkung schließt: „Was für eine merkwürdige Kolumne!"[15] Aber zu-

---

14 Vgl. Michael Niehaus, „Was ist Prominenz im Fernsehen?", in: *Medien & Kommunikationswissenschaft*, Bd. 52 (4/2004), S. 569-582.
15 Die einzelnen Folgen der Serie, die im Archiv der *ZEIT* leicht im Internet auffindbar ist, werden im Folgenden der Einfachheit halber nach ihrem Datum aufgeführt. Ein genauerer Zitatnachweis erübrigt sich, da es sich jeweils um die letzte Seite des *ZEIT-Magazins* handelt.

gleich könnte man den Satz als das unausgesprochene Motto jeder Interview-Kolumne mit Prominenten auffassen. In der Serie „Das war meine Rettung" muss es daher weniger darum gehen, dass die Geretteten von ihrer Rettung *künden*, als darum, dass sie – in welch seichten Gewässern auch immer – ihre Rettung *diskursiv herstellen* oder mehr oder weniger freiwillig der diskursiven Herstellung ihrer Rettung *beiwohnen*.

III

Soweit die Theorie – also gewissermaßen das, was sich aus der diskursiven Logik der Äußerung „Das war meine Rettung" deduzieren lässt. Die Frage ist, ob die Theorie vor aller Augen Schiffbruch erleidet, wenn sie mit den tatsächlichen Interviews konfrontiert wird. Muss sie nicht – ohne Aussicht auf Rettung – Schiffbruch erleiden, wenn das Rettungsnarrativ kein *Passepartout* sein soll? Zunächst ein Prototyp: Die Schriftstellerin Anne Weber wird im *ZEIT-Magazin* vom 15.12.2011 von Ijoma Mangold – was eine Ausnahme ist – auf eine metadiskursive Weise mit dem Rettungsnarrativ konfrontiert: „Diese deutsche Kolumne weiß sich einem schweren Thema verpflichtet: Gab es in Ihrem Leben einen Moment der Rettung?" In ihrer Antwort zeigt Anne Weber an, dass sie gewillt ist, das Rettungsnarrativ auf sich anzuwenden:

> Ich glaube, es gab nur eine Situation, von der ich wirklich sagen kann: Das hat mich gerettet. Das Unheil war in meinem Fall ein plötzliches. Es war eine dieser Situationen, bei denen man meint, der Boden werde einem unter den Füßen weggezogen. […] Aber hier soll es ja nicht um einen Schiffbruch, sondern um eine Rettung gehen. Es war jedenfalls ein Absturz, der alles, worauf ich gebaut hatte, was ich für sicher hielt, zusammenstürzen ließ. Ich habe dem einzigen Drang, den ich noch hatte, nachgegeben und mich in eine absolute Einsamkeit begeben. Gegen alle guten Ratschläge, die einem sonst in solchen Situationen gegeben werden. Stattdessen habe ich in einem Küstenort in der westlichen Bretagne ein Zimmer gemietet, ich war ganz auf mich gestellt. Das Zimmer war nicht besonders hell, es war klamm und kalt. Die Leute waren zu mir als einer Auswärtigen auch nicht sonderlich freundlich am Anfang. Trotzdem empfand ich schon auf den ersten Spaziergängen ein Glücksgefühl, das von der Landschaft kam. Immer wieder bin ich stundenlang die

Küste entlanggelaufen und hatte das Gefühl, dass ich mit jedem Schritt meiner Rettung näher kam.

Frage: „Die Landschaft hat Sie gerettet?" Antwort: „Es war die Luft, der Wind, der alle Bitterkeit, die in mir steckte, wegfegte. Das Dröhnen der Wellen hat die bösen Stimmen, die noch in mir waren, übertönt."

Hier sind die Kernelemente des Narrativs nicht nur versammelt, sondern gleichsam potenziert, was ihre religiöse Dimension besonders augenfällig macht: Nach einem nicht näher qualifizierten Schiffbruch droht das Subjekt unterzugehen. Die soziale Welt mit all ihren Bindungen erweist sich als ein Meer, worauf man nicht bauen, worauf man sich nicht gründen kann usw. Dass sich das Subjekt der daraus resultierenden ‚absoluten Einsamkeit' aber nicht überlässt, sondern sie durch einen tatsächlichen Rückzug potenziert, ist der Keim der Rettung in Form einer Reinigung. Woher aber kam das Vermögen, so zu tun? Anne Weber spricht von dem ‚einzigen Drang', den sie noch hatte. Das Vermögen möchte sie also einer Kraft verdanken, die sie der Rettung *würdig* macht, die über sie hinausgeht, und der sie sich in ihrem Rückzug öffnet.[16]

Die Rettung verdient es erstens, hier im Singular zu stehen, da sie den entscheidenden Punkt darstellt, an dem das Subjekt die ihm unverlierbar scheinende Erfahrung macht, dass *es* diese Kraft *gibt*. Sie ist zweitens auch in einem ausgezeichneten Sinne eine Rettung, die dem Subjekt in seiner Jemeinigkeit zukommt, da es in ihr allein um das auf sich selbst zurückgeworfene Subjekt geht. Sie konstituiert sich drittens in ihrer Prozesshaftigkeit als Vergangenheit, da dieser Prozess eben abgeschlossen sein muss, damit man zurückkehren und exklusiv darüber Zeugnis ablegen kann. Und viertens ist es nicht das Subjekt selbst, das sich gerettet hat (wie man diesen Prozess ja innerhalb eines anderen Narrativs auch beschreiben könnte), sondern eine außerhalb seiner liegende transzendente Instanz, ein *Das*, als dessen irdische Repräsentanz die „Landschaft" firmiert, auf die man *hinweisen* kann.

Ein zweites prototypisches Beispiel ist die Rettungserfahrung einer weiteren Schriftstellerin, Sibylle Lewitscharoff (30.12.2010). Bei ihr

---

16 In verschiedenen Spielarten ist von einer solchen Kraft in den Interviews der Serie natürlich häufiger die Rede. Vera Gräfin von Lehnhoff alias Veruschka (11.10.2011) etwa gerät immer wieder in Abgründe, aber sie weiß, dass sie das wieder heraus kommt, weil „mein Wunsch zu leben stark ist".

steigt der Interviewer ganz unumwunden mit der Frage in das Gespräch ein: „Frau Lewitscharoff, hat es in Ihrem Leben eine Erfahrung gegeben, von der Sie im Rückblick sagen würden: Die hat tatsächlich etwas mit meinem Leben gemacht?" Das ist nun allerdings nicht ganz genau die Frage nach der Rettung, sondern die Frage nach einem Wendepunkt oder einem Einschnitt. Aber der Einschnitt kann eben retrospektiv als Rettung verstanden werden, wenn man die Zeit davor rückwirkend als eine tote und also rettungslose Zeit vor der Erweckung entziffert.

Sibylle Lewitscharoff hat indes mehr zu bieten. Sie bejaht: „Ja, die hat es gegeben, eine wirkliche Rettungserfahrung." Durch den Selbstmord ihres Vaters schon seit längerer Zeit aus der Bahn geworfen, wird die Dreizehnjährige auf eine Party an der Stuttgarter Kunstakademie mitgenommen, wo sie einen LSD-Trip nimmt. „Ich war eigentlich ein bisschen jung für die Sache, aber es wurde trotzdem zu einem riesigen Erlösungserlebnis. Sämtliche Sinneserfahrungen waren unglaublich intensiviert." Etwas „Weltherrscherliches" bemächtigt sich ihrer. Und bei der Straßenbahnfahrt zurück nach Hause mit der Nummer 6

> passierte etwas ganz Tolles. Die Straßenbahn löste sich aus den Gleisen und fuhr direkt hinauf in den Degerlocher Sternenhimmel: Dort oben waren die Toten der Familie um Jesus versammelt. Ausgerechnet die Straßenbahn Nummer 6 fuhr in ein Jenseits, wo die geliebte Großmutter, der Vater und Jesus auf mich warteten.

Diese Halluzination wurde zur „Heilungserfahrung", weil „die Muffigkeit, mit der die Familie mit dem Tod umging, gesprengt" wurde – ein bis heute nachwirkendes „Rettungserlebnis aus einer seelischen Krise", das sie „mit einem Sprung heraus aus dem miesen kleinen Leben" gerissen habe, das sie zu führen gezwungen gewesen war.

Das mystische Erweckungserlebnis in Form einer Jenseitsreise als Rettung (oder gar Erlösung) aus dem toten Leben, das sich in der Gefahr repräsentiert, im schwäbischen Muff unterzugehen: Man kann sich des Eindrucks nicht erwehren, dass Frau Lewitscharoff ihrem Gegenüber (und uns) mit dieser Übererfüllung zugleich eine parodistische Variante des Rettungsnarrativs offeriert. Das heißt aber nicht, dass Zweifel angemeldet werden sollen, ob dieses Erlebnis authentisch ist oder nicht. Vielmehr stellt sich bei der Entäußerung von Frau Lewitscharoff noch deutlicher als bei der Einkehr von Frau Weber die Frage, inwiefern dieses Ereignis bzw. dieser Vorgang den ihnen im Diskurs zugewiesenen Platz wirklich einnehmen kann. Darf man sagen, dass die versuchsweise diskursive Unterordnung der eigenen Biographie unter das Rettungsnarrativ hier gelingt? An dieser Stelle könnte man natürlich wieder tautologisch antworten: Sie gelingt für die Zwecke des Interviews. Aber dieses Argument ist gleichermaßen auf alle Interviews der Serie „Das war meine Rettung" anwendbar und wird der Variationsbreite der Interviews nicht gerecht. Man kann nämlich keineswegs sagen, dass die Applikation des Rettungsnarrativs immer gleich gut funktioniert. Nicht nur gibt eine größere Anzahl von Interviews, in denen vom Bemühen um eine solche Applikation von beiden Seiten wenig zu spüren ist, es gibt auch eine ganze Reihe von Interviews, in denen das, was ,die Rettung' sein soll, so abstrakt ist, dass auch nur eine abstrakte Narration dabei herauskommen kann – etwa wenn die in der Schule gemobbte und vereinsamte Marina Weisbrand von den *Piraten* durch die Internet-Community gerettet wurde (09.08.2012) oder Gesine Schwan durch die „Verbindung von Glaube und Psychoanalyse" (20.09.2012). Vor allem aber gibt es zahlreiche Fälle, in denen das, was mehr oder weniger explizit als Rettung deklariert wird, zu unbedeutend oder zu arbiträr ist, um den ihm zugewiesenen Platz schon innerhalb des Interviews glaubhaft ausfüllen zu können.

Drei Beispiele für viele: Der Ex-Fußballprofi Oliver Bierhoff (28.04.2011) wurde zu Beginn seiner Karriere nach Schule und Militär aus einem schweren Formtief von seinen Eltern und seinem Trainer gerettet, die ihm einen Vertrag bei Casino Salzburg bescherten, wo bei ihm der Knoten auf einmal geplatzt ist. Der Starkoch Johann Lafer (10.02.2011) hat nur noch nach außen hin perfekt funktioniert, im Innern war er „jedoch leer, kaputt, traurig", und was ihn an seinem „Tiefpunkt" gerettet hat, war, dass er „nach 15 Jahren mit Unterstützung einer Fitnesstrainerin wieder mit Sport angefangen" hat. Dem Berlinale-Chef Dieter Kosslick (31.01.2013) wird in den Mund gelegt, dass ihn die Bäckerin, die seine alleinerziehende Mutter davon überzeugt hat, ihn auf das Gymnasium zu schicken, „sozusagen gerettet" hat.

IV

An solchen Begebenheiten sieht man, wie nichtssagend das Rettungsnarrativ als *Passepartout* ist. Für die Unglaubwürdigkeit verantwortlich ist dabei weniger die Substanzlosigkeit der jeweiligen Begebenheit als ihre mangelnde Singularität, deren Behauptung für die Applikation des Narrativs indes erforderlich ist. Tatsächlich darf man annehmen, dass jeder, der zum Interview gebeten wird, eine gewisse Anzahl von Krisen geltend machen kann, die er durchgestanden hat. Jede dieser Krisen lässt sich als eine Gefahr beschreiben, in der er hätte untergehen können. Insofern gleicht der Prominente, so befragt, eher einem Überlebenden denn einem Geretteten. Das Motto, unter dem die Interviews stehen, tendiert daher dazu, sich im Interview zu transformieren. Und wenn die Gewässer auch seicht sein mögen, in denen in diesen Interviews nach der Rettung gefischt wird, ist es doch lehrreich zu betrachten, welche diskursive Form die Rettung annehmen kann, wenn sie nicht mehr im Singular steht.

Die beiden Grundformen sollen abschließend mit den kontradiktorischen Termen *Rettungsrezept* und *Rettungsanekdote* bezeichnet und anhand von Beispielen kurz illustriert werden.

Das *Rettungsrezept* besteht darin, dass das Subjekt über eine Art *Technik* zu verfügen vorgibt, mit dessen Hilfe es ihm gelingt, sich aus einer Krise herauszuarbeiten. Eine solche nachahmenswerte Technik empfiehlt ja der oben genannte Johann Lafer, den ein Fitnessprogramm gerettet hat. Eine solche erlernbare Technik erscheint als eine Überlebensgarantie auch für die Zukunft. So wurde der Komiker Olli Dittrich (30.03.2011) aus einer schweren Krise mit „Angstfantasien und psychosomatischen Störungen" durch das Erlernen einer „Mantra-Meditation" gerettet, „die ich bis heute regelmäßig praktiziere".

Das Rettungs*narrativ* bleibt dort, wo sich die Rettung auf das zurückführen lässt, was man despektierlich Rettungsrezept nennen kann, gleichwohl wirksam – und zwar dadurch, dass die Beziehung zu der betreffenden Technik keine bloß technische Beziehung ist. Vielmehr ist die Technik ihrem Wesen nach ein *Geschenk*, eine *Gabe*. Der Filmproduzent Oliver Berben (22.12.2011) zum Beispiel wurde durch den Tod Bernd Eichingers aus der Bahn geworfen, aus dem ihn seine Mutter Iris Berben gerettet hat, indem sie ihm zu Weihnachten eine inzwischen schon dreimal wiederholte „Ayurveda-Kur geschenkt" hat, für die er sie „erst mal ausgelacht hatte".

Das Rettungsrezept leistet eine Vermittlung zwischen der Wiederholungsstruktur der Krisen mit der Singularität der Rettung, insofern man diejenige Begebenheit als Rettung auszeichnen kann, durch die man in den Besitz dieser Technik gekommen ist. So stellt sich auch der Rückzug Anne Webers in der bretonischen Landschaft als ein Gegenmittel dar, das gegebenenfalls noch weitere Male zum Einsatz kommen kann. Gleichwohl geht das Rettungsrezept in ein Programm zur *Selbstrettung* über, wie sie derjenige geltend macht, der sich als Überlebender betrachtet. So etwa der Wiener Aktionskünstler Hermann Nitsch (19.10.2011), der nach dem Tod seiner ersten Frau durch die von ihm schon im Alter von fünfzehn Jahren „selbst entworfene[ ] Alkoholtherapie" gerettet wurde. Durch regelmäßigen Alkoholkonsum knapp unterhalb der Grenze des Exzesses konnte er sich damals vom „ärgsten Zwang" seiner Angstneurosen befreien. Man sieht: Der Gerettete, der ein Überlebender ist, muss – so darf man schließen – aus einem besonderen *Stoff* gemacht sein.

Wie das Rettungsrezept ist auch die Rettungsanekdote ein Widerspruch in sich. Dem *Handwörterbuch der Rhetorik* zufolge bezeichnet man als Anekdote die „Erzählung eines historischen Geschehens von geringer Wirkung, aber großer Signifikanz".[17] Wie aber sollte einem Rettungsgeschehen geringe Wirkung attestiert werden können? Ist *Rettung* nicht im Gegenteil die allergrößte Wirkung, die ein Geschehen haben kann? Und doch ist etwa das, was Sibylle Lewitscharoff als ihre Rettungserfahrung zum Besten gibt, an und für sich eine bloße Anekdote. Dass dieser erste fulminante LSD-Trip den entscheidenden und sogar erlösenden Einschnitt in ihrem Leben darstellt, muss man ihr glauben, man kann es dem Ereignis nicht ansehen.

Die Anekdote und das Rettungsnarrativ haben gemein, dass sie auf die Erzählung eines einzigen Ereignisses ausgerichtet sind. Nur schneidet das Rettungsnarrativ mit diesem Ereignis eine ganze Biographie in ein Vorher und ein Nachher, das Ereignis gewinnt seine Signifikanz also auf der syntagmatischen Achse, während die Anekdote das Vorher und das Nachher gerade ausblendet und das von ihr berichtete Ereignis seine Signifikanz auf der paradigmatischen Achse gewinnt.

Die Künstlerin Cornelia Schleime (25.08.2011) wurde 1984 durch die „Absurdität der Stasi" gerettet: Weil sie in einem abgehörten Telefonat einen Hungerstreik in einer Kirche angekündigt hatte, um ihre Ausreise zu erzwingen, musste sie binnen vierundzwanzig Stunden das Land verlassen. Diese Begebenheit ist zwar einerseits ein folgenreicher Einschnitt in der Biographie, aber sie *realisiert* andererseits als rein äußerliche Begebenheit nur den Lebensplan der Künstlerin. An sich handelt es sich um eine Anekdote – hier sogar mit einer Pointe.

Wenn es darum geht, in einem Interview von seiner Rettung zu berichten, so wird gewiss nicht nach bloßen Anekdoten gefragt, aber

---

17 Ernst Rohmer, „Anekdote", in: *Historisches Wörterbuch der Rhetorik*, hg. v. Gert Ueding, Bd. 1, Tübingen 1992, Sp. 566-579, hier Sp. 566.

der idealen Antwort wird schon deshalb etwas Anekdotisches eignen, weil man das eigene Leben in einem Interview im Grunde überhaupt nur in Form von Anekdoten ‚zum Besten geben kann'. Anekdoten sind das Erzählbare. In diesem Sinne ist die erzählbare Rettungsanekdote besonders geeignet. Das Motto „Das war meine Rettung" bedeutet dann: Geben Sie uns ein *Beispiel* für eine Begebenheit, an deren Ende Sie sagen konnten „Das war meine Rettung".[18]

Der Schweizer Regisseur und Schauspieler Robert Hunger-Bühler (12.05.2011) macht in seinem Interview eine klare Trennung: Die inneren Erweckungen, die für ihn als Häutungen funktionieren, sind es, die zählen. Aber diese sind nicht wirklich erzählbar. Jedoch gibt es auch Rettungen im buchstäblichen Sinn. Als eine solche präsentiert er die Anekdote, dass er im Winter auf dem Zürichsee mit seinem Ruderboot auf burleske Weise kurz vor dem Untergehen war und seine Hilferufe von Bauarbeitern am Ufer für einen Teil einer Performance gehalten worden seien. Später, nach der Rettung durch die umsichtigen Anweisungen eines Vorarbeiters wird er im Bus mit bloßen Socken für einen entlaufenen Irren gehalten und resümiert seine Erfahrung mit den Worten:

> Es geht einfach so schnell, dass einen die anderen falsch oder völlig anders wahrnehmen. Es braucht eben nicht viel, um als *homo sacer*, als frei schwebendes Wesen außerhalb der sozialen Ordnung, behandelt zu werden.

Aus dieser Rettungsanekdote kann man also etwas lernen, weil sie mit dem homo sacer, wenn man so sagen darf, ein Paradigma ins Spiel bringt. Auf der syntagmatischen Ebene handelte es sich nur um eine buchstäbliche Rettung aus den Wassern ohne weitere Folgen. Wäre Robert Hunger-Bühler bei dieser Gelegenheit ertrunken, wäre das vielleicht ein Ereignis von großer Wirkung gewesen, so aber kehrt der Gerettete ins Leben zurück und macht weiter wie bisher.[19] Zumindest bis

---

[18] Aus der Perspektive der volkskundlichen Erzählforschung ist die Anekdote neben dem *Beispiel* als legitime „*Residualkategorie[ ]*" mündlichen Erzählens aufgefasst worden, weil sich das „lebendige Erzählen unserer Tage" – und möglicherweise seit jeher – „in diese beiden Formbereiche" fügt (Hermann Bausinger, *Formen der ‚Volkspoesie'*, 2. Aufl., Berlin 1980, S. 222).

[19] Neben ‚salvare' bezeichnen auch ‚servare' und ‚conservare' im Lateinischen die Tätigkeit des Rettens. Das Retten hat den Zug zum Bewahren und zur Rückkehr.

zur nächsten Begebenheit, bei der er sein Leben verlieren kann. Rettungsanekdoten, so darf man daraus schließen, werden von Überlebenden erzählt. Und zu denen dürfen wir uns ja wohl alle zählen.[20]

---

20 Die Antwort auf die Frage, wann man in *Gefahr* war, sein Leben zu verlieren, hängt offensichtlich davon ab, wie hoch das *Risiko* sein muss, damit man es diskursiv in eine Gefahr ummünzen kann. Man wird jedenfalls kaum bestreiten, dass die alltagsweltlichen Anekdoten eher von ausgebliebenen Ereignissen handeln und dass es in ihnen um die Heraufbeschwörung der mit ihnen verbundenen Gefahr geht („Wenn ich da nicht rechtzeitig gebremst hätte, wäre ich tot gewesen"). Das Missverhältnis zwischen der großen Zahl der gerade noch ausgebliebenen Unfälle und den eingetretenen Unfällen macht uns alle vielfach zu Überlebenden.

Johannes F. Lehmann

Infamie versus Leben
Zur Sozial- und Diskursgeschichte der Rettung
im 18. Jahrhundert und zur Archäologie
der Politik der Moderne

Ende des 18. Jahrhunderts, das ist die berühmte These von Michel Foucault, wird ‚das Leben' selbst politisch, wird es zum unmittelbaren Objekt des Regierungshandelns. Biopolitik ist nach Foucault „der Eintritt des Lebens in die Geschichte – der Eintritt der Phänomene, die dem Leben der menschlichen Gattung eigen sind, in die Ordnung des Wissens und der Macht, in das Feld der politischen Techniken."[1] Foucault schreibt:

> Zum ersten Mal in der Geschichte reflektiert sich das Biologische im Politischen. Die Tatsache des Lebens ist nicht mehr der unzulängliche Unterbau, der nur von Zeit zu Zeit, im Zufall und in der Schicksalshaftigkeit des Todes ans Licht kommt. Sie wird zum Teil von der Kontrolle des Wissens und vom Eingriff der Macht erfasst. Diese hat es nun nicht mehr mit Rechtssubjekten zu tun, die im äußersten Fall durch den Tod unterworfen werden, sondern mit Lebewesen, deren Erfassung sich auf dem Niveau des Lebens halten muss. Anstelle der Drohung mit dem Mord ist nun die Verantwortung für das Leben, die der Macht Zugang zum Körper verschafft.[2]

Wie sich die Macht im Paradigma der Biopolitik seither „auf dem Niveau des Lebens" gehalten und sich dabei jenseits des Juristischen bewegt hat, ist in der Folge Foucaults mit großer Akribie und auf vielen verschiedenen Feldern untersucht worden. Ein zentrales Feld dieser biopolitischen Unterwerfung des Lebens unter die Kontrolle des Wissens und der Macht ist die Erfindung und die Einrichtung eines Lebensrettungswesens im letzten Drittel des 18. Jahrhunderts. Überraschenderweise ist die Geschichte des Rettungswesens (wie auch die

---
1 Michel Foucault, *Sexualität und Wahrheit I: Der Wille zum Wissen*, aus dem Französischen von Ulrich Raulff und Walter Seitter, Frankfurt am Main 1977, S. 169.
2 Ebd., S. 170.

Geschichte und die Theorie einer *Narrativik* der Rettung) bisher noch weitgehend ungeschrieben, obwohl gerade die Debatte um Lebensrettung, wie sie sich Ende des 18. Jahrhunderts in fürstlichen Edikten einerseits und städtischen Gründungen von Rettungsgesellschaften andererseits niederschlägt, ein überaus lehrreiches Kapitel im Übergang von frühneuzeitlicher zu moderner Politik darstellt – und darüber hinaus Einblicke in die Strukturen eines Paradigmas der ‚Politik der Rettung' erlaubt, das uns noch heute umgreift.

Die Versuche im letzten Drittel des 18. Jahrhunderts, ein Rettungswesen zu etablieren, zu finanzieren und zu plausibilisieren, haben nicht nur (aber auch) mit Fragen des medizinischen Wissens über Wiederbelebungsmaßnahmen zu tun und auch nicht nur mit der Erfindung und Finanzierung von Rettungsgerätschaften, sondern vor allem und fundamentaler mit der vom Recht selbst betriebenen Ersetzung einer älteren, juristischen Perspektive auf einen totscheinenden, menschlichen Körper durch eine neuere, biologische Perspektive. Die Dokumente und Quellen zur Einrichtung eines Rettungswesens zeigen den zentralen Konflikt zwischen dem Rechtsbegriff der Infamie bzw. der Unehrlichkeit und der biologischen Kategorie des Lebens als das zugrundeliegende Problem dieser Transformation.

Die Rettung des Lebens, wie sie ab 1767 (zuerst in Amsterdam und in Hamburg) in verschiedenen Formen gefordert wird, basiert auf einem lokalen und temporären Ausnahmezustand im und für den Moment der Rettung. Das Paradox der fürstlichen Mandate und Edikte, die ab 1770 Rettungen befehlen, ist, dass sich das Recht um der Rettung des bloßen Lebens willen gleichsam selbst zurückziehen und aufheben muss. Denn ein totscheinender Körper, als ein potentielles Opfer eines Verbrechens oder als Selbstmörder, fällt in der Frühen Neuzeit eigentlich in die Sphäre der Obrigkeit und des Rechts, in die Sphäre von Unehrlichkeit und Infamie. Einen solchen Körper zu berühren war verboten und führte im Fall der Übertretung zu einer Ansteckung mit eben dieser Unehrlichkeit. Dagegen mussten die fürstlichen Edikte immer wieder einschärfen, dass jeder verpflichtet sei, einem totscheinenden Menschen mit sofortigen Rettungsmaßnahmen zu helfen, ohne erst die obrigkeitliche Begutachtung und Ehrlichmachung abzuwarten. Rettung zu befehlen impliziert somit die Deklaration eines kleinen Ausnahmezustandes: Um des Lebens eines zu Rettenden willen, er sei, wer er wolle, muss das Recht sich selbst zurückziehen.

Angesichts dieses zugrundeliegenden Konflikts zwischen Leben und Unehrlichkeit im Kontext der Einrichtung eines Rettungswesens ist es möglich, Michel Foucaults These des Einsatzes einer spezifisch modernen Biopolitik um 1800 mit der These Giorgio Agambens, der in der Biopolitik und der Produktion des nackten Lebens die überzeitliche Tiefenstruktur der Souveränität sieht, zumindest in einem Punkt zu verbinden. Oder anders gesagt: Es ist die Erfindung und der Diskurs um die Lebensrettung, die als Phänomene der Modernisierung des Politischen um 1800 allererst deutlich machen, inwiefern der von Agamben ins Feld geführte Ausnahmezustand tatsächlich jenes nackte Leben produziert, das Souveränität begründet. Das nackte Leben wird allerdings hier gerade nicht, wie bei Agamben, von seiner Tötbarkeit, sondern – und das entspricht Foucaults These von der biopolitischen Moderneschwelle um 1800 – vom Leben und seiner Rettbarkeit her gedacht. Das Paradigma der Moderne, das wird zu zeigen sein, ist daher nicht allein, wie Agamben meint, das Lager, das den Ausnahmezustand in die Ordnung hineinholt,[3] sondern viel grundlegender, die Rettung, um derentwillen Ausnahmezustände und Lager eingerichtet und begründet werden. Und in dem Maße, in dem der Mensch im Diskurs um die Lebensrettung am Ende des 18. Jahrhunderts als (ökonomisch) wertvolle Biomasse entdeckt wird, verwickelt sich dieser Diskurs in Fragen nach dem Wert des Lebens, die Ende des 19. Jahrhunderts und zu Beginn des 20. Jahrhunderts in Thesen vom lebensunwerten Leben münden. Ich werde im Folgenden zunächst die theoretische Schnittmenge wie die Differenz zwischen Foucault und Agamben herausarbeiten (I), um dann zu zeigen, wie gerade die bisher unbeachtet gebliebene Geschichte der Lebensrettung und der ihr zugrundeliegende Konflikt zwischen Leben und Ehre/Recht vor diesem Hintergrund als Tiefenstruktur moderner, ‚humaner' Biopolitik zu verstehen ist (II) und welche fatalen Konsequenzen dies hatte (III).

I

Im Gegensatz zu Michel Foucault versteht Giorgio Agamben Biopolitik als ein Strukturmoment von Souveränität überhaupt und löst sie somit von der Modernitätsschwelle um 1800 ab, auf die Foucault die Erfindung der Bio-Macht bezogen hatte. Souveränität basiert demnach auf der Produktion, der einschließenden Ausschließung von nacktem Leben. Dieses nackte Leben, das entsteht, wenn das Recht sich abwendet und seine Schutzmacht aufkündigt, ist nach Agamben das ursprüngli-

---

3 Giorgio Agamben, *Homo sacer. Die souveräne Macht und das nackte Leben*, aus dem Italienischen von Hubert Thüring, Frankfurt am Main 2002, S. 179.

che Fundament souveräner Macht. Indem der Vater im Römischen Recht sein Kind rechtlich anerkennt, schließt er dessen nacktes Leben zugleich aus, indem er es einbezieht und über das er – als Souverän – die absolute Macht hat (Vita necisque potestas). „Nicht das einfache natürliche Leben, sondern das dem Tod ausgesetzte Leben (das nackte oder heilige Leben) ist das ursprüngliche politische Element."[4] In Agambens überzeitlicher Souveränitätstheorie ist das nackte Leben als ausgeschlossenes nicht das natürliche Leben, sondern das Leben, das vom Recht verlassen bzw. gebannt wird (was im Italienischen abbandonato, ‚verlassen' bedeutet). Als ein solches vom Recht verlassenes Leben kann es getötet werden, ohne dass dies als Mord gilt, und es kann nicht geopfert werden, weil es hierfür jeden Wert verloren hat. Das nackte Leben fällt aus dem menschlichen bzw. politischen wie aus dem göttlichen bzw. religiösen Recht heraus, es ist buchstäblich nackt, „homo sacer".[5] Das erste Fundament der politischen Macht ist ein „absolut tötbares Leben [...], das durch seine Tötbarkeit selbst politisiert wird."[6]

In seinen Vorlesungen mit dem Titel *Zur Verteidigung der Gesellschaft* aus dem Jahr 1976 sagt Michel Foucault Ähnliches. In seiner brillanten Analyse der Passage über die Gründung eines Staates in Hobbes' *Leviathan* zeigt Foucault, dass es nicht der Krieg ist und auch nicht die Gewalt des Siegers, die Souveränität konstituiert, sondern die Unterwerfung des Besiegten unter den Sieger, und zwar, um dadurch sein eigenes, und zwar sein nacktes Leben zu retten. (Im üblichen Sprachgebrauch des Deutschen ist der vortheoretische Ausdruck des ‚nackten Lebens' zumeist mit der *Rettung* dieses Lebens verknüpft).[7] Diese lebensrettende Unterwerfung ist es letztlich, die Souveränität konstituiert. Foucault schreibt über Hobbes:

> Nicht die Niederlage begründet auf brutale und außerrechtliche Weise eine Gesellschaft der Beherrschung, der Versklavung, der Knechtschaft, sondern das, was sich in der Niederlage vollzieht, nach Aus-

---

4 Agamben, Homo sacer, S. 98.
5 Ebd., S. 92: „Denn so wie bei der souveränen Ausnahme das Gesetz sich auf den Ausnahmefall anwendet, indem es sich abwendet und zurückzieht, so ist der *homo sacer* der Gottheit in Form des Nichtopferbaren übereignet und in Form des Tötbaren in der Gemeinschaft eingeschlossen. Das Leben, das nicht geopfert werden kann und dennoch getötet werden darf, ist das heilige Leben."
6 Ebd., S. 98.
7 Im Duden heißt es im Artikel „Leben": „das nackte Leben (die bloße Existenz) retten."

gang der Schlacht, nach der Niederlage und unabhängig von ihr: etwas, was mit Angst und dem Verzicht auf Lebensgefahr zu tun hat. Das ermöglicht den Eintritt in die Ordnung der Souveränität und in die Rechtsordnung der absolutistischen Macht. *Der Wille, das Leben dem Tod vorzuziehen, begründet die Souveränität*, eine Souveränität, die ebenso rechtlich und legitim ist wie jene, die sich auf den Modus der Einsetzung und der wechselseitigen Übereinkunft gründet.[8]

Und fast dasselbe wiederum finden wir bei Agamben in seinem Buch *Mittel ohne Zweck*:

> Die puissance absolue et perpétuelle, die die staatliche Macht definiert, gründet sich in letzter Instanz nicht auf einen politischen Willen, sondern auf das bloße Leben, das lediglich in dem Maße erhalten und geschützt wird, wie es sich dem Recht des Souveräns (oder des Gesetzes) über Leben und Tod unterwirft.[9]

Foucault sieht, genau wie Agamben, im nackten Leben das Fundament der politischen Macht. Das nackte Leben ist in die politische Ordnung eingeschlossen, indem es ausgeschlossen ist. In einer späteren Vorlesung fragt Foucault: „Muß das Leben nicht außerhalb des Vertrags bleiben, insofern es der erste Anstoß, der ausschlaggebende und fundamentale Anlaß für den Vertrag ist?"[10]

Rettung des Lebens bildet die Grundlage der politischen Macht und der Souveränität. Nach Hobbes gibt es zwei Wege Herrschaft zu errichten bzw. Souveränität zu begründen, durch Eroberung und durch Zeugung.[11] Hobbes kann diese beiden Wege parallelisieren, da es sich in beiden Fällen um eine asymmetrische Beziehung handelt, in der das Leben des einen in der Hand des anderen liegt. So wie es im Römischen Recht der Vater ist, der das nackte Leben des Kindes ausschließt, indem er das Kind aufhebt und anerkennt, so dass es als sein Kind le-

---

8 Michel Foucault, *In Verteidigung der Gesellschaft. Vorlesungen am Collège de France (1975-76)*, aus dem Französischen von Michaela Ott, Frankfurt am Main 1999, S. 109. (Meine Hervorh.).
9 Giorgio Agamben, *Mittel ohne Zweck. Noten zur Politik*, aus dem Italienischen von Sabine Schulz, 2. Aufl., Zürich u.a. 2006, S. 15.
10 Foucault, In Verteidigung, S. 278/279.
11 Thomas Hobbes, *Leviathan oder Stoff, Form und Gewalt eines kirchlichen und bürgerliche Staates,* hg. und eingeleitet von Iring Fetscher, Frankfurt am Main 1984, S. 156.

ben darf, so liegt für Hobbes das Leben des Kindes voll und ganz in der Macht der Mutter:

> Da sich ferner das Kind zuerst in der Gewalt der Mutter befindet, so daß sie es entweder aufziehen oder aussetzen kann, so verdankt das Kind der Mutter sein Leben, wenn sie es aufzieht, und ist ihr deshalb vor allen anderen zum Gehorsam verpflichtet, und folglich steht ihr das Herrschaftsrecht darüber zu. Setzt sie es aber aus, und ein andere findet es und zieht es auf, so steht die Herrschaft dem zu, der es aufzieht. Denn es muß dem gehorchen, der es erhält.[12]

Vom Beginn des Lebens an ist das Leben rettungsbedürftig, d.h. darauf angewiesen, dass es nicht dem Tod überlassen wird. Das Leben ist dabei nicht unmittelbar dem Tod selbst ausgesetzt, sondern der Entscheidung der Mutter, es auszusetzen oder nicht. In Analogie zu dieser Entscheidung der Mutter, der das Kind unterworfen ist, ist es nicht der Sieg des Eroberers, der Herrschaft konstituiert, sondern die Unterwerfung des Besiegten unter die Entscheidung des Siegers: „denn da die Erhaltung des Lebens der Zweck ist, weshalb jemand zum Untertan eines anderen wird, nimmt man von jedermann an, daß er dem ewigen Gehorsam verspricht, in dessen Macht es steht ihn zu erhalten oder zu vernichten."[13] Durch Unterwerfung, ein Knecht (servant) zu werden, bedeutet sein Leben zu retten, zu bewahren (servare). Das Wort ‚servant', so Hobbes, stammt womöglich nicht vom Verb „Servire, to Serve", sondern von „Servare, to Save".[14] Souveränität resultiert aus dem nackten und dem tötbaren Leben desjenigen, der sich – ohne eine Bedingung zu stellen – unterwirft, um sein Leben zu retten.[15]

---

12 Ebd., S. 157. Vgl. auch Thomas Hobbes, *De cive or the citizen*, edited with an introduction by Sterling P. Lamprecht, Connecticut 1982, S. 106: „But it is manifest that he who is newly born is in the mother's power before any others, insomuch as she may rightly, and at her own will, either breed him up, or adventure him to fortune."

13 Hobbes, Leviathan, S. 157.

14 Thomas Hobbes, *Leviathan*, revised student edition, edited by Richard Tuck, Cambridge University Press 1996, S. 141. Hobbes, Leviathan (dt.), S. 157.

15 Die natürliche Gleichheit ergibt sich nach Hobbes aus der Tötbarkeit des Menschen: „Die einander Gleiches tun können, sind gleich; und die, die das Größte vermögen, nämlich zu töten, können auch Gleiches tun. Deshalb sind die alle Menschen von Natur aus gleich." Thomas Hobbes, *Vom Menschen. Vom Bürger*, eingeleitet und hg. v. Günter Gawlick, 3. Aufl., Hamburg 1994, S. 80. Und deshalb liegt der Bildung des Staates Furcht zugrunde. Um sich „retten zu

Lebensrettung bzw. -erhaltung ist demnach das zentrale Element in der Theorie der Souveränität. Die Machtbeziehung des Souveräns liegt somit in der Möglichkeit der Unterlassung, denn der Souverän hat das Recht, sich von einem ihm Unterworfenen gleichsam zurückzuziehen und ihm dadurch in einen *homo sacer* zu transformieren, in nacktes Leben, das vom Schutz der Gesetze ausgeschlossen ist.[16] Es ist aber nicht nur die Eigenschaft des Lebens, getötet, sondern zugleich gerettet werden zu können, die Souveränität begründet. In diesem Sinne hat Agamben Recht, wenn er einen überzeitlichen Begriff von Biopolitik formuliert und wenn er seine Souveränitätstheorie auf die Prozesse von Ausschluss und Einschluss des nackten Lebens und den Begriff des Ausnahmezustandes gründet. Allerdings betont Agamben im Hinblick auf das nackte Leben zu einseitig dessen Tötbarkeit.[17] Die Praxis und der Diskurs der Rettung menschlichen Lebens, wie beide seit dem letzten Drittel des 18. Jahrhunderts in den Quellen fassbar sind, zeigen, dass der Ausnahmezustand als Rückzug des Rechts das nackte Leben nicht allein produziert, um es dem Tod auszusetzen, sondern zugleich bzw. vielmehr, um es zu retten. Das entspricht ganz buchstäblich Foucaults These vom Eintritt des Lebens in die Politik am Ende des 18. Jahrhunderts, denn gerade die Etablierung der Lebensrettung ist ein

---

können" (ebd., S. 79), suchen die Menschen entweder die Flucht oder ein Versteck oder sie greifen zu den Waffen. Aus diesem Kampf „erhebt sich der Staat." (Ebd.).

16 Vgl. hierzu Kleists *Die Familie Schroffenstein*. Weil der Souverän Sylvester aus dem Hause Warwand in Ohnmacht gefallen ist, erschlägt sein Volk den fremden Herold aus dem Hause Rossitz (II, 2). In ironischer Verkehrung wiederholt sich diese Konstellation später in Rossitz. Ganz bewusst greift der Souverän Rupert hier nicht ein, als sein Volk den Herold aus Warwand lyncht: Die Abwesenheit (Ohnmacht) des Souveräns gibt hier das Leben des Herolds (Jeronimo) Preis: „Jeronimus: Dein Gast bin ich, ich wiederhols – Und wenn / Der Herold dir nicht heilig ist, so wird's / Der Gast dir sein. Rupert: Mir heilig? Ja. Doch fall / Ich leicht in Ohnmacht." (III, 2, V. 1782-1786) In der folgenden Szene wird Jeronimo dann vom Lynchmob erschlagen, weil Rupert sich weigert, sich am Fenster zu zeigen.

17 Diese Kritik äußert unter anderen Philipp Sarasin, „Agamben – oder doch Foucault?", in: *Deutsche Zeitschrift für Philosophie*, Band 51 (2003), S. 348–353; sowie Thomas Lemke, „Die Regel der Ausnahme. Giorgio Agamben über Biopolitik und Souveränität", in: *Deutsche Zeitschrift für Philosophie* 52 (2004), S. 943-963; Thomas Lemke, „Die politische Ökonomie des Lebens, Biopolitik und Rassismus bei Michel Foucault und Giorgio Agamben", in: *Disziplinen des Lebens. Zwischen Anthropologie, Literatur und Politik*, hg. v. Ulrich Bröckling u.a., Tübingen 2004, S. 257-274.

zentrales Element einer neuen Weise der Macht, unmittelbar und jenseits des Rechts auf das Leben selbst zuzugreifen. Und diese neue Form der Kontrolle, der Steigerung, der Bewahrung und eben auch der Rettung des Lebens führt zu einem Konflikt zwischen Leben und Recht, Humanität und Ehre bzw. Infamie. Dieser Konflikt hat seine Wurzeln in der Struktur der Souveränität und des einschließenden Ausschlusses des nackten Lebens, wie Agamben sie analysiert hat.

Jemand vom Recht auszuschließen heißt in der Frühen Neuzeit zugleich, ihm Ehre wegzunehmen, d.h. ihn in den Status der Unehrlichkeit bzw. der Infamie zu stoßen. Im späten Mittelalter und der Frühen Neuzeit gibt es vielfältige Formen und Gründe für Unehrlichkeit, aber der Ausschluss vom Recht und durch das Recht (in der Verurteilung oder der Brandmarkung) ist doch das Paradigma der Unehrlichkeit.[18] Ehre meint demgegenüber im Schutz der Gesetze zu sein. Und wie die Gesetze kommt auch die Ehre in direkter Linie vom Souverän. Bei Hobbes heißt es: „For in the sovereignty is the fountain of honour."[19] Indem der Souverän das Leben einschließen oder durch Ausschluss in ein nacktes Leben transformieren kann, ist er – durch diese Ein- und Ausschlussmacht – zugleich die Quelle der Ehre; der Souverän kann Ehre nehmen (ausschließen) und Ehre geben (einschließen). Nach Hobbes ist die Ehre des Souveräns die größte Ehre schlechthin. Sie scheint so hell wie die Sonne[20] und schafft die Ehre der Untertanen, wenn immer der Souverän will. Hobbes schreibt: „Und wie die Macht, so muss auch die Ehre [des Souveräns, J.L.] größer sein als die jedes Untertanen oder aller Untertanen zusammen. Denn die Souveränität ist die Quelle der Ehre. Die Adels-, Grafen-, Herzogs- und Prinzenwürden sind seine Geschöpfe. Wie bei der Anwesenheit des Herrn die Knechte alle gleich und ohne jede Ehre sind, sind dies auch die Untertanen in Gegenwart des Souveräns."[21]

Ehre zu geben oder zu nehmen ist eines der zentralen Rechte des Souveräns, so wie er auch legitimieren und adeln kann.[22] Die Entscheidung des Siegers (oder der Mutter), den Besiegten (oder das Kind) le-

---

18 Vgl. allgemein die Darstellung bei Richard van Dülmen, *Der ehrlose Mensch. Unehrlichkeit und soziale Ausgrenzung in der Frühen Neuzeit*, Köln u.a. 1999, bes. S. 49-54 und S. 67-82.
19 Hobbes, Leviathan (engl.), S. 128.
20 Hobbes, Leviathan (dt.), S. 143.
21 Ebd.
22 Siehe hierzu Kathy Stuart, *Defiled Trades – Social Outcasts. Honor and Ritual Pollution in Early Modern Germany*, Cambridge 1999, S. 232ff.

ben zu lassen und ihm nicht den Schutz des Rechts zu versagen und ihn (oder es) dem Tod auszusetzen, heißt zugleich, ihn zu ehren. Souveränität ist so zum einen die Quelle des Lebens, insofern alle Untertanen gleichsam ihr Leben in der Unterwerfung gerettet haben, aber sie ist zum anderen auch die Quelle der Ehre. Leben und Tod sind bloße Fakten, jenseits des Rechts. Von der Souveränität her gesehen bilden sie das Außen, die Ehre das Innen.[23] Wenn der Souverän durch Ausschluss vom Gesetz nacktes Leben produziert, wenn er bannt oder hinrichtet, dann ist das selbst immer mit der Sphäre der Ehre/Unehrlichkeit verknüpft, einer Sphäre, die die bloße faktische Frage des Todes oder des Lebens überschreitet. Daher werden die Todesstrafen im Hinblick auf ihre Ehre/Schande differenziert bzw. qualifiziert.[24] Der physische Tod in der Hinrichtung ist so nur das Material, auf das Ehrung oder Infamie eingetragen werden.

Die gesamte Sphäre der Justiz ist von der Unehrlichkeit gleichsam tingiert. Alle niederen Mitglieder der Kriminaljustiz wie Henker und Gerichtsdiener galten als ebenso unehrlich wie der Verbrecher oder seine Leiche. Sogar die Instrumente, die im Kontext der Kriminaljustiz benutzt wurden, waren unehrlich, etwa der Galgen oder das Richtschwert.[25] Und auch alle unnatürlichen Tode standen im Ruch der Unehrlichkeit. Genau aus diesem Grunde ging es bei der Etablierung eines Rettungswesen, das das menschliche Leben als nacktes, nur biologisches Leben retten wollte, um eine Konfrontation mit der Sphäre des Rechts und der Unehrlichkeit, insofern totscheinende Körper, als mögliche Verbrechensopfer, per se unehrlich waren.

---

23 Siehe Francis Markham, *The Booke of Honour*, London 1625, S. 1: „for dishonor is more to bee feared then death, and Honor more to bee desired then life."
24 Vgl. zur Qualifizierung der Todesstrafen Richard J. Evans, *Rituale der Vergeltung. Die Todesstrafe in der deutschen Geschichte 1532-1987*, deutsch von Holger Fliessbach, Berlin u.a. 2001, S. 84-146. Wie die Frage der Ehre in der Debatte um die Qualifizierung der Todesstrafe Ende des 18. Jahrhunderts in eine Frage der Technik der schmerzlosen Hinrichtung überführt wird, wie also an die Stelle der Ehrabstufungen die Dichotomie von Leben und Tod tritt, zeigt Roland Borgards, *Poetik des Schmerzes. Physiologie und Literatur von Brockes bis Büchner*, München 2007, S. 330-392.
25 Welche Probleme angesichts der Unehrlichkeit des Galgens und des Berührungstabus bei notwendigen Reparaturen eines Galgens auftraten und wie diese gelöst wurden (alle Mitglieder der Tischlerzunft mussten sich beteiligen, jeder musste den Galgen berühren), schildert anschaulich Stuart, *Defiled Trades*, S. 125-127.

II

Die Geschichte des öffentlichen Rettungswesens beginnt im Jahr 1767 mit der Gründung der Gesellschaft zur Rettung Ertrunkener in Amsterdam namens „Maatschappy ter Redding der Drenkelingen".[26] Die „lovers of mankind", wie die Mitglieder der Gesellschaft sich selbst nannten, kämpften mit dem „prevailing prejudice against taking into one's House anybody who did not show signs of life".[27] Dieses Vorurteil resultierte aus der Gefahr, sich durch die Berührung des totscheinenden Körpers mit Unehre zu beflecken. In dem aus dem Holländischen übersetzen Buch *Geschichte und Urkunden der im Jahre 1767 zur Rettung der Ertrunkenen zu Amsterdam errichteten Gesellschaft*, das 1769 in Hamburg erschien, heißt es entsprechend:

> Wir sahen bald ein, daß [...] in unserm Lande ein starkes Vorurtheil herrschte; ein Vorurtheil, welches wahrscheinlicher Weise schon so vielen Unglücklichen das Leben geraubt hat, daß es nemlich niemanden erlaubt ist, wenn ein Ertrunkener bey dem Herausziehen aus dem Wasser keine Zeichen von Leben von sich giebt, selbigen in sein Haus zu nehmen, ihn sogar nicht anzurühren, als nur allein, um ihn am Lande, mit dem Kopf ausser dem Wasser, zu bevestigen, und daß, wenn erst ein solcher Mensch so veste gemacht ist, ihn niemand als dazu angestellte Personen loß machen dürfen: Gewiß, ein Vorurtheil, welches man als eines der stärksten Hindernisse des guten Erfolgs unserer Unternehmung ansehen muß![28]

Aus diesem Grund setzte die Amsterdamer Gesellschaft (wie auch die entsprechende in Hamburg) und auch die Obrigkeiten, die sich wenig später für Lebensrettung zu interessieren begannen, eine Belohnung für jeden Geretteten aus. Das hatte aber, so nachzulesen in der bereits zitierten ersten Geschichte des Rettungswesens aus dem Jahr 1796, wenig Effekt, denn: „the people still adhered to the prejudice that it was

---

26 J. Herholdt, C.G. Rafin, *An Attempt at an Historical Survey of Live-Saving Measures for Drowning Persons and Information of the Best Means by which they can again be brought back to Life*, Copenhagen 1796, S. 1.
27 Ebd., S. 2.
28 *Geschichte und Urkunden der im Jahre 1767 zur Rettung der Ertrunkenen zu Amsterdam errichteten Gesellschaft*, aus dem Holländischen übersetzt von M.H.P. Hannibal, Hamburg 1769, S. 8.

degrading to touch those who had died an Unnatural Death."²⁹ Die *Gesellschaft zur Beförderung der Künste und nützlichen Gewerbe in Hamburg*, die 1765 gegründet wurde und die 1768 Instruktionen der besten Mittel zur Rettung Ertrunkener publizierte, lobte eine Belohnung von 100 Mark Courant für jeden erfolgreich Geretteten aus.³⁰ Aber weder dies noch ein 1769 von der Stadtobrigkeit erlassenes Mandat hatte Erfolg – zu tief eingewurzelt war die Vorstellung der Unehrlichkeit und ihrer Übertragbarkeit durch Berührung. Im Jahr 1792 schrieb der Chronist der Hamburger Patriotischen Gesellschaft rückblickend:

> Aber in der damaligen Zeit hing der Geist des Volkes noch zu fest an dem albernen Aberglauben von Unehrlichkeit jedes gewaltsamen Todes, besonders in solchen Fällen, wo es ungewiß war, ob dieser Tod nicht etwan durch Selbstmord veranlaßt sein könnte, und von Uebertragung der Unehrlichkeit an alle, die so einen Körper berühren, oder gar in ihre Wohnung aufnehmen würden, als daß man für gesetzliche Vorschriften hierüber damals irgend einen Eingang hätte haben können.³¹

Alle die vielen folgenden Mandate und Edikte zur Rettung mussten aus diesem Grund wieder und wieder erneut publiziert werden.

In dem 1770 erschienenen, für die Geschichte des Rettungswesens wichtigen Buch des königlich-dänischen Leibarztes Philipp Gabriel Hensler mit dem Titel *Anzeige der hauptsächlichsten Rettungsmittel* heißt es im Vorwort: „Dem Staate kommt es zu, zu verstaten, daß man retten dürfe und den Aerzten, das anzuzeigen, womit man retten

---

29 Herholdt, Attempt, S. 4.
30 Vgl. hierzu *Verhandlungen und Schriften der Hamburger Gesellschaft zur Beförderung der Künste und nützlichen Gewerbe*, Band 1: *Geschichte der Gesellschaft. Einrichtung und Zweck derselben; und Verhandlungen derselben vom Jahr 1790*, Hamburg 1792, S. 77. Die Belohnung betrug zunächst 25 Reichsthaler, dann ab 1768 „100 Mark". Johann Arnold Günther, *Geschichte und itzige Einrichtung der Hamburgischen Rettungs-Anstalten für im Wasser verunglückte Menschen*, Hamburg 1794, S. 5/6 spricht im Hinblick auf das obrigkeitliche Mandat vom 10. Juli 1769 von „20 Talern" bzw. „50 Mark Courant".
31 Johann A. Günther, *Geschichte und itzige Einrichtung der Hamburgischen Rettungs-Anstalten*, S. 4. Vgl. auch Sigrid Schambach, *Aus der Gegenwart die Zukunft gewinnen. Die Geschichte der patriotischen Gesellschaft von 1765*, Hamburg 2004, S. 28.

könne."[32] Die Forderung, der Staat solle Rettung verstatten, ist der Tatsache geschuldet, dass nur die Obrigkeit die Infamie eines anscheinend toten Körpers zu heilen bzw. wegzunehmen in der Lage war. Alle Mandate und Edikte, die seit 1768 immer wieder erneuert erlassen wurden, kämpften dafür, dem nackten Leben eines totscheinenden Körpers die Unehrlichkeit zu nehmen und es stattdessen als biologischen bzw. energetischen Wert für den Staat zu sehen. Alle sozialen Unterscheidungen und Ehrabstufungen (wie die Infamie des Selbstmörders), die von den Obrigkeiten selbst gesetzt wurden, sollten nun – im und für den Moment der Lebensrettung – im Namen der Humanität suspendiert sein. Das Gesetz selbst muss sich zurückziehen. Es muss eine Art lokalen Ausnahmezustand ausrufen, sodass für die Zeit der Rettung alle Regeln von Ehre und Infamie außer Kraft treten können. „Wir verordnen", so heißt es in der *Meklenburgschen PatentVerordnung zu Rettung verunglückter Personen*,

> daß, wenn jemand, er sei wes Standes oder Wesens er wolle, einen Menschen in dem unglücklichen Zustande, daß entweder fremde oder eigene Gewalt an ihm ausgeübt worden, antrift, er ohne lange zu zaudern, und erst die obrigkeitliche Besichtigung abzuwarten, allenfalls nach Herbeirufung nötiger Assistenz, sogleich denselben aufnemen, und nach Bewandnis der Umstände in das nächste beste Haus bringen soll; da man denn um so viel mer, als hierzu ohnehin einen jeden die Pflichten der Menschlichkeit verbinden, alle seine Kräfte aufbieten und anwenden soll, um solchen verunglückten Men-

---

32 Philipp Gabriel Hensler, *Anzeige der hauptsächlichsten Rettungsmittel derer die auf plötzliche Unglücksfälle leblos geworden sind oder in naher Lebensgefahr schweben*, Altona 1770, Vorwort, unpag. Diese Schrift wurde zehn Jahre später neu herausgegeben: Johann Christian Friedrich Scherff, *Anzeige der Rettungsmittel bey Leblosen und in plötzliche Lebendgefahr Gerathenen. Nach des H. Archiaters Hensler Plan ausgearbeitet von Joh. Chr. Fr. Scherff*, Leipzig 1780. (eine zweite Auflage erschien ebd. 1787). In seiner Vorrede zur ersten Auflage schreibt Scherff: „Zufolge eines unter dem 25. Sept. 1770. aus dem Königlich Dänischen Rentekammerkollegium ergangenen Befehls, sollte für Sr. Königl. Majestät Rechnung, ein gebundenes Exemplar von der in das Dänische übersetzten Henslerischen Schrift bey allen Pastoren, Vögten und Lehnsmännern der beyden Königreiche, zum Gebrauch Aller und Jeder aufbewahret werden. Viele Verordnungen zur Lebensrettung der todtscheinenden Personen, welche die menschenliebenden Fürsten Deutschlands in Ihre Lande haben ergehen lassen, enthalten diesen [sic!] Anzeige fast wörtlich."

schen auf das schleunigste mit Rettungs-Mitteln zu Hülfe zu kommen.[33]

Der Rückzug des Rechts ist dabei paradoxal. Einerseits ist es die politische Macht selbst, die brandmarkt und Infamie deklariert, zum Beispiel die Infamie des Selbstmörders, der, wie Goethes Werther, bekanntlich kein ehrenvolles christliches Begräbnis erhalten durfte. Andererseits kann aber die Rettung eines Selbstmörders nur gelingen, wenn die Infamie von ihm genommen wird. Im Diskurs um den Konflikt zwischen Leben und Ehre, Rettung und Infamie gab es durchaus Stimmen, die sich nicht nur für die Beibehaltung der Infamie der Selbstmörder aussprachen, sondern auch eben deshalb die „Mode" der Rettung streng geißelten. In einem anonymen Beitrag im Göttinger *Stats-Anzeiger* von 1784 heißt es: „Ich bin auch mit denjenigen noch lange nicht einig, die einem jeden Ersäuften oder Gehenkten oder Ermordeten, von jedermann, der ihn erblickt, beigesprungen, und nach der ModeSprache vom Tode gerettet und wieder lebendig gemacht, dessen Unterlassung aber bestraft wissen wollen."[34] Rettung, das wird hier deutlich, ist um 1770 ein neues Phänomen, das in Konflikt mit den sozialen Differenzierungen und der Kategorie der Ehre bzw. der Infamie steht. Gegen Rettung zu sein heißt, für die alte soziale Ordnung einzutreten, in der Differenzierungen vom Souverän als Quelle der Ehre ausgehen. Offensichtlich sind die Ehre und das Berührungstabu der Unehrlichkeit nicht nur, wie es in den Edikten immer wieder heißt, ein Vorurteil der niederen „Volksklassen", sondern zugleich ein ernstes Argument im gelehrten Diskurs. Der Autor schreibt: „Es wird immer besser seyn, wenn eines Unschuldigen Körper zum Abschrecken anderer, zum Wol der Lebendigen gemißhandelt und zum Eckel und Abscheu gemacht wird; als wenn das Grausen vor dem SelbstMord vollends weggetändelt und wegempfindelt werden sollte."[35]

Johann Jakob Cella, Ehemann der Schwester Charlotte Buffs und ein wichtiger Jurist, argumentiert dagegen für Rettung und daher gegen die Infamie der Selbstmörder:

---

33 Friedrich Herzog v. Mecklenburg-Schwerin, „Meklenburgsche PatentVerordnung zu Rettung verunglückter Personen", in: *Stats-Anzeigen* 4 (1783), S. 224-226, hier S. 224.

34 Anonym, „Ob und wie der Selbstmord zu bestrafen sey?", in: *Stats-Anzeigen* 6 (1784), S. 295-300, hier S. 298.

35 Ebd., S. 300.

Denn vergebens wird der Staat Belohnungen versprechen und Veranstaltungen treffen um solche Unglückliche zu retten, solang jeder der zuerst so einen Leichnam gewahr wird, die gegründete Furcht hegen muß, daß er, wenn es ein Selbstmörder sey, sich vielleicht dadurch unehrlich machen, dem Schinder ins Handwerk greifen könne.[36]

Es gibt also einen tiefen Konflikt zwischen ‚Ehre' und ‚Leben'. Um diesen Konflikt zu lösen, suchten die Autoritäten, den totscheinenden Körper von der Unehrlichkeit zu befreien, indem sie für den Fall der Rettung einen Ausnahmezustand deklarierten und Rettung befohlen – entgegen der rechtlich verankerten Konsequenzen der Unehrlichkeit. Aktionen der Rettung sollten nicht, so steht es im Edikt des Mainzer Kurfürsten, als „Eingriff in die Gerichtsbarkeit angesehen, noch als ein actus possessorius jemals angeführt werden können."[37] In der Fußnote des Edikts zur *Rettung Verunglückter* des Herzogs von Mecklenburg-Schwerin schreibt der „Einsender":

> Dasselbe Vorurteil war, in meinen UniversitätsJaren zu Greifswalde, wo ich nicht irre 1769, wol allein Schuld daran, daß der Tochter des ...., die sich in einen Brunnen gestürzt, das Leben nicht wieder verschafft werden konnte. Einige Studenten, die sie retten wollten, mußten die akademische und städtische Obrigkeit zuvor um Erlaubnis darzu ersuchen, erhielten diese mit Mühe, und nach wiederholtem Hin- und HerLaufen, und vertändelten damit die Zeit.[38]

Und dann folgt der entscheidende Satz, der die Quelle dieser „Vorurteile" in jener Instanz verortet, die nun selbst gegen sie kämpft: „hatte die Obrigkeit nicht selbst solches Vorurteil dadurch genärt, daß sie gewöhnlich Unglückliche, die im Verdacht des SelbstMords waren, mit dem Brandmark der Infamie bezeichnete, und sie de Büttel gab?"[39] Entsprechend setzte sich auch die 1774 in London gegründete *Humane Society* um der Rettung willen für die Aufhebung der Ehrenstrafen

---

36 Johann Jakob Cella, „Ueber Selbstmord und Infamie", in: ders.: *Freymüthige Aufsätze*, Ansbach 1784, Bd. II, S. 127-162, hier S. 144.
37 *Publicandum der Kurfürstlichen Mainzer Landesregierung*. 30. May 1783, ohne Pag. 1. Seite. Punkt Nr. 4.
38 Friedrich Herzog v. Mecklenburg-Schwerin, „Meklenburgsche PatentVerordnung zu Rettung verunglückter Personen", in: *Stats-Anzeigen* 4 (1783), S. 225.
39 Ebd.

für Selbstmörder ein.⁴⁰ Alle Edikte zielen darauf, dass sich das Recht (und die Souveränität) zugunsten des zu rettenden Lebens selbst zurückzieht und den totscheinenden Körper zu Rettungsmaßnahmen sozusagen freigibt: So beklagt der König von Dänemark in seiner Verordnung, „daß man es für die Ehre verfänglich hält, dergleichen Körper anzufassen, geschweige Versuche, selbige vom nahen Tode zu retten, anzustellen, wenn sie nicht zuvor von einem Beamten oder anderen Gerichtsperson mittelst Auflegung der Hand berühret worden."⁴¹ Und der Herzog von Sachsen Coburg verfügt in seinem Edikt, dass „alle gerichtlichen Feyerlichkeiten bey Aufhebung der Leichname von erfrorenen, ertrunkenen und Erstickten, und bey Abnehmung der Erhängten aufgehoben" seien. Sowie: „Privatpersonen, welche einen solchen tod scheinenden Körper am ersten antreffen, müssen darum nicht auf die Herbeykunft obrigkeitlicher Personen warten, sondern sogleich ohngeheißen Hand anlegen."⁴²

Die zum Teil absurden Konsequenzen und Rituale, die die Überlagerung des Lebens eines totscheinenden Körpers durch den Ruch der Unehrlichkeit zeitigen, kann man einem Text des Arztes Heinrich Matthias Marcards entnehmen. Er schreibt:

> In verschiedenen mir bekannten Gegenden entschließt sich der gemeine Mann nicht leicht, einen Körper aus dem Wasser zu ziehen, er mag hinein gerathen seyn, auf welche Weise er wolle, aber wenn er es ja noch thut, so muß doch der Körper so liegen, daß die Füße im Wasser bleiben. Bey einem Gehenkten aber bringen es die Formalitäten so mit sich, daß derjenige der seine Ehre wagen will ihn loszuschneiden, sich rücklings dem Hängenden nähern, ihn rücklings

---

40 *Reports of the human society instituted in the year 1774 for the recovery of persons apparently drowned. For the years 1783 and 1784,* London 1784, Preface page IX.
41 L. Bielefeld/Christian VII. König v. Dänemark, „Erinnerung an die bereits unterm 22sten April 1772 ergangene königl. Verordnung wegen Rettung der durch plözliche Unglücksfälle dem Anscheine nach leblos gewordenen Personen", in: *Schleswig-Holsteinische Provinzialberichte* 3 (1789), Bd. II, S. 1-13, hier S. 5. Das entsprechende Preußische Edikt wurde am 15.11.1775 publiziert, wurde aber mangels Erfolg 1790 neuerlich bekannt gemacht: Preußen, „Ober-Collegium Sanitatis: Publicandum zum Unterricht wegen schleuniger Rettung verunglückter Personen", in: *Journal von und für Deutschland* 7 (1790), S. 262-273.
42 Sachsencoburg, „Verordnung die Errettung verunglückter Personen betreffend", in: *Journal für Deutschland* 1789, 6. Jg., 1. Stück, S. 72-86, hier S. 73.

verlassen, und, womöglich, rücklings zum Hause hinaus laufe; und was dergleichen Alfanzereyen mehr seyn mögen.[43]

Marcard berichtet außerdem von einem Mann, der sich erhängt hat, aber bereits 15 Minuten später, mit den Füßen den Boden berührend gefunden wurde. Ihn, so Marcard, hätte man sicher noch retten können, wenn man ihn nicht aus Gründen der Infamie des Selbstmörders bis zum nächsten Tag hätte hängen lassen.

Alle Versuche der humanen Retter und der Rettungsgesellschaften, die sich selbst immer wieder „Menschenfreunde" nennen, gegen die Ehre/Unehrlichkeit zu kämpfen, benutzen den Wert des nackten Lebens als zentrales Argument. „Für den Menschen ist das Leben das theuerste Gut; der Grund von allem andern; ja, was noch mehr sagen will, es ist die Zeit der Prüfung und der Arbeit, die ihm gegeben wird, um sich zum Genuß jener ewigen und himmlischen Güter geschickt zu machen."[44] Neben eine solche protestantische Begründung des Lebens als Zeit der Arbeit für die Erlangung der himmlischen Güter tritt aber – und dies überwiegt bei weitem – die Kategorie der irdischen Nützlichkeit des Lebens. Wann immer jemand nicht gerettet wird, bedeutet das, dass „die bürgerliche Gesellschaft eines Mitgliedes beraubt wird, das (in welcher Beziehung es auch seyn mögte) ihr noch hätte nützlich werden können."[45] Es ist die Kategorie der Nützlichkeit bzw. die Zweckmäßigkeit des Lebens für die Gesellschaft, die nun gegen die Kategorie der Ehre ins Feld geführt wird. Hinter der Bezeichnung und der Schaffung des Lebens durch den Souverän als ein allererst durch ihn eingeschlossenes Leben tritt das hierdurch ausgeschlossene nackte Leben nun selbst *als Wert* in den Vordergrund:

> Of what value life is to the community, or how it is estimated by individuals, is hardly requisite to state; in the strength and number of the people, consist the true opulence and security of a nation; and

---

[43] Heinrich Matthias Marcard, „Ueber die Hindernisse die sich der Rettung verunglückter und leblos gewordener Personen entgegen setzen; Beyspiele davon, und Mittel dawider", in: *Hannoverisches Magazin,* 74. Stück, 13. September 1779, S. 1169-1182, hier S. 1174.
[44] Geschichte und Urkunden der im Jahre 1767 zur Rettung der Ertrunkenen zu Amsterdam errichteten Gesellschaft, S. 5.
[45] Ebd.

next to the hopes of a blissfull futurity, longevity is deemed the greatest blessing conferred upon the human race.[46]

In der Fußnote an derselben Stelle heißt es: „If in fifty families the plan saved a single life to the community, the nation would be the gainer in a pecuniary view, and still more in the point of reputation and the cultiviation of humanity."[47]

Der Wert des geretteten Lebens ist immer auch ein ökonomischer Wert: „Die Rettung des Lebens eines einzigen Menschen kann die Veranlassung zur Rettung von hunderten werden. Der Reichthum eines Staats besteht in vielen und gesunden Menschen."[48] Und genau dieser Punkt, der Wert des Lebens eines Menschen im Hinblick auf seine Nützlichkeit für die Gesellschaft, ist das zentrale Argument des Baron d'Holbach für die Befreiung des Selbstmords von der Infamie. Der Abbau der Abschreckung ist dabei gerade Holbachs Intention. Holbach sieht nämlich im Suizid der Verzweifelten einen Vorteil für die Gesellschaft, er fordert sie gleichsam zum Suizid auf: „er [der Verzweifelte, J.L.] gehe aus dem Haus, das über ihm einzustürzen droht; er verzichte auf eine Gesellschaft, zu deren Wohl er nichts mehr beitragen kann".[49] Und noch schärfer:

Welche Vorteile oder welche Hilfe kann im übrigen die Gesellschaft von einem Unglücklichen erwarten, der sich in Verzweiflung befindet, oder von einem Menschenfeind, den Traurigkeit bedrückt, der von Gewissensbissen gequält wird und keine Beweggründe mehr hat, anderen nützlich zu sein, der sich selbst aufgibt und nicht daran interessiert ist, sein Leben zu erhalten? Wäre die Gesellschaft nicht glücklicher, wenn sie die Böswilligen zu dem Entschluß bringen könnte, uns von ihrem widerwärtigen Anblick zu erlösen, da sie sonst gegen ihren Willen von den Gesetzen vernichtet werden müssen?[50]

---

46 *Reports of the human society instituted in the year 1774 for the recovery of persons apparently drowned. For the years 1783 and 1784,* London 1784, Preface page X.
47 Ebd.
48 Christian August Struve, *Die Wissenschaft des menschlichen Lebens. Ein praktisches Handbuch,* Bd. II, Hannover 1804, S. 92.
49 Paul Thiry d'Holbach, *System der Natur oder von den Gesetzen der physischen und der moralischen Welt,* übersetzt von Fritz-Georg Voigt, Frankfurt am Main 1978, S. 245.
50 Ebd., S. 246.

Die Unehrlichkeitserklärung des Selbstmordes ist hier vollständig ersetzt durch die Berechnung des Werts des Lebens im Hinblick auf seine gesellschaftliche Nützlichkeit, seine „public utility".[51] Wann immer ein Leben nicht mehr nützlich ist, kann die Gesellschaft sozusagen froh sein, wenn der Betreffende die Gesellschaft von sich selbst qua Suizid befreit.

Man sieht, dass das nackte Leben, das im lokalen Ausnahmezustand zugunsten der Rettung erzeugt wird, nicht ein Leben ist, das ohne Schutz des Rechts dem Tod ausgesetzt ist, sondern ein nackter biologisch-ökonomischer Wert. Der Rückzug des Rechts zugunsten der Rettung produziert ein Leben jenseits der Frage von Ehre oder Infamie als potentielle Ressource für den Staat. Die Humanität der Rettung, die einen Rückzug des Rechts voraussetzt, zielt auf das biologische Leben und dessen Wert. Der Wert des Lebens eines Suizidalen ist womöglich höher zu bewerten als sein Verbrechen; dieser Wert soll die Infamie gleichsam aufheben, sich gegen sie durchsetzen, an ihre Stelle treten. Doch das humane Argument zugunsten der Rettung des Lebens, tendiert, gerade weil es um Entscheidungen der Wertsetzung des Lebens geht, zum Inhumanen. So war Holbachs Argument gegen die Infamisierung des Selbstmordes zugleich ein Argument, das allein den Wert des Lebens für die Gesellschaft taxiert – und, da das Leben des Selbstmörders gemäß seiner Argumentation für die Gesellschaft wertlos ist, soll dieser gerade nicht gerettet, sondern sogar zum Selbstmord aufgefordert werden. Vor diesem Hintergrund der nicht-rechtlichen, sondern biologischen Bewertung des Werts des Lebens springt der Gedanke der Rettung sozusagen eine Ebene höher, gerettet wird durch den Tod des Selbstmörders gleichsam die Energie und das „Leben" des Staatskörpers selbst, indem es von energetisch negativen Größen befreit wird. Zugleich mit der Rettung entsteht ein emphatischer, auf den Organismus bezogener Begriff von Leben und Lebenskraft. Die Rettung eines Individuums ist immer zugleich Rettung der Energie und der Lebenskraft des Organismus des Volkes, der Nation oder des Staates. Auch dies gehört zu dem seit Ende des 18. Jahrhunderts sich etablierenden politischen Paradigma der Rettung.

---

51 Reports of the human society instituted in the year 1774 for the recovery of persons apparently drowned. For the years 1783 and 1784, Preface page XI.

III

Es ist, das zeigt die hier schlaglichtartig referierte Geschichte des Rettungswesens, in der Tat der Ausnahmezustand, der die Struktur darstellt, gemäß der das Gesetz sich auf das nackte Leben bezieht. Die Ausnahme „ist die originäre Struktur, in der sich das Gesetz auf das Leben bezieht und es durch die eigene Aufhebung einschließt."[52] Diese Form der Einschließung wandelt sich aber fundamental mit der Einschreibung des Lebens in die Politik seit Ende des 18. Jahrhunderts. Denn der Ausnahmezustand, der im Hinblick auf Rettung nacktes Leben produziert, tut dies nicht im negativen Sinne des Banns, der Ausschließung und Aussetzung des Lebens zum Tode, sondern positiv, als Hervorbringung eines Wertes, der gerettet werden soll. Nun wird die Aufhebung des Gesetzes (die Infamie) aufgehoben, indem das infame Leben durch den Rückzug des Gesetzes seiner Infamie entkleidet wird, und somit als gleichsam doppelt nacktes Leben zum Objekt von Rettung werden kann. Das Gesetz befiehlt nicht nur die Aufhebung von Infamie und Unehrlichkeit des anscheinend Toten, sondern auch konkrete Maßnahmen, wie mit ihm umzugehen ist. Damit unterstellt das Recht dem Leben einen höheren Wert als sich selbst.[53]

Die modernen Ausnahmezustände folgen dieser Logik der Rettung. Sie impliziert eine Grenzziehung zwischen dem Leben, das wert ist, gerettet zu werden, und dem Leben, das als Wertloses gleichsam zum Selbstmord animiert werden soll (Holbach) oder als „lebensunwertes Leben" ‚freigegeben' wird.[54] In der Logik der Rettung steckt notwendig

---

52 Agamben, Homo sacer, S. 39.
53 Eine ähnliche Struktur hat die Diskussion um den Kindsmord seit den 1770er Jahren. Das Recht erklärt Frauen, die unehelich gebären oder ihre Schwangerschaft verhehlen für infam, weshalb es Fälle von Selbstmord von unehelich Schwangeren gibt. Hier zögert das Recht zwar, die uneheliche Schwangerschaft von der Infamie zu befreien, aber es sucht, weil das Leben der Schwangeren doch einen höheren Wert hat, nach Möglichkeiten, den unehelich schwangeren Frauen zu helfen, ihre Schwangerschaft vor der Obrigkeit zu verheimlichen und das Kind heimlich zur Welt zu bringen. Auch in diesem Fall wird das Leben zu einem höheren Wert als das Recht der Infamie-Erklärung oder des Banns. Siehe hierzu: Michael Niehaus, „Wie man den Kindsmord aus der Welt schafft. Zu den Widersprüchen der Regulierung", in: *Sexualität, Recht, Leben. Die Entstehung eines Dispositivs um 1800*, hg. v. Maximilian Bergengruen, Johannes F. Lehmann und Hubert Thüring, München 2005, S. 21-39.
54 Karl Binding und Alfred Hoche, *Die Freigabe der Vernichtung lebensunwerten Lebens. Ihr Maß und ihre Form*, Leipzig 1920. Dort auch zum Selbstmord, des-

ein Moment einer ökonomischen Entscheidung, einer Wertsetzung dessen, was gerettet oder auch nicht gerettet werden soll. In diesem Sinne bedeutet Rettung den Vollzug eines ethisch mitunter schwierigen Tausches: Welcher Wert kann geopfert werden, um welchen anderen Wert zu retten? Darf man einen Menschen töten, um fünf zu retten? Darf die Polizei einen Verbrecher töten, um ein mögliches Opfer zu retten (der sogenannte „finale Rettungsschuss"[55])? Darf man ein Flugzeug mit 200 Personen an Bord abschießen, um ein Gebäude mit 2000 Personen zu retten? Etc. Oder darf man ein Kind nur zu dem Zweck zeugen, um ein Geschwisterkind durch ein Spenderorgan dieses Retterkindes zu retten?[56]

Man kann wohl die ethischen Probleme, die sich hier jenseits des Rechts stellen, nicht mit dem Hinweis auf die Heiligkeit des Lebens lösen, ist doch gerade die Heiligkeit des Lebens, d.h. die Absolutsetzung seines Werts, gerade Teil des Paradigmas der Rettung, gemäß dem jedes Leben um jeden Preis gerettet werden soll. Neben den zum Teil absurden Konsequenzen dieses Automatismus der Rettung, vor dem man sich mittels Patientenverfügung retten muss, bleibt unterhalb der Heiligkeit des Lebens das Paradigma seiner Rettung doch immer wieder bezogen auf die Frage des ökonomischen Tausches, geht es doch, ganz jenseits von Heiligkeit und Unantastbarkeit des Lebens, immer wieder darum zu entscheiden, welches Leben wert ist, um welchen Preis gerettet zu werden.[57]

Dieses Paradigma der Rettung und der mit ihm verknüpfte Ausnahmezustand (als seine Bedingung der Möglichkeit) waren auch in jenem permanenten Ausnahmezustand am Werk, den die Nazis zu Beginn ihrer Herrschaft erklärten. Geschützt und gerettet werden sollte das Leben des Volks bzw. das der Rasse.[58] Die Judenvernichtung ist ein

---

sen Unverbotenheit den Ausgangspunkt von Bindings Überlegungen darstellt, ebd., S. 6-16.

55 Martin Wagner, *Auf Leben und Tod. Das Grundgesetz und der „finale Rettungsschuß"*, Göttingen 1992.

56 Vgl. hierzu den Beitrag von Christoph Rehmann-Sutter und Christina Schües über „Retterkinder" in diesem Band.

57 Vgl. hierzu Christian Jäger, „Die Abwägbarkeit menschlichen Lebens im Spannungsfeld von Strafrechtsdogmatik und Rechtsphilosophie", in: *ZStW* 115 (2003), Heft 4, S. 765-790.

58 Saul Friedländer, *Das Dritte Reich und die Juden. Erster Band: Die Jahre der Verfolgung 1933-1939*, aus dem Englischen übersetzt von Martin Pfeiffer, München 1998, S. 87-128, hat versucht, das im Begriff des „Erlösungsantisemitismus" zu fassen: „Der Erlösungsantisemitismus ging aus der Furcht vor

zentrales Element dieser Rettung, sollte doch das Leben und insbesondere die „Lebenskraft" der arischen Rasse vor der Infiltration durch Juden gerettet werden, indem man diese tötet wie „Läuse", bzw. Parasiten.[59] Vor diesem Hintergrund ist die Judenvernichtung selbst nichts anderes als Rettung:

> Die in der internationalen Welt verbreitete Ansicht, daß Deutschland aus Rassenhaß gegen die Juden Gesetze erlassen hat, ist unrichtig. Die Maßnahmen der nationalsozialistischen Gesetzführung sind ausschließlich *zur Rettung* des deutschen Volkes und im Willen nach reinlicher Scheidung getroffen worden, also ein Akt der Notwehr.[60]

---

rassischer Entartung und aus dem religiösen Glauben an Erlösung hervor." Ebd., S. 101. Damit überblendet Friedländer zwei Tendenzen, die besser verständlich sind, wenn man sie getrennt hält, bzw., wenn man dem ‚Erlösungsantisemitismus' einen ‚Rettungsantisemitismus' gegenüberstellt. Alle Argumente, die für Friedländer die Hauptgründe für den Antisemitismus darstellen, sind nämlich solche Narrative, die in den Juden eine unmittelbare Gefahr von Leben, Rasse und Welt heraufbeschwören, vor der man sich durch Vernichtung des Feindes *retten* muss. Die Dramatik des Gegeneinanders von Untergangsdrohung und rettendem Vernichtungshandeln ist für die politische Mobilisierung unverzichtbar – mit Erlösungsnarrativen allein wäre diese Mobilisierung nicht möglich gewesen. Gerade das rassische Bedrohungsszenario, wie es seit Alfred Ploetz' Buch über die Rassenhygiene von 1895 an die Wand gemalt wird, zielt gerade nicht auf Erlösung, sondern auf Rettung. Ploetz gründete entsprechend 1910 den Nordischen Ring zur „Rettung der nordischen Rasse". Zit. n. *Auf dem Weg zur biomächtigen Gesellschaft? Chancen und Risiken der Gentechnik*, hg. v. Achim Bühl, Wiesbaden 2009, S. 42.

59 „Wir kennen zahllose Kleinlebewesen im menschlichen und tierischen Körper, die Bazillen, die alle Lebenskraft des befallenen Körpers zerstören können. Wir kennen schließlich den Bandwurm als größten Schmarotzer von Mensch und Tier, der alle Nahrungsmittel zu seiner eigenen Ernährung benutzt und immer fetter und größer wird, während der befallene Mensch oder das Tier von Tag zu Tag magerer und kränker wird. Der Jude ist ein Schmarotzer, wie alle genannten Lebewesen. Wo er gedeiht, sterben die Völker." Textbeilage des Rasse- und Siedlungs-Hauptamts (Auszüge) zum Lichtbildvortrag ‚Das Judentum, seine blutsgebundene Wesensart in Vergangenheit und Gegenwart'. Zit. n. Jürgen Matthäus u.a., *Ausbildungsziel Judenmord? „Weltanschauliche Erziehung" von SS, Polizei und Waffen-SS im Rahmen der „Endlösung"*, Frankfurt am Main 2003, S. 155.

60 Auszug aus dem *SS-Leitheft* 3 zur „Judenfrage", Jahrgang 1946/37, 22. April 1936, zit. n. ebd., S. 170 [meine Hervorhebung].

Die Vernichtung des parasitären Vampirs der eigenen Lebenskraft ist ihre Rettung und zielt auf die Steigerung des eigenen Lebens – ist also selbst vampiristisch.

Wenn Agamben das Konzentrationslager für das biopolitische Paradigma der Moderne hält, weil die Häftlinge hier auf ihre Tötbarkeit reduziert werden, dann vergisst er, dass die Konzentrationslager nicht nur Orte waren, an denen die Häftlinge (als *homini sacri*) dem Tod ausgesetzt waren, sondern auch Orte der Entscheidung über den ökonomischen und biologischen Wert des Lebens eines jeden Häftlings (die Selektion) und Orte der ökonomischen Ausbeutung, und zwar über den Raub und die Enteignung ihres Besitzes hinaus bis zur Ausweidung ihrer biologischen Substanz (Haare) und ihrer biologischen Energie (eine Überlebens- und Arbeitszeit „von drei Monaten" pro Häftling),[61] ganz so wie Kleist in der *Hermannsschlacht* seinen Hermann den Römern unterstellen lässt, sie wollten die Germanen ausbeinen und pelzen wie Tiere.[62] Im Paradigma der Rettung ist das nackte Leben – jenseits des Rechts – ein ökonomischer, biologischer (und ein ethischer) Wert. Und der Rückzug des Rechts, der Ausnahmezustand, produziert dieses Leben, um es einem ganzen Feld von möglichen Aktionen auszusetzen: Rettung, Ausbeutung, Tötung. Und noch die Tötung kann nun als Rettung deklariert werden, als Rettung des Lebens des eigenen Volkskörpers vor dem Untergang und der Vernichtungsdrohung durch Feinde, vor denen sich zu retten, nur mittels seiner totalen Vernichtung möglich ist.

---

61 Hubert Thüring, „Die verwaltete Zeit. Nachbemerkung", in: Primo Levi, *Die dritte Seite. „Liebe aus dem Baukasten" und andere Erzählungen und Essays*, aus dem Italienischen von Hubert Thüring und Michael Kohlenbach, Basel und Frankfurt am Main 1992, S. 203.

62 „Hermann: [...] Was ist der Deutsche in der Römer Augen? / Thusnelda: Nun, doch kein Tier, hoff ich –? Hermann: Was? – Eine Bestie, / Die auf vier Füßen in den Wäldern läuft! / Ein Tier, das, wo der Jäger es erschaut, / Just einen Pfeilschuß wert, mehr nicht, / Und ausgeweidet und gepelzt dann wird!" (V. 1070-1075).

REIMAR KLEIN

Die Rettung der Kinder

> Wie die Kinder, die zu jung sind, Wege und Stege zu kennen und dennoch deine Hand nehmen und dich auf dem Wege ‚führen', den du kennst – genauso soll dich dein Schutzengel führen. Schon liegt seine kleine, hilflose Hand in der deinen ...
> *Franz Baermann Steiner*

Das gerettete Kind hat in der Literatur oft einen schweren Stand. Es findet den Platz, den es fast verloren hätte, nicht leicht wieder, steht fremd im Leben, wie gezeichnet von der Berührung mit der Gefahr. Bestenfalls als ein Tropf – wie der Hanns Guck-in-die-Luft. Oder es erleidet einen jähen Tod wie Mignon, der das Herz bricht. Oder ein anderes Kind muss stellvertretend sterben wie Juan für Philipp in Kleists *Erdbeben in Chili*. Da fragt man sich, ob die Kinder nicht ungerettet besser aufgehoben wären, und versteht, warum Robert am Ende des *Struwwelpeter* aus dem Umkreis von Gefahr und Rettung einfach davonfliegt – wohin? „Ja! Das weiß kein Mensch zu sagen."[1]

Über all diese Kinder wollte ich sprechen, aber nun reicht die Zeit dafür nicht aus. Ich will sie also, nach einer knappen Einleitung und mit zwei kurzen Einschüben, einem Kind allein widmen, demjenigen, bei dessen Rettung die Literatur am meisten über sich selbst verraten hat: Mignon.

Die Rettung der Kinder aus der Gefahr – das ist ein Thema mit einem weiten, von vielen Stimmen gefüllten Echoraum. Wenn die Literatur es aufnimmt, weiß sie, dass dabei mehr auf dem Spiel steht als die Abwendung einer Bedrohung menschlichen Lebens. Vom Mythos zum Märchen spannt sich der Bogen geretteter Kinder, von den Zwillingen Romulus und Remus bis zum kleinsten der Sieben Geißlein. Das plötzliche Erscheinen des Bocks, der anstelle Isaaks geopfert wird, und die Reise der Heiligen Familie nach Ägypten sind Rettungsereignisse, die auf unzähligen, in die Literatur hineinleuchtenden Bildern festge-

---

[1] „Die Geschichte vom fliegenden Robert", in: Heinrich Hoffmann, *Der Struwwelpeter oder lustige Geschichten und drollige Bilder für Kinder von 3-6 Jahren*, Frankfurt am Main 1985.

halten worden sind. Sie stellen zwei Grundmuster der Rettung dar: Substitution und Flucht. Für die rettende Distanz zum Ort der Gefahr sorgt in den alten Mythologien oft auch die Aussetzung, die allerdings einen zweiten Schritt erfordert, die Auffindung – etwa die des Mosesknaben durch die Tochter des Pharaos. Unerreichbar ist das Kind aber auch in einem Versteck, wie es der neugeborene Zeus in einer Grotte auf Kreta findet – während sein Vater Kronos von Rhea mit einem in Windeln gewickelten Stein abgespeist wird – oder der neugeborene Krishna bei freundlichen Hirten jenseits des Flusses, zu denen ihn sein Vater Vasudeva gebracht hat. – Von den geretteten Kleinen, soviel ist gewiß, erwartet man nicht nur, dass sie groß werden, sondern dass sie Großes tun.

Neben der mythisch-religiösen Überlieferung ist für Gehalt und Gestalt des Themas in der *Literatur* ein weiterer Impuls wichtig geworden: Er geht von dem Bild der Kindheit als einer eigenständigen und ursprünglichen Daseinsform aus. Diese bezeichnet ein Menschsein, in dem Fühlen, Denken und Handeln unmittelbarer miteinander verknüpft sind und eine authentische Nähe zu den natürlichen und übernatürlichen Dingen gewahrt bleibt. Ferner ist damit die Vorstellung einer offenen, durch rationale Kontrollinstanzen nicht gegängelten Erfahrung verbunden, sowie, auf moralischer Ebene, die Idee einer spontanen Selbstlosigkeit, wie sie einst bei den Menschen im Goldenen Zeitalter herrschte.

Offenbar nehmen unter solchen Bedingungen die Gefahren, die die Welt für die Kinder bereithält, außerordentlich zu. Aufmerksam und einfühlsam hat die Literatur darauf reagiert. Mehr und mehr aber wurde deutlich, dass das Verhältnis zwischen den Kindern und der Literatur selber gespannt ist und Gefahren birgt. Die Literatur braucht die Kinder und kann sie nicht brauchen. Denn einerseits bleibt sie dank ihrer in Berührung mit unverfügbaren Schichten des Lebens – und das hilft ihr, ihren Universalitätsanspruch zu legitimieren. Doch kommt sie den Kindern zu nahe, nimmt sie sie zu ernst, dann kann sich das Blatt leicht wenden. Denn sie tragen, um einen Ausdruck Kafkas zu gebrauchen, etwas „Unzerstörbares" in sie hinein: Wer daran glaubt, sagt Kafka, hat „eine vollkommene Glücksmöglichkeit".[2] In den Kindern stellt die Literatur diesen Glauben auf die Probe und in diesem Glauben sich selbst. Weil dies aber kein Glaube ist, der sich durch ein Experimen-

---

2 Franz Kafka, *Nachgelassene Schriften und Fragmente II*, hg. v. Jost Schillemeit, in: *Schriften Tagebücher. Kritische Ausgabe*, hg. v. Jürgen Born u.a., Frankfurt am Main 2002, S. 128.

tum crucis beweisen ließe, haben die Kinder, die in den Netzen der Literatur landen, kein leichtes Leben. Und häufig nur ein kurzes: Sie verhungern wie der Suppen-Kaspar im *Struwwelpeter*, der unverrückbar an sein „Nein" zur Suppe glaubt, die ihn bis aufs Grab verfolgen wird, oder sie lassen es zu, dass ihr Herz bricht, wie Mignon, die an den „Schein" als ihr Sein glaubt und der dieser Glaube, wie zum Hohn, durch ihre Einbalsamierung bestätigt wird. In den Kindern bewahrt die Literatur die Spur des Opfers, das sie hinter sich gelassen hat.

Dasselbe gilt für das Wunder. Mit ihm steht und fällt Rettung überhaupt, denn jede Rettung ist eine wunderbare Rettung, ein Aufleuchten der Transzendenz im Dunkel der Naivität. Jene auszugrenzen und diese zu erhellen, fordert jedoch das Selbstbewusstsein der Literatur. Man könnte den Übergang von den mythisch-religiösen zu den literarischen Rettungskindern definieren als eine Verwandlung von Transzendenz in Exterritorialität. Eine Exterritorialität, die sich vielfältig artikulieren kann: geographisch oder körperlich, moralisch oder sprachlich, oft auch durch die Kombination dieser Aspekte. Als Fremde und in befremdlicher Weise erlauben diese Kinder der Literatur, an der Idee der Rettung festzuhalten. Welche Schnitte sie dabei vornimmt, welche Spuren sie legt, die von der Exterritorialität nach draußen, in die Transzendenz, führen oder nach innen weisen, in die Ratio der Narration, soll uns Goethes unglaubliches Kind zeigen.

„Sie heißen mich Mignon", sagt Mignon; einen ordentlichen Namen hat sie nicht.[3] Aber es fehlt ihr nicht an Benennungen – anerkennenden wie „das gute Kind", „das wunderbare Kind" oder „das interessante Kind", aber auch diskriminierenden, wie z.B. „das Kind, das nicht da sein sollte".[4] Dies: ein vom Sollen verneintes Dasein, kann als die knappste, abschließende Formel für das Schicksal Mignons gelten. Sie wird aber erst nach ihrem Tod geprägt, bei der rationalen Rekonstruktion ihrer Biographie. Ihr Leben aber ist von keinem Sollen überschattet, der Roman beschwört sie in ihrem irritierenden, faszinierenden Sein. Er zeichnet, kurz gesagt, das Bild eines kulturellen Mängelwesens, das elementare zivilisatorische Normen nicht erfüllt und grundlegenden Rastern nicht entspricht. Beim Körperlichen fängt es an: Da ist ihre geschlechtliche Unbestimmtheit, die sie nicht nur nicht leugnet, sondern bewusst einsetzt; da sind ihre verwirrenden Bewegungsmodi, die von unfassbarer Behändigkeit über das mechanisch Marionettenhafte

---

[3] Johann Wolfgang von Goethe, *Wilhelm Meisters Lehrjahre*, in: ders., Werke. Hamburger Ausgabe, hg. v. Erich Trunz, München 1982, Bd. VII, S. 98.
[4] Ebd., S. 485, S. 98, S. 103 und S. 587.

bis zum steif Gravitätischen reichen und es ihr immer wieder erlauben, unverhofft da zu sein und unverhofft weg zu sein. Es setzt sich fort im Sprachlichen, wo sie zwischen Stummheit, Lakonismus und sublimem lyrischen Ausdruck wechselt (den Wilhelm als Übersetzer „nur von ferne nachahmen"[5] kann). Aber die Mittellage der entlastenden sprachlichen Symbolisierung kennt sie nicht: Zwischen Wort und Sache fehlt der Abstand, ja die *Erzählung* von der fatalen Nacht, da sie die Tür zu Wilhelms Zimmer verriegelt fand, fügt ihr einen noch größeren Schmerz zu, als sie ihn in jenem Moment empfunden hatte. Emotional zwischen Leidenschaft und unbeirrbarer Distanz schwankend, ist sie auch im Moralischen ungreifbar. Kein Zweifel, sie opfert sich für Wilhelm auf, erheitert ihn durch ihren Eiertanz, sucht das Blut, das er aus der von den Räubern ihm zugefügten Wunde verliert, mit ihren Haaren zu stillen und schlägt Feueralarm, damit Felix gerettet werden kann. Was sie leitet, ist ein im Nahbereich wirksamer Hilfs- und Rettungsinstinkt, aber nicht eigentlich ein moralischer Wille. Dessen reflexive Identität ist ihr so fremd wie die des modernen Subjekts überhaupt. Mignon bewegt sich an einer reinen Oberfläche, die sich wie der dunkle Spiegel einer reinen Tiefe ausnimmt. Darum schlüpft sie durch die Netze der Turmgesellschaft. Für diese Intersubjektivitätsagentur ist sie einfach kein Ansprechpartner.

Aber Wilhelm spricht sie an, rettet sie vor den Prügeln, kauft sie – und zeigt dabei eine Entschiedenheit und Leidenschaft, wie er sie seit seiner Liebe zu Mariane nicht mehr gekannt hatte. Ihn leitet ein „dunkles Gefühl", eine „Inspiration";[6] hätten sie sich in diesem Moment nicht gemeldet, wäre Mignon mit ihrer Seiltänzertruppe weitergezogen, ohne Spuren zu hinterlassen. Plötzlichkeit und Unbedingtheit kennzeichnen die Rettungstat, welche Mignon in die Geschichte, genauer: in die Bildungsgeschichte Wilhelms, hineinkatapultiert. Darin wird die Gerettete aber selbst zu einer Gefahr, denn sie verkörpert die Hoffnung auf eine Rettung, die der eigenen gleicht, einer Rettung als Sprung, räumlich gefasst: als ein „Land", das Wilhelm nicht „kennt"[7] und das allem Geschehen voraus liegt. Kennenlernen soll es Wilhelm in der dreifachen Rolle des „Geliebten", des „Beschützers" und des „Vaters",[8] deren Einheit sich modernem Verständnis entzieht. Auch demjenigen Wilhelms, der sich trotz „vielerlei Gedanken über diese Gestalt [...] bei ihr nichts

---

5 Ebd., S. 146.
6 Ebd., S. 103.
7 Ebd., S. 145.
8 Ebd.

Bestimmtes denken konnte".[9] Das auf Bestimmtheit dringende, kartesianische Denken muss an ihr abgleiten. Der physischen Kontrolle hatte sie sich von früh auf entzogen und war ihrem „natürlichen Trieb" gefolgt, „die höchsten Gipfel zu ersteigen [und] auf den Rändern der Schiffe wegzulaufen".[10]

Nach dem jähen Tod Mignons geht es wie ein Ruck durch den Roman, er bietet sein ganzes narratives Geschick und ideologisches Potential auf, um den toten Punkt zu überwinden, den er erreicht hatte. Nun löst sich das Knäuel von Irrtümern, Missverständnissen und Zweifeln auf, als wäre Mignon daran schuld gewesen. Zuerst aber muss sie in Frieden und Ehren verabschiedet werden, damit an ihrem Bild nichts Störendes bleibt. Dazu dienen ihre Exequien, ein Trauer-Spiel, bei dem keine Trauer aufkommen darf. Es ist die Kunst, die dabei Regie führt und mit den Mitteln von Malerei, Architektur, Skulptur, Poesie und Musik ihr Rettungswerk an Mignon vollbringt. Es beruht auf der Umdeutung des Todes ins Leben – sozusagen auf einer Substitution in großem Maßstab. An die Stelle des Memento mori tritt die Aufforderung „Gedenke zu leben",[11] mit der eine Denkmalsfigur im „Saal der Vergangenheit",[12] wo Mignon stirbt und begraben wird, den Besucher wie mit einer Botschaft aus dem Jenseits empfängt. Ein „Wunder" tut diese Kunst des Rettens auch an Mignons Körper: Sie schenkt ihm, durch Einbalsamierung, den „Schein des Lebens".[13]

Auch nachdem Mignon als ein „schönes Gebild der Vergangenheit […] durch den Druck einer Feder in die Tiefe des Marmors"[14] versenkt worden ist und das Gewitter der Symbole und Rituale, das über sie niedergegangen war, sich verzogen hat, kann die Erzählung sich nicht von ihr lösen. Es gilt ihr Geheimnis zu entschlüsseln – und dazu gibt es kein besseres Mittel als einen Blick in ihre Vergangenheit. Der neue Erzählstoff knüpft die narrativen Verbindungen der Gesellschaft enger. Mignon, die darum gebeten hatte, man möge ihr befehlen zu schweigen, wird zum Gegenstand ausgedehnter Diskurse. Einige vage Hinweise auf ihre Herkunft hatte Natalie ihr bereits entlockt und dem Arzt mitgeteilt, jetzt aber kann der Abbé berichten, was der Marchese, nachdem er in der toten Mignon seine Nichte erkannt hatte, ihm anvertraut

---

9 Ebd., S. 110.
10 Ebd., S. 587.
11 Ebd., S. 540.
12 Ebd., S. 541.
13 Ebd., S. 577.
14 Ebd., S. 578.

hat. Und so wie Wilhelm Mignons Gedichte übersetzt, um sie verstehen und mitteilen zu können, so hat der Abbé die erschütterte Erzählung des Marchese erst einmal, „ohne Tinte und Papier [zu] sparen",[15] ins Schriftliche übersetzt und außerdem dadurch gesellschaftsfähig gemacht, dass er ihr das Etikett einer „sonderbaren Geschichte"[16] verlieh. Da tut sich nun ein dunkles Bild von dem Land auf, das Mignon als so hell und freundlich besungen hatte. Ein Bild, in dem religiöser Wahn und menschliche Verblendung das Leben in ihrer Gewalt haben. Hier liegt, unzerstörbar, das, was Mignon ihre „tiefverborgene Quellen" nennt.[17]

Sie treten jetzt zutage und fließen in den Roman als eine Vor- und Kontrastgeschichte ein. Zu ihr gehört das Wunder der „wieder auferstandenen" Mignon,[18] die man im See ertrunken glaubte. Dies Wunder schloss an ein früheres an, von dem man dort erzählte: Eine Mutter habe Gott gebeten, der See möge die Gebeine ihres ertrunkenen Kindes wieder herausgeben, und als sie alle eingesammelt habe, um sie zum Begräbnis in die Kirche zu tragen, sei das Kind lebendig aus dem Tuch gesprungen. Ähnliches widerfährt Sperata, Mignons Mutter, allerdings bedarf das Wunder der Nachhilfe durch aufgeklärte Menschen. Ein Arzt lässt unter die Tierknochen, die sie unermüdlich sammelt, Teile eines Kinderskeletts mischen, „um dadurch ihre Hoffnung zu vermehren".[19] Als sie nun alle Glieder gefunden und verbunden hat, eines Tages aber die Puppe nicht an ihrem Platz findet, glaubt sie, Mignon sei wieder lebendig geworden und sieht sie in „Schönheit [...] verklärt" nach oben entschweben.[20] Diese Vision verschafft ihr beim Volk den Ruf einer Heiligen, der durch Wunderheilungen Bestätigung findet, welche, so räumt der Marchese ein, „der aufmerksame Beobachter selbst nicht erklären und auch nicht geradezu als Betrug ansprechen konnte".[21] Das steht nun auf des Messers Schneide: Der Roman entlarvt das Wunder der Rettung Mignons als Betrug, räumt aber ein, dass es auf andere übergreifen könne und dort nicht als Betrug gelten müsse.

Die beiden Szenen der postumen Rettung Mignons könnten verschiedener nicht sein. Auf der einen Seite ein konservierter Leib, der

---

15 Ebd., S. 579.
16 Ebd.
17 Ebd., S. 357.
18 Ebd., S. 591.
19 Ebd., S. 590.
20 Ebd., S. 591.
21 Ebd., S. 592.

mit dem Segen einer aufgeklärten Kunstreligion in einem Marmorsarkophag versenkt wird – worüber nur einer der Anwesenden, Wilhelm, die Fassung verliert. Und auf der anderen Seite die angeschwemmten, von der verwirrten Mutter gesammelten und wieder verbundenen Knöchelchen, die wie am Jüngsten Tage auferstehen. Ein Wunder, das, vom Humus der Volksfrömmigkeit genährt, sich in weiteren Wundern fortpflanzt, so wie es selber nur ein früheres Wunder wiederholt, als Glied einer Kette, die Vergangenheit, Gegenwart und Zukunft verbindet. Die Vorstellung einer in einem Saal verschlossenen Vergangenheit mit rituell geregeltem Zugang hat in dieser Welt keinen Platz. Rettungskraft kommt hier der Religion zu, nicht der Kunst, deren Aufgabe sich darauf beschränkt, mit Hilfe von „Fäden und Bändern [...], Seide und Stickerei"[22] die verstreuten Knochen zu einer Reliquie zusammenzusetzen. Scheinbar fußen beide Rettungsinstanzen, die sich an Mignon versuchen, auf ein und demselben Grund: dem Leben. Aber Leben ist nicht gleich Leben. Das alte Leben, von dem der Harfner singt, empfängt seine Ordnung aus dem Zusammenhang von Schuld und Schicksal; das neue hat diesen Rahmen verlassen und ist problematisch geworden. Darum muss ein Imperativ die Menschen dazu aufrufen: „Gedenke zu leben". Und zwar nach der von Mephisto für den Homunkulus aufgestellten Regel: „Willst du entstehn, entsteh' auf eigne Hand!"[23] Rettung als Erlösung kann es hier nicht mehr geben.

Eine Rettung Mignons, welche unter aufgeklärten Vorzeichen der Erlösung nahekäme, könnte nur die Einlösung ihres Glücksversprechens sein. Ihm bleibt der Roman auf der Spur, um seinetwillen verlässt er das Kind nicht. Das „unbeschreiblichste [!] Glück",[24] das Wilhelm empfunden hatte, als er Mignon im Arm hielt, ist ja auch nach der Aufhellung ihrer Lebensumstände ein Geheimnis geblieben. In den *Wanderjahren* fällt darauf endlich ein Licht, ein Licht der Entsagung, dennoch – oder besser: eben darum – ein Licht der Erfüllung.

Als wäre sie dem Marmorsarkophag entstiegen oder vom Himmel auf die Erde zurückgekehrt, tritt Mignon, „wie sie leibte und lebte",[25] Wilhelm erneut auf den Bildern eines Malers entgegen, der von ihrem Schicksal erfahren und sich zum Lago Maggiore aufgemacht hatte, um

---

22 Ebd., S. 591.
23 Johann Wolfgang von Goethe, *Faust*, in: ders., Werke, Bd. III, S. 238, V. 7848.
24 Goethe, Wilhelm Meisters Lehrjahre, S. 144.
25 Johann Wolfgang von Goethe, *Wilhelm Meisters Wanderjahre*, in: ders., Werke, Bd. VIII, S. 227.

sie in effigie ihrer einstigen Welt zurückzugeben. Dadurch wird diese Welt für die Reisenden zum „Paradies".[26] Neben der schönen hat ein Paradies aber auch eine gefährliche Seite – wofür hier zwei Frauen aus der Novelle „Der Mann von fünfzig Jahren" sorgen, deren Schiff die Freunde entern. Die Spannung zwischen Schönheit und Gefahr prägt den Rhythmus der folgenden Tage, den steten Wechsel von Ufer und See, Tag und Nacht, Trennung und Vereinigung. Dabei verliert sich – man ist schließlich in der Heimat Mignons – die Grenze zwischen Gegenwart und Vergangenheit, zwischen Erlebtem und Erinnertem.

Malerei und Gesang begleiten die Gesellschaft in jedem Moment dieser magischen Zeit, die in „drei vollen himmlischen Tagen"[27] auf der Isola bella ausklingt. Es ist diese lebendige Übung der Kunst, die bewirkt, dass Mignon, über ihre geographische Präsenz hinaus, neu zum Leben erwacht. Ein Schritt, der, präzis vermerkt durch die Chiffre des „Unaussprechlichen", sich zuerst in den Bildern Hilaries abzeichnet:

> Die herrliche Welt erst tagelang vor sich zu sehen und nun die auf einmal verliehene vollkommene Darstellungsgabe zu empfinden! Welche Wonne, in Zügen und Farben dem Unaussprechlichen näher zu treten!"[28]

Dann, am letzten Abend, erklingt das Unaussprechliche im Lied. „Leidenschaftlich über die Grenze gerissen",[29] stimmt der Maler, ausdrücklich als ein „neuer Orpheus" bezeichnet,[30] den „ersten Zartgesang des holden Kindes" an,[31] das Italienlied. Die Wirkung ist erschütternd, man verstummt, man entfernt sich mit Gesten der Abwehr wie gegenüber einer Vision, die – im Gegensatz zu derjenigen Speratas – Bestürzung hervorruft. Das ist der Moment der Rettung Mignons – ihrer Rettung als eines Mehr: als etwas, was zu den Wundern der Welt und den Wundern der Kunst hinzutritt, ihnen aber nicht entspringt. Etwas, was alles Verfestigte löst und alle, die es erleben, in Rührung vereint.

---

26 Ebd., S. 230 u. 240.
27 Ebd., S. 234.
28 Ebd., S. 238.
29 Ebd., S. 239.
30 Ebd., S. 229.
31 Ebd., S. 239.

Doch so tief sie die Menschen ergreift, die Rettung Mignons bleibt in den Augenblick eines „sehnsüchtigen Griffs"[32] gebannt. Die Tränen der Rührung, unter denen man sich in die Arme fällt, sind auch schon die Tränen eines endgültigen Abschieds, voneinander und von Mignon. Denn Mignon, eine Sehnsucht, die sich nicht in Streben übersetzt, sondern auf ein Unzerstörbares fixiert bleibt, gefährdet das Ethos der Wanderer. Sie schützen sich davor durch das Verbot, irgendwo länger als drei Tage zu verweilen. Diese Regel, kein Sündenfall, vertreibt sie aus dem Paradies. Das nun „wie durch einen Zauberschlag für die Freunde zur völligen Wüste gewandelt war".[33] So als wäre der Zauber Mignons durch einen mächtigeren Zauber gebrochen worden. Der ihre jedoch war viel eher eine Entzauberung gewesen; denn sie hatte, ohne es zu wollen und ohne es zu wissen, eine Verbindung gelöst, die von der Antike über das Christentum bis zum Humanismus der Turmgesellschaft reichte – die zwischen höchster Erkenntnis und höchstem Glück.

Weist der Roman, wenn er Mignon rettet und ihr zugleich den Rücken kehrt, auf diese Entzauberung hin – um sie zurückzuweisen? Warum erklärt er kurzerhand, daß den durch die Epiphanie Mignons erregten „seltsamen Gefühlen und Wünschen [...] doch die Hoffnung schon abgeschnitten war"?[34] Diese Frage kann vielleicht auf einem Umweg beantwortet werden, der zunächst zu einer anderen Goethischen Rettungsszene und dann zu Kleist führt. Am Wendepunkt der in die *Wahlverwandtschaften* eingefügten Novelle „Die wunderlichen Nachbarskinder" finden diese sich im Wasser wieder, von der Strömung gewaltsam fortgerissen. Der Jüngling rettet seine „schöne Feindin",[35] die aus Liebe zu ihm – und weil sie ihn strafen wollte – sich vom Schiff gestürzt hatte. Sie gelangen ans Ufer, finden Zuflucht bei „guten Leuten",[36] werden bekleidet und sind in kurzer Zeit wiederhergestellt. Umso ungeheuerlicher muss ihnen erscheinen, was sich zugetragen hatte.

Sich vom Wasser zur Erde, vom Tode zum Leben, aus dem Familienkreise in eine Wildnis, aus der Verzweiflung zum Entzücken, aus der Gleichgültigkeit zur Neigung, zur Leidenschaft gefunden zu haben,

---

32 Ebd.
33 Ebd., S. 240.
34 Ebd., S. 239f.
35 Johann Wolfgang von Goethe, *Die Wahlverwandtschaften*, in: ders., Werke, Bd. VI, S. 439.
36 Ebd., S. 440.

alles in einem Augenblick – der Kopf wäre nicht hinreichend, das zu fassen; er würde zerspringen oder sich verwirren. Hierbei muß das Herz das Beste tun, wenn eine solche Überraschung ertragen werden soll.[37]

Zur Vollendung der Rettung reicht aber auch das Herz nicht aus. Wenn sie gesellschaftlich riskant ist, muss die Gesellschaft sie sanktionieren. So hier: Die Rettung der Nachbarskinder macht den Erwartungen der Gesellschaft einen Strich durch die Rechnung. Zunächst haben die Geretteten Angst: „Sollen wir fliehen? Sollen wir uns verbergen?"[38] fragen sie sich. Nein, sie treten vor ihre Familien hin: „‚Gebt uns euren Segen!' rief der Jüngling. ‚Gebt uns euren Segen!' riefen beide, da alle Welt staunend verstummte. ‚Euren Segen!' ertönte es zum dritten Mal, und wer hätte den versagen können!"[39] Dreimal, wie in einer magischen Formel, wird der Anspruch auf Segen erhoben, und der „staunenden Welt" bleibt keine Wahl, sie wird zur Versöhnung gezwungen, gleichsam zur Rettung der Rettung. Eine Dialektik der Anerkennung, in der Mignon zerrieben worden wäre.

In Kleists *Erdbeben in Chili* können sich einige Menschen aus den Verheerungen retten. Sie versammeln sich in einem Tal, wo Wunderbares geschieht: Totgeglaubte finden sich wieder, Klassengrenzen lösen sich auf, Mitleid und Hilfsbereitschaft geben im Umgang den Ton an, ja „der menschliche Geist selbst"[40] schien aufzublühen, „als ob es das Tal von Eden gewesen wäre".[41] Das Kleistsche Als ob ist berechtigt, denn dieser Keim einer versöhnten menschlichen Ordnung wird zertreten, sowie die Geretteten in die Stadt zurückkehren. In dem durch das Erdbeben geschaffenen Machtvakuum behauptet sich dort eine einzige Institution: die Kirche. Sie beansprucht die Deutungshoheit über die Katastrophe und setzt ihre Deutung in die Tat um, indem sie ein Blutbad anrichtet. Diese zweite Katastrophe soll die erste vollenden und als Ausdruck des göttlichen Willens legitimieren. In genauem Gegensatz zu den „wunderlichen Nachbarskindern" führt der Zusammenstoß von Rettung und Autorität nicht zur Vollendung der Rettung, sondern zur Vollendung der Katastrophe.

---

37 Ebd., S. 441.
38 Ebd.
39 Ebd., S. 442.
40 Heinrich von Kleist, *Das Erdbeben in Chili*, in: ders., *Sämtliche Werke und Briefe*, hg. v. Helmut Sembdner, München 1984, Bd. II, S. 152.
41 Ebd., S. 149.

Von hier aus ein Blick zurück auf Mignon, deren Exterritorialität ihr die eine Lösung verwehrte und die andere ersparte. Bleibt ihr darum nur der Ort der Unsagbarkeit? Max Kommerell hat das nicht zugeben wollen und versucht, „die Gestalt Mignons [dem] Halbdunkel eines romantischen Ungefährs"[42] zu entreißen, indem er auf die Voraussetzungen ihres Erscheinens hinwies:

> Erst wenn es entschieden Welt und Gesellschaft gibt, ja, wenn die Oberflächlichkeit des Lebens und ein Übermaß planender Absicht sich beide als wirklich befestigt haben, können Mignon und der Harfner recht eigentlich im ‚Gedränge' erscheinen und heilig gesprochen werden.[43]

Eine Geburt aus dem Geist des Profanen also, ein Engel, der dem Gedränge entspringt? Höher hinaus will Walter Benjamin, er nennt Mignon eine der „Goetheschen Schutzgöttinnen des Scheins"[44] – neben Ottilie und Helena. Aber ist das Kind da in der richtigen Gesellschaft?

Ihr letztes Lied jedenfalls singt sie in einer anderen, einer „kleinen Gesellschaft", die aus Natalies Mädchen besteht. Um diese in ihrem Anfangsverdacht zu bestärken, daß hinter dem heiligen Personal, welches bei bestimmten Gelegenheiten auftritt und die „Bauernkinder" beeindruckt, „verkleidete Personen"[45] stecken, läßt Natalie Mignon als Engel erscheinen, der Gaben verteilt. Bald wird sie erkannt, aber nicht entzaubert. Die Kinder wollen von ihr selbst erfahren, was es mit dieser „wundersamen Erscheinung" auf sich habe, und es kommt zu einer Art Interview: „‚Bist du ein Engel?' frage das eine Kind. ‚Ich wollte, ich wär' es', versetzte Mignon. ‚Warum trägst du eine Lilie?' ‚So rein und offen sollte mein Herz sein, dann wär' ich glücklich.' ‚Wie ist's mit den Flügeln?' ‚Sie stellen schönere vor, die noch nicht entfaltet sind.' Und sie antwortete bedeutend auf jede unschuldige, leichte Frage."[46] Weil diese Fragen die demaskierende Absicht Natalies unterlaufen, kann Mignon „bedeutende" Antworten geben. Ja, was in diesen Antworten

---

42 Max Kommerell, „Wilhelm Meister", in: ders., *Essays, Notizen, Poetische Fragmente*, hg. von I. Jens, Olten/Freiburg i.Br. 1969, S. 171.
43 Ebd., S. 186.
44 Walter Benjamin, *Der eingetunkte Zauberstab*, in: ders., *Gesammelte Schriften*, hg. v. Rolf Tiedemann und Hermann Schweppenhäuser, 7 Bde., Frankfurt am Main 1972-1991, Bd. III, S. 415.
45 Goethe, Wilhelm Meisters Lehrjahre, S. 514.
46 Ebd., S. 515.

noch im Irrealis steht, gebunden an ein Wollen und Sollen, die ihr ja nicht gegeben sind, verkündet sie den Kindern im nachfolgenden Lied als einfache Seins- und Heilsgewissheit:

> Ich eile von der schönen Erde / Hinab in jenes feste Haus. // Dort ruh' ich eine kleine Stille, / Dann öffnet sich der frische Blick, / Ich lasse dann die reine Hülle, / Den Gürtel und den Kranz zurück. // Und jene himmlischen Gestalten, / Sie fragen nicht nach Mann und Weib, / Und keine Kleider, keine Falten / Umgeben den verklärten Leib.[47]

Dies ist ihr Glaube an das „Unzerstörbare in sich", das, laut Kafka, nur dann ein Glücksversprechen enthält, wenn man „nicht zu ihm streb[t]".[48] Diesen Glauben teilt auch die Literatur. Er erlaubt ihr, die Versuche der Rettung, die sie in den *Lehr- und Wanderjahren* an Mignon unternommen hat – die physische, die säkular-sakrale, die magisch-religiöse und die ästhetisch-evokative – als vergeblich zu erkennen. Allzusehr verdankten sie sich der „Begierde zu retten".[49] Das, woran diese Versuche scheiterten, bleibt als Rest, und der ist der Literatur anvertraut und aufgegeben. Retten kann sie ihn durch Verwandlung. Denn wer erkennt im Zappel-Philipp des *Struwwelpeter* nicht den ins Grobe gewendeten Bruder Mignons, den am Ende nicht Engelkleider bedecken, sondern ein weißes Tischtuch?[50]

---

47 Ebd., S. 515f.
48 Kafka, Nachgelassene Schriften und Fragmente II, S. 128.
49 Goethe, Wahlverwandtschaften, S. 440.
50 Vgl. Reimar Klein, „*Sieh einmal, hier steht er!*" *Struwwelpeters beschädigte Kinderwelt*, Frankfurt am Main 2004.

CHRISTOPH REHMANN-SUTTER UND CHRISTINA SCHÜES

Retterkinder

Dass Rettungsnarrative auch in der modernen Medizin auftreten und dort zuweilen Konjunktur haben, muss als solches nicht überraschen. Denn der Medizin kommt die Aufgabe zu, Menschen, die sich selbst nicht helfen könnten, aus krankheitsbedingten Bedrohungslagen zu befreien. Sofern die Bedrohung ihr Leben betrifft und eine Heilung gelingt – wenn die Abwendung der unmittelbaren Gefahr also nicht nur Hoffnung oder Versprechen bleibt – ist das für die betroffene Person tatsächlich eine Rettung. Gegen diese Sprechweise lässt sich wenig einwenden. Die Entwicklung biomedizinischer Technologien im Umkreis der Reproduktions- und Transplantationsmedizin sowie der Hämatologie und Onkologie der vergangenen Jahrzehnte hat aber eine neuartige zwischenmenschliche Konstellation möglich gemacht, in der ein Geschwisterkind durch die Spende von blutbildenden Stammzellen aus seinem Körper für ein anderes, krankes Geschwisterkind als „Retter" auftreten kann. Hier bietet nicht nur die Medizin die Rettung, sondern die Rettung wird im Spenderkind personifiziert und verkörpert. Das Kind, dem Blutstammzellen entnommen werden oder das extra dafür gezeugt wird, damit ihm Blutstammzellen entnommen werden können, wird *als* Retterkind angesehen und es wird faktisch *zum* Retterkind.

Das praktische Denken der verschiedenartig Beteiligten und Betroffenen – und damit auch die Ethik – muss die komplexe Konstellation, die sich konkret ergibt, wie einen vieldeutigen Text *lesen*. „Lesen" heißt hier, die Konstellation auf Sinnmöglichkeiten hin abzusuchen und die Implikationen bestimmter Deutungen zu bedenken. Es liegt auf der Hand, dass die Bezeichnung eines zu einem Zweck gezeugten und vorgeburtlich entsprechend selektionierten Kindes als „Retterkind" moralisch nicht neutral ist. Auch kulturell und philologisch transportieren unterschiedliche Ausdrücke ihre jeweiligen moralischen, anthropologischen und gesellschaftlichen Implikationen. So wird im Begriff „Designerbaby" der Verweis auf einen Herstellungsprozess und die Mittelverwendung eines Menschen sehr deutlich; das französische, fast niedlich anmutende Wort „bébé médicament" und das deutsche brutalere Wort „Ersatzteillager" zeigt auf die Herabwürdigung eines Menschen auf ein Arzneimittel und auf den menschlichen Körper als Maschine. In den Begriffen „Retterkind" oder dem englischen „saviour sibling" klingen die heroischen Momente einer Rettung an, die allerdings nicht als Fähigkeit, sondern als Eigenschaft dem Kind zugeordnet werden. In jedem der genannten Wortgebräuche scheinen zwischenmenschliche Konstellationen auf, die das Kind und den Kindeskörper in einer besonderen Weise ins Licht rücken. Das Wort *Retterkind* trägt den Konflikt zwischen den Interessen von Spender- und Empfängerkind, von anderen Geschwistern, der Eltern und der Medizin selbst in ein moralisch leichter deutbares Rettungsnarrativ ein, das für die Beteiligten ein Gefühl von Richtigkeit schafft. Rettung ist gut. Die Prozesse der Herstellung von moralischer Evidenz, die darin im Gange sind, müssen untersucht werden. Das Gespräch mit den Literaturwissenschaften als Spezialisten für das Lesen von Welt und Text kann dazu von großem Nutzen sein.

Es gibt auch eine Verbindung zum Thema Erlösung, die wir in diesem Beitrag zum Thema machen möchten. Es geht um die Rolle der Ethik in der Austragung eines sozialen Konflikts innerhalb des medizinischen Handelns. Ethik kann den Anspruch erheben, die Beteiligten aus einem moralischen Konflikt zu erlösen, aus einem sie belastenden und vielleicht überwältigenden Dilemma. Wenn man von der Ethik erwartet, dass sie das logisch geklärte, rational einsichtige und stichhaltige Argument entwickelt, das den Beteiligten sagt, was sie zu tun haben, wenn sie moralisch richtig handeln wollen, kommt der Ethik selbst eine Art Erlösungsfunktion zu. In dieser Leseweise würde sie den Beteiligten sagen: Es ist völlig normal, dass du deine Situation zunächst als konflikthaft erlebst, weil tatsächlich verschiedene und gegenläufige Interessen und die Verletzung von Grundwerten im Spiel sind; die Analyse der Werte, Rechte und Pflichten zeigt aber, du darfst nicht nur, sondern du sollst das vermeintliche Dilemma so oder so auflösen. Du hast dazu eine Pflicht und brauchst dir deshalb über Dilemmata keine Sorgen zu machen. Wir selbst bringen dieser Auslegung einer Erlösungsfunktion der Bioethik viel Skepsis entgegen und es werden sich im Verlauf der Untersuchung Gelegenheiten ergeben, um darauf hinzuweisen, wie wir selbst die Aufgabe ethischer Forschung anders verstehen.

Zunächst möchten wir darstellen, worum es bei den sogenannten Retterkindern im Zusammenhang von Blutstammzell-Transplantationen geht.

Blutstammzellen

Es gibt eine Reihe von schweren Krankheiten im Kindesalter, die man heute mit einer Transplantation von hämatopoietischen Stammzellen mit relativ gutem Erfolg behandeln kann. Dazu gehören Krankheiten des blutbildenden Systems wie Fanconi-Anämie, Blackfan-Anämie und verschiedene Leukämien. Beim Empfängerkind muss man dazu vor der Transplantation das gesamte Immunsystem mit einer aggressiven Chemotherapie zerstören. Nach der Transplantation bildet sich aus den implantierten Blutstammzellen ein neues Immunsystem. Die Rekonstruktion des blutbildenden Systems durch eine Stammzelltransplantation ist eine aufwändige Therapie, die viele Risiken und Belastungen mit sich bringt. Sie kann aber für ein lebensbedrohlich erkranktes Kind tatsächlich eine Rettung bedeuten.

Um transplantierbare Stammzellen zu erhalten, muss ein passender Spender gefunden werden. In diesem Beitrag geht es um die Konstellation, die entsteht, wenn kein Spender verfügbar ist, aber ein neues Kind gezeugt werden soll, das die geeigneten Gewebemerkmale aufweist. Ein solches Kind wäre für das kranke Geschwister ein „Retterkind".

Zuerst müssen wir ein paar medizinische Details erklären. Um herauszufinden, ob für eine Stammzelltransplantation Spender und Empfänger zueinander passen, werden die Varianten des Human Leukocyte Antigens (HLA) getestet.[1] HLA ist ein Proteinkomplex. Die dazugehörigen Gene des HLA-Komplexes sitzen auf Chromosom 6 und gehören zu den variabelsten Regionen des Genoms. Die körpereigenen HLA-Proteine werden auf der Zelloberfläche ähnlich wie eine Identitätskarte präsentiert und gelten für das Immunsystem als Erkennungszeichen für „eigen" oder „fremd". Man testet auf HLA-Marker vor der Transplantation, um herauszufinden, welche HLA-Gene und Antigene eine Person geerbt hat. Nur wenn die HLA-Blutmerkmale von Spender und Empfänger kompatibel sind, ist eine Transplantation von Geweben zwischen Spender und Empfänger möglich, ohne dass es zu Abstoßungsreaktionen kommt. Diese Passungen sind extrem selten.

Es gibt mehrere Möglichkeiten, um ein passendes Transplantat zu finden: Eine erste Möglichkeit ist eine anonyme Fremdspende. Es wurden Spendernetze von erwachsenen Freiwilligen eingerichtet, die bereit sind, Knochenmark zu spenden. In diesen Netzen kann man nach einem geeigneten Spender fahnden. Routinemäßig werden zweitens auch die Eltern selbst auf eine Histokompatibilität mit ihrem kranken

---

1 S.G. Marsh et al., „Nomenclature of factors of the HLA System, 2004", in: *Tissue Antigens* (2005), 65 (4), S. 301-369. F. Aversa F et al., „Transplantation of high-risk acute leukemia with T-cell-depleted stem cells from related donor with one fully mismatched HLA haplotype", in: *N Engl J Med* 339 (1998), S. 1186-1193.

Kind getestet, aber sie passen nur selten. Am besten sind die Chancen bei Geschwistern. Das ist die dritte Möglichkeit. Ihr Blut passt mit einer Wahrscheinlichkeit von 25%. Seit den 1970er Jahren wird diese dritte Strategie verfolgt und in wachsender Zahl wurden Knochenmarktransplantate Geschwisterkindern entnommen. Ein Kind kann, schon wenn es etwa ein Jahr alt ist, „spenden".

Wenn sich aber unter den Geschwistern keine passende Person findet, oder wenn das Kind gar kein Geschwister hat, ist es heute in vielen Ländern (z.B. Großbritannien, Israel, USA) rechtlich möglich, die Techniken der Reproduktionsmedizin zu benutzen, um ein Kind zu erzeugen, das die richtigen immunologischen Blutmerkmale trägt. Voraussetzung dafür ist eine In-vitro-Fertilisation und Präimplantationsdiagnostik. An einer herausgelösten Zelle des Embryos wird vor dessen Implantation in den Uterus mit molekularbiologischen Methoden festgestellt, welche HLA-Marker er hat. Ist der Befund positiv, wird der Embryo in die Gebärmutter übertragen, ist er negativ, wird einem anderen der Vorzug gegeben. Die so gezeugten „Retterkinder" spenden Nabelschnurblut, später oft auch Knochenmark oder/und Stammzellen aus peripherem Blut, wenn die Menge der ersten Gabe nicht ausreicht.

Es sind zwei Entwicklungslinien der biomedizinischen Wissenschaften, die hier zusammentreffen: die hämatologische Onkologie mit der Entwicklung der Blutstammzelltransplantationen und die Reproduktionsmedizin mit der Präimplantationsdiagnostik. Der Pionier, der sie zusammenbrachte, ist der russisch-amerikanische Zellbiologe Yury Verlinsky. Er kam 1979 als junger Emigrant aus Sibirien in die USA, weil ihm die Sowjetunion seine Forschungen über Chorionzottenbiopsie nicht finanzieren wollte.[2] Er erhielt die Ausreisegenehmigung nur unter der Bedingung, dass er die Kosten für seine Ausbildung zurückbezahlte. 1990 hat er in Chicago das Reproductive Genetics Institute gegründet. Verlinsky hat entscheidend zur Entwicklung der Präimplantationsdiagnostik beigetragen, zuerst an den Polkörperchen, dann aber an Zellen aus Embryobiopsien. Im Jahr 2000 hat er zum ersten Mal mit HLA-Testung an den biopsierten Embryozellen ermöglicht, dass ein Mädchen namens Molly Nash, das mit Fanconi-Anämie geboren war, einen immunkompatiblen Bruder Adam erhielt. Adam spendete für Molly Blutstammzellen. Sie konnte nach der erfolgreichen

---

[2] Dennis Hevesi, „Yury Verlinsky, Expert in Embryonic Screening, Is Dead at 65", in: *The New York Times*, 22 July 2009.

Transplantation genesen.[3] Solche Fälle haben regelmäßig eine gewisse mediale Aufmerksamkeit erhalten und auch ethische Debatten ausgelöst. Vor ein paar Jahren ist auch in der Schweiz ein solches Kind geboren worden: Elodie hat als Einjährige für den an Granulomatose erkrankten 4-jährigen Bruder Noah am Universitätsspital Zürich Knochenmark gespendet.[4]

Die Situation ist für die Eltern und auch für die Gesellschaft moralisch kompliziert und emotional dramatisch. Wenn es technisch möglich wird, ein krankes Kind zu retten, das sonst sterben müsste, sind Eltern bereit, sehr viel zu tun. Technisch und praktisch kann nun auch dazu gehören, ein neues Kind zu zeugen, zu testen, zu gebären und als Spender des nötigen lebendigen „Pharmazeutikums", das die Stammzellen darstellen, einzusetzen. Aber ist das neue Kind dann eine Art medizinisches Ersatzteillager für das kranke? So lautete jedenfalls regelmäßig die mit Vorwürfen aufgeladene Frage.

Aus einer ethischen Perspektive interessiert nicht nur, ob diese moralischen Vorwürfe stichhaltig sind und ob es verantwortbar ist, die Anwendung von PID zur Selektion eines Gewebespenders gesetzlich zuzulassen. In der Schweiz ist sie verboten, ebenso in Deutschland.[5] Ethisch relevant sind tiefer liegende Fragen, nämlich die, was der biomedizinische Blick auf den menschlichen Körper, der zu einer Teilbarkeit und Verfügbarkeit von Körperteilen als Heilungsressource führt, für das Selbstverständnis der Menschen und ihrer Beziehungen bedeutet. Was heißt es für die familiär betroffenen Menschen, die Existenz einer Person an die als Pharmazeutikum einzusetzende Materialität des Körpers zu knüpfen? Was also bewirken die neuen Machbarkeiten und Verfügbarkeiten des Lebendigen für Familien und die Gesellschaft? Welche Situationen entstehen für die Betroffenen, die vorher nicht

---

3 Thomas H. Maugh II, „Yury Verlinsky dies at 65; pioneered genetic testing method", in: *Los Angeles Times*, 22. Juli 2009.

4 Christoph Rehmann-Sutter, „Embryoselektion zur Gewebespende? Fälle von PID-HLA und ihre Analyse in individual- und sozialethischer Perspektive", in: *Ethica* 15 (2007), S. 115-143; Beth Whitehouse hat 2010 ein Buch mit einer anderen bewegenden Familiengeschichte geschrieben (*The Match*, Boston 2010). Vgl. Jodi Picoult, *Beim Leben meiner Schwester*, München 2005.

5 In Deutschland ist die Nutzung der Präimplantationsdiagnostik für die positive Selektion von Embryonen anhand gewünschter genetischer Dispositionen verboten. Genetisch darf nur nach schweren Erbkrankheiten des Embryos selbst gesucht werden, um diese im Falle eines positiven Fundes auszusortieren. In der Schweiz ist gegenwärtig (Mai 2013) ein entsprechendes Gesetz in Vorbereitung, welches das noch geltende generelle Verbot ersetzen soll.

vorstellbar waren? Wie werden diese Situationen, in denen Handlungen stattfinden und Entscheidungen getroffen werden müssen, interpretiert? In welche ethischen Konflikte werden Betroffene gebracht? Welche Entscheidungs- und Handlungszwänge werden geschaffen? Wie können diese medizinischen Möglichkeiten philosophisch und gesellschaftlich verarbeitet werden? Welche ethischen Werte prallen aufeinander? Und was ist eigentlich die Aufgabe der Ethik in diesem Zusammenhang?

Gegenwärtige Biotechnologien gestalten gesellschaftliche und wirtschaftliche Zusammenhänge, sie schreiben sich ein in die Materialität der Körper, in die Emotionalität des Leibes, in Lebensgeschichten und Familiendramen. Wir interessieren uns für die moralischen Verständnisse in diesen Zusammenhängen, die notwendig und Voraussetzung sind, um für die Entscheidungen über diese neuen Möglichkeiten, Denkansätze und Entscheidungsgrundlagen zu schaffen.

Wir möchten als Nächstes den moralischen *Zwang zur Rettung* betrachten und die in der Debatte vorgebrachten Gründe für und gegen die Retterkinder zusammentragen. Dann widmen wir uns der Frage nach der Bedeutung der Geburt: Wie ist die Geburt – als Verhältnis gedacht – verändert, wenn Retterkinder geboren werden? Im zweitletzten Abschnitt greifen wir zurück auf unsere Arbeiten zur Ethik der Stammzellspende von bereits geborenen Kindern. Schließlich wird die Aufgabe und Rolle der Ethik in diesen Zusammenhängen diskutiert.

Moralischer Rettungszwang?

Wie die Geschichten der betroffenen Familien regelmäßig zeigen, sind Mühsal und Kosten für die Eltern kein haltbares Argument, um Rettungsmöglichkeiten für ihr krankes Kind abzulehnen. Sie sehen jede auch noch so schwache Möglichkeit als eine wählbare Option, um alles für das Überleben und die Heilung ihres Kindes zu tun. Sarah Daubitz hat fünf Elternpaare interviewt, deren Kind für das kranke Geschwister Knochenmark spendete.[6] Patricia Baetens in Brüssel hat bereits vor ein paar Jahren Interviews mit Eltern durchgeführt, die sich für ein Retterkind entschieden haben. Sie empfanden die Situation als ausweglos, als Situation, die keine Wahl lässt. Ein Elternpaar sagte, was für viele ty-

---

6 Sarah Daubitz, „Die Stellung des HLA-Tests im Entscheidungsablauf", in: *Rettende Geschwister*, hg. v. Christina Schües und Christoph Rehmann-Sutter, Paderborn 2015.

pisch ist, dass sie „wissen mussten, dass sie alles, was möglich war, getan haben, um ihre kranke Tochter zu retten. Wenn sie alles, was in ihrer Macht stand, getan haben, um das Kind zu retten, würden sie sich später nicht selber die Schuld geben."[7] Die Eltern erfahren sich in einer Situation, in der sie gedrängt sind, jedes Angebot der Medizin anzunehmen, weil sie fürchten, es sonst später moralisch zu bereuen. Sie würden sich sonst selbst die Schuld am Tod des Kindes geben. Es ist ein „anticipated decision regret", wie es der Psychologe Tjeerd Tymstra (für andere Fälle in der Medizin) treffend beschrieben hat.[8] Dieses Gefühl, vorausgreifend Entscheidungen zu bedauern, ist ein äußerst starkes Motiv für die Eltern, alles zu versuchen, weil es wie eine Schuld aus dem Innersten aufsteigt, die Möglichkeit ihres Versagen berührt und das Sterben des Kindes betrifft.

Die empfundene moralische Pflicht zu retten, betrifft aber nicht nur die Eltern, die noch ein Kind haben können, sondern auch das Spenderkind, sobald es Einsicht in die Situation hat. Für dieses entsteht schon faktisch, auf Grund des „nackten Lebens" seiner bloßen Existenz, ein Zwang zur Spende.[9] Die Bereitschaft zur Spende ist in seine körperliche Verfasstheit eingeschrieben. Später, wenn das Retterkind ein Jugendlicher oder eine junge Erwachsene ist, wird von ihm oder ihr erwartet, dass sich diese Ausweglosigkeit in vernünftiger Einsicht als Pflicht darstellt. Doch dieser „Pflicht" ist es nachgekommen, bevor es von ihr wissen konnte. Die moralische Pflicht betrifft auch die Medizin, d.h. unerschrockene Leute wie Yury Verlinsky, die waghalsig genug waren, die Technologien so weiterzuentwickeln, dass man Krankheiten, die Kindern das Leben nehmen, mit neuen Mitteln bekämpfen kann. Durch die bloße Möglichkeit der Rettung mit gespendeten Blutstammzellen, mit der biotechnologischen Teilbarkeit des Körpers, entsteht so für alle Beteiligten ein Zwang zur Rettung und damit ein Verantwor-

---

7 Patricia Baetens et al., „HLA-matched embryos selected for siblings requiring haematopoietic stem cell transplantation: a psychological perspective", in: *Reproductive BioMedicine Online* 10 (2005), S. 154-163.
8 Tjeerd Tymstra, „The imperative character of medical technology and the meaning of ‚anticipated decision regret'", in: *International Journal of Technology Assessment in Health Care* 5 (1989), S. 207-213.
9 Den Ausdruck „nacktes Leben" verwendete Agamben im Bezug auf die Vernichtungslogik im Nationalsozialismus, in der es der erste Schritt war, Menschen auf ihre bloße Existenz zu reduzieren und ihnen so das Menschsein abzusprechen. In unserem Zusammenhang geht es aber um die Erzeugung von Leben. Giorgio Agamben, *Homo sacer. Die souveräne Macht und das nackte Leben*, Frankfurt am Main 2002.

tungsdruck, dessen Imperativ man nur schwer entweichen kann.[10] Die „Freiwilligkeit" der Zustimmung wird zum Dreh- und Angelpunkt einer problematischen Forderung.

Gehen wir kurz durch die in der Debatte pro und contra Retterkinder vorgebrachten ethischen Argumente.[11] Am häufigsten wird das Argument der *Instrumentalisierung des Retterkindes* diskutiert. Dieses Argument geht zurück auf die *Grundlegung der Metaphysik der Sitten*, in der Kant in seiner zweiten Formulierung des Kategorischen Imperativs feststellt, dass eine Person in ihrer Würde verletzt wird, wenn sie nur als Mittel benutzt wird.[12] Darf man ein Kind als Ersatzteillager benutzen? Man könnte glauben, die Eindeutigkeit dieses Arguments würde zunichte gemacht, wenn die Eltern das neue Kind richtig lieben, d.h. um seiner selbst willen und unabhängig von der Spende. Streng mit Kant gesprochen ist allerdings die Liebe der Eltern auf einer ganz anderen Ebene angesiedelt als eine Würdeverletzung, die mit der Verletzung des Gesetzes der Vernunft in einer Person zu tun hat. In dem Moment der Auswahl eines Embryos, des Tests und der Spende wird der Körper einer Person verzweckt und die Person selbst wird nicht als Endzweck bzw. als Wesen der Vernunft und Freiheit betrachtet werden können. *Psychologisch* gesprochen wird sicherlich das Gefühl „bloß benutzt worden zu sein" durch die tätige Liebe kompensiert. Dieses emotionale Kompensationsgeschäft ist allerdings mit Kant'scher Philosophie nicht zu vereinen.

Man könnte argumentieren, dass der Einwand der Instrumentalisierung angesichts der *Pflicht der Eltern zur Lebensrettung* verblasst. Dieser Überlegung kann in zweierlei Hinsichten begegnet werden: Wenn der Vorwurf einer Instrumentalisierung im Raum steht und man sagt, Lebensrettung wiege schwerer als die Unverletzlichkeit von Würde und Körper, dann hieße das, dass dieses Prinzip ethisch auch für Erwachsene gelten müsste. Eine Pflicht müsste auch für alle kompatiblen Erwachsenen gelten. Da es aber für Erwachsene gesellschaftlich als ethisches Prinzip nicht akzeptiert ist (man verlangt für Lebendspenden die Freiwilligkeit), darf es auch nicht im Umgang mit Kindern eingesetzt werden. Als anderer Denkweg käme in Frage, dass es emotional sehr

---

10 Christina Schües, „‚Teile, was verfügbar ist' – Über Butterbrote, Körperteile und Filesharing", in: *Tumult*, Frühjahr 2013, S. 33-35.
11 Vgl., Rehmann-Sutter, Embryoselektion, mit Referenzen.
12 Immanuel Kant, *Kritik der praktischen Vernunft. Grundlegung der Metaphysik der Sitten*, in: *Werkausgabe*, Band VII, hg. von W. Weischedel, Frankfurt am Main 1977, S. 61.

verständlich ist, dass Eltern alles oder mindestens sehr vieles tun, um ihr Kind zu retten: Wenn hierbei ein Kind in seinen Grundrechten verletzt wird, dann ist das zwar bedauerlich, aber vor dem Hintergrund einer familiären Notsituation emotional verständlich. Die Konsequenz ist, dass die ethische Stringenz bei einem Kind ausgesetzt wird. Es hätte dann in diesem Kontext einen anderen moralischen Status als ein Erwachsener.[13]

Ein weiterer Argumentationsstrang, der die geschwisterliche Stammzellspende rechtfertigen möchte und nicht von einer möglichen Instrumentalisierung des Spenderkindes ausgeht, tritt mit folgender Annahme auf: Es könnte sehr wohl sein, dass die Spende von Stammzellen auch im *besten Interesse des Spenderkindes* selbst liegt, wenn es nämlich seiner Schwester oder seinem Bruder das Leben retten kann. Man kann annehmen, dass das Kind nicht nur egoistische Interessen hat. Man kann sogar spekulieren, dass das Kind selbst einwilligen würde, wenn es dies schon könnte, bzw. dass es das Verfahren retrospektiv billigen wird. Dieser Argumentationsstrang beruht auf psychologischen Annahmen über den Kindeswillen und über Zukunftsperspektiven, um von hier aus die Rechtfertigung für die geschwisterliche Transplantation zu gewinnen.

Da das Kind geboren wurde, um zu spenden und nun deshalb existiert, so wird es kaum Einwände gegen die eigene Existenz haben. Dennoch mag das mulmige Gefühl bleiben, dass es nicht geboren worden wäre, wenn nicht sein Geschwisterkind krank gewesen wäre und wenn es nicht die passenden Blutmerkmale für eine Spende gehabt hätte.[14] Mit diesem letzten Punkt sind wir wieder bei der ersten Frage nach der Instrumentalisierung des neugezeugten Kindes im Kontext der Notwendigkeit, ein lebensrettendes Therapeutikum für ein krankes Kind zu gewinnen.

Derzeitig ist es schwierig zu beurteilen, wie die *psychologischen Auswirkungen für das Retterkind* im späteren Leben sein werden. Hier weiß man einfach noch zu wenig, weil das älteste Retterkind – Adam Nash – dieses Jahr gerade erst 12 Jahre alt wird. Vermutungen sind also eher spekulativ. Sie wurden moralisch sehr feinsinnig, medizinisch aber we-

---

13 Zum moralischen Status des Kindes siehe C. Schickhardt, *Kinderethik. Der moralische Status und die Rechte der Kinder,* Paderborn 2012.
14 Eine Einschätzung in utilitaristischer Perspektive gaben Robert J. Boyle and Julien Savulescu, in: „Ethics of using preimplantation genetic diagnosis to select a stem cell donor for an existing person", in: *British Medical Journal* 323 (2001), S. 1240-1243.

nig realistisch ausgemalt im Buch „My Sisters' Keeper" ("Beim Leben meiner Schwester") von Jody Picoult und noch eindrücklicher im danach produzierten, gleichnamigen Film von Nick Cassavetes (USA 2009). Die Geschichte handelt von dem Mädchen Anna, das als Retterkind gezeugt wurde und sich schließlich als 12-Jährige gegen die Eltern gerichtlich zu Wehr setzt, um nicht ständig noch weitere Male als Spenderin für ihre kranke Schwester Kate dienen zu müssen; zuletzt mit der Spende einer Niere.

Die Argumente für die Retterkind-Konstellation liegen auf der Hand. Wir möchten nun weitere Argumente dagegen diskutieren. Ein Einwand ist die *Zwangssituation* als solche, in die man Eltern bringt, sobald man diese Möglichkeit in den Raum stellt, eine Situation, die den Eltern praktisch keinen anderen Ausweg lässt. Aber kann man deshalb darauf verzichten, die Rettung eines Kindes zu versuchen, weil man sich davor scheut, retten zu *müssen*, sofern man es kann? Das Argument wird als grundsätzlicher Einwand auch hinfällig.

Einige wehren sich gegen diese Technik aus einem anderen grundsätzlichen Motiv, nämlich dem des Embryonenschutzes. Es ist ja so, dass die Selektion von Embryonen auch dazu führt, dass aussortierte Embryonen eingefroren oder vernichtet werden. Wenn man davon ausgeht, wie das einige Autoren aus dem katholischen Raum und „Recht auf Leben"-Advokaten vorbringen, dass jeder Embryo von der Befruchtung an schon eine Person mit Grundrechten ist, dann ist Präimplantationsdiagnostik nicht möglich; sie wird zu einem Person-Person-Konflikt.

Fraglich ist auch, ob es im Hinblick auf das Kindeswohl günstig ist, Kindern den Lebensanfang in Form von IVF und PID zuzumuten. Wenn Eltern auf anderem Weg kein Kind bekommen können oder in Sorge sind, dass ihre genetische Disposition möglicherweise zu einem Kind mit Schwerstbehinderungen führt, dann ist die damit verbundene Begründung von reproduktionsgenetischen Hilfsmitteln eine andere als im Falle einer positiven Selektion zum Nutzen eines weiteren Familienmitglieds.

Ein anderes Bedenken ist der Einwand der „geöffneten Tür": Wenn man eine öffnete, dann öffnen sich auch weitere Türen. Eine breite Praxis der Selektion nach Wunscheigenschaften könne entstehen, eine positive Eugenik, denn die Retterkinder seien doch schon eine Art „designer baby". Einige argumentieren, dass Dammbruchargumente wie dieses deshalb schwach seien, weil sie unterschlagen, dass es Gesetze gibt, die klare Regeln aufstellen. Man kann durchaus die unerwünschte Anwendung einer Technik verbieten; um das zu können, muss man nicht auch die erwünschten Anwendungen einer Technik verbieten.

Und auch letzteres wäre im übrigen ein Verbot, das (wie alle Gesetze) übertreten werden könnte. Die Gesellschaft muss vielmehr die richtigen, d.h. die den verschiedenen Fallkonstellationen *angemessenen* Regeln finden. Doch die Überlegung muss den ökonomischen oder sozialen Druck mit bedenken, der bewirkt, dass eine geöffnete Tür weitere Türöffnungen nach sich zieht. Der andere Punkt ist, dass selbst wenn man das sogenannte Dammbruchargument nicht überzeugend findet, man mit seiner Widerlegung immer noch nicht gezeigt hat, dass Retterkinder nicht instrumentalisiert wurden und werden.

Insgesamt stellt sich die Retterkind-Konstellation als etwas dar, das mit konventionellen bioethischen Argumenten schwer erfasst werden kann. Die Nutzen-Schaden-Abwägung scheint zugunsten der Erzeugung von Retterkindern auszugehen. Aber es fragt sich auch, ob die Nutzen-Schaden-Abwägung das stets angemessene bioethische Beurteilungsprinzip sein sollte. Zumindest Erwachsene werden nach wie vor sogar für eine vergleichsweise harmlose Blutspende gefragt, ob sie einwilligen. Als mühseligere und zeitlich langwierigere Alternative zur Präimplantationsdiagnostik bietet sich nur noch die Schwangerschaft auf Probe an, also die „natürliche" Zeugung eines Kindes mit anschließender pränataler HLA-Testung und eventuellem Schwangerschaftsabbruch. Diese Alternative wäre aber ethisch noch problematischer und ist für die Mutter sowie für das kranke Kind eine größere Belastung, es sei denn eine natürliche Schwangerschaft führt zum gewünschten Ergebnis.

Die bisher angeführten konventionellen bioethischen Argumente entstammen einer individualistisch-liberalen Denkweise. Diese Denkweise ist weniger an den Veränderungen in den Beziehungen und im Selbstverständnis orientiert; sie sucht lediglich nach moralischen Argumenten für oder gegen eine individuell als Pflicht empfundene Handlung oder nach einer moralischen Rechtfertigung für eine Praxis, die ethisch die Interessen der Individuen aufzurechnen gedenkt.

Wenn keine Einwände gegen eine Handlung gefunden werden können oder die Rechtfertigung einer Praxis passend gemacht ist, dann hat, wie zuweilen behauptet wird, die Ethik ihre Aufgabe erledigt und die Praxis kann zugelassen werden. Dies zu sagen, ist aber ein individualistisch-liberaler Reduktionismus,[15] denn er lässt die Individuen bei ihren Entscheidungen in den Konfliktlagen allein und bietet keine

---

15 Margaret Urban Walker, *Moral Understandings. A Feminist Study in Ethics,* New York 1998; Christoph Rehmann-Sutter, „‚It Is Her Problem, Not Ours' – Contributions of Feminist Bioethics to the Mainstream", in: *Feminist Bioethics. At*

ausreichende Hilfe, die daraus entstehenden Konflikte in den Beziehungen zu verstehen und darüber hinaus auch eine für die Zukunft tragfähige Lebensperspektive zu entwickeln. Dass die Eltern eine Fürsorgepflicht für ihr krankes Kind haben, ihnen deshalb als Möglichkeit nahegelegt wird, ein Retterkind zu erzeugen, und dann die Retterkinder selbst eine Pflicht haben zu spenden, ist eine völlig unzureichende Erklärung der Konfliktlage, wenn man die Lebensgeschichten und die moralische Wahrnehmung der Beteiligten und Betroffenen ernst nimmt. Abgesehen davon ist die Rede von Pflichten für das Spenderkind, wie wir an anderer Stelle gezeigt haben, schon moralphilosophisch nicht tragfähig.[16] Wir brauchen deshalb einen ethischen Ansatz, der den Beziehungen, den Verschiebungen im Selbstverständnis und in den narrativen, symbolisch-sinnhaften Dimensionen des Lebens Rechnung trägt. Dieser Ansatz ist nicht nur an einer moralischen Rechtfertigung oder an einer Pflichtzuschreibung interessiert, sondern am Verständnis eines Konflikts und seiner narrativen Zusammenhänge sowie seiner besonderen Beziehungskonstellationen.

Ein Retterkind wird geboren, um zu spenden

Die Geburt ist nicht nur der Akt der Entbindung am Ende der Schwangerschaft, sondern ein Verhältnis zwischen Generationen, das als das Grundverhältnis der Generativität bezeichnet werden kann. Die Bedeutung der Geburt erschließt sich erst, wenn sie als Verhältnis und als Beziehung gedacht wird.[17] Was wird verändert, wenn Retterkinder *geboren* werden? Sie fallen nicht vom Himmel und sie werden nicht nur im Reagenzglas erzeugt. Sie entstammen vielmehr von ihren Eltern und werden von einer Frau geboren. Der Lebensbeginn ist nicht nur ein zeitlicher Anfang, sondern ein Beziehungs- und Sinnzusammenhang, aus dem heraus sich das neue Menschenwesen entwickelt. Im Falle eines Retterkindes wird der Embryo gewählt, der die für das Geschwisterkind passenden HLA-Blutmerkmale aufweist. Am Beginn seiner Existenz liegt eine Laborgeschichte.

---

the Center, on the Margins, hg. v. Jackie Leach Scully, Laurel E. Baldwin-Ragaven und Petya Fitzpatrick, Baltimore 2010, S. 23-44.
16 Christina Schües und Christoph Rehmann-Sutter, „Hat ein Kind eine Pflicht, Blutstammzellen für ein krankes Geschwisterkind zu spenden?", in: *Ethik in der Medizin* 25 (2013), S. 89-102..
17 Christina Schües, *Philosophie des Geborenseins*, München 2008.

Wir interpretieren in einer phänomenologisch-hermeneutischen, beziehungsethischen Perspektive die Geburt als eine *nicht-reziproke Gabe* an das Kind. „Die Mutterschaft ist nicht nur eine nicht substituierbare Basis für die Hervorbringung einer ethischen Subjektivität, sondern darüber hinaus ist es so, dass in der unserer weltlichen Existenz vorgängigen Beziehung ein nicht-reziprokes Geben – eine Gabe – eine Rolle spielt."[18] Die Geburt ist eine nicht-reziproke Gabe, weil sie kein Schuldverhältnis schafft. – Allerdings geht aus vielen Lebensgeschichten hervor, dass sich Kinder tatsächlich in der Schuld ihrer Eltern empfinden, oder dass Eltern von ihren Kindern eine Art Gegenleistung erwarten. Die Aussage über das generative Verhältnis der Geburt verstehen wir hier als eine ethische Aussage. Sie beschreibt nicht nur, was im soziologischen Sinn „der Fall" ist, sondern interpretiert das Verhältnis im Hinblick darauf, wie es sein soll: Das Kind steht „gerade nicht in der Schuld eines Gläubigers, der für seine Vorleistungen entschädigt werden will. Das Kind ist frei, wenn es nicht zum Dank verpflichtet ist"[19] – zum Dank an seine Eltern für seine Existenz. Es wäre in seiner Existenz in Frage gestellt, wenn die Geburt kein „unbedingtes Versprechen"[20] sein könnte, sondern auf Gegenleistungen aus wäre. Die *Philosophie des Geborenseins* hat folgendes Ergebnis: „Kinder werden nicht zu bestimmten Bedingungen geboren, weder zu ihren noch denen der Mutter oder des Vaters. Das Versprechen der Eltern, das in der Form des Sprechakts sogar nie gegeben werden darf (da es sonst keine Gabe wäre), korreliert mit der Zeit der Anderen (den Kindern), da sie der unvorhersehbare Weg, das Jenseits meiner Möglichkeiten sind, die Lévinas die ‚authentische Zeit' nennt."[21] Die Geburt ist ein „*leibhaftiges elterliches* Versprechen"[22] in Form von Rechten des Kindes, Fürsorgepflichten und vor allem dem Liebesgebot.

Wenn man diese Sinndimension der Geburt als Verhältnis ernst nimmt, kommt man erst in die Lage zu erkennen, welche Problematik die Retterkinder-Konstellation für das Verhältnis von Eltern zu Kindern schafft. Die Geburt wird zu einer Gabe unter Vorbehalt, zu einer Aufgabe, oder zu einer Gabe mit Auflagen. Das Retterkind ist ausgewählt worden, *weil* es bestimmte Blutmerkmale hat und *weil* sein Körpermaterial mit diesen Blutmerkmalen nützlich für sein Geschwister-

---
18 Schües, Philosophie, S. 304.
19 Ebd., S. 468.
20 Ebd.
21 Ebd., S. 469.
22 Ebd., S. 468.

kind ist. Es wird also geboren, um zu spenden. Die Bedingung für seine Existenz ist mit der Materialität seines Körpers und die in sie eingeschriebene Pflicht, Knochenmark als Therapeutikum bereitzustellen, gegeben. Die weiteren gezeugten Embryonen, deren Blutmerkmale nicht passen, werden aussortiert.

Somit ist die Pflicht zu spenden und mit seinem Leib für das Leben des Geschwisterkindes einzustehen, mit der Geburt des Retterkindes impliziert. Faktisch wird es gleich nach der Geburt mit dem Nabelschnurblut und meistens später mit einem Jahr mit seinem Knochenmark der Transplantationspraxis unterworfen. Es wird faktisch gar nicht anders können, als Teil dieser Praxis zu sein. Biographisch gehören dem Heranwachsenden diese Anfangsbedingungen zu dem narrativen Strang seiner Identität und seiner Herkunft. Moralisch manifestiert sich die Aufgabe zu spenden als ein Schicksal, dem das Spenderkind wird folgen müssen.

Dagegen kann man einwenden, es sei nicht selten, dass Kinder zu einem Zweck in die Welt gesetzt werden. Dieser Zweck ist meistens auf die Altersfürsorge, die gesellschaftliche oder familiäre Anerkennung oder die emotionalen Bedürfnisse der Eltern gerichtet. So werden Kinder geboren, um eine Firma weiterzuführen, um den Unterhalt im Alter zu sichern, um einen Stammhalter zu bekommen, um eine eigene Sehnsucht zu erfüllen oder um die Beziehung zu festigen. Ohne Zweifel können diese von den Eltern in die Wiege der Kinder gelegten Erwartungen belastend sein. Nicht ohne Grund spielen sie auch häufig eine tragende Rolle in Biographien. Wenngleich auch Kinder mit der Vorstellung einer sozialen Lebensaufgabe geboren werden, liegt doch die Retterkind-Konstellation auf einer tieferen und auch vielschichtigeren, konstitutiven Ebene:

Ein Retterkind ist nicht irgendein Kind, das, nachdem es geboren wurde, in eine bestimmte soziale Rolle gedrängt wird. Vielmehr ist es ein Kind, das *auf Grund der Materialität* diese ihm zugedachte Rolle, nämlich ein Retterkind zu sein, bereits *hat*. Es ist gezeugt mit Hilfe von IVF und PID/HLA-Screening und es ist gewählt auf Grund seiner spezifischen Blutmerkmale. Die spezifische Materialität seines Körpergewebes und damit die Disposition, ein passender Spender für sein Geschwisterkind zu sein, bleibt ein Leben lang unabänderlich. Soll ein Kind in eine bestimmte *soziale* Rolle gedrängt werden, dann kann die elterliche Vorstellung vom Kind zunichte gemacht werden. Es kann Widerstand leisten, indem es z.B. im Falle der Zumutung, eine Firma zu übernehmen, sich ganz einfach nur für Kunst interessiert. Spätestens mit Abschluss eines Kunststudiums wird der junge Erwachsene für die ihm vormals zugedachte Rolle einfach gar nicht mehr in Frage kommen. Er hat nicht mehr die nötigen Voraussetzungen. Das biologisch und medizinisch gezeugte und ausgewählte Spenderkind behält aber sein Leben lang die passende körperliche Voraussetzung als pharmazeutisches Therapeutikum für seinen Bruder oder für seine Schwester. Spätestens mit ihrer Volljährigkeit kann sich die herangewachsene Person zwar weigern, aber es bleibt eine Weigerung vor dem Hintergrund, „eigentlich" helfen zu können. Die Aufgabe zu spenden, bleibt deshalb ein Leben lang in die Materialität des Körpers und damit auch in die Personalität eingeschrieben.

Die spezifische genetische Ausstattung wurde nicht für das Eigenwohl des Kindes gewählt. Das ist eine Wahl, die zu Recht umstritten ist. Es geht auch nicht um die Vermeidung einer schweren Krankheit des Spenderkindes selbst. Die genetische Herkunft und die spezifischen Blutmerkmale sind nur interessant, insofern sie mit den geschwisterlichen Blutmerkmalen zusammenpassen. Das heißt, die geschwisterliche Beziehung ist gekennzeichnet durch eine gemeinsame genetische Herkunft, was für die biologische Abstammung der Kinder von ihren Eltern üblich ist, *und* durch die genetische Beziehung zu seinem Geschwisterkind. Die Konsequenz ist, dass die Familienstruktur und die mit ihr verwobenen Familienerzählungen nicht nur mögliche Familienähnlichkeiten des Aussehens oder Verhaltens beinhalten, sondern ganz konkret Körperpassungen und Auswahlkriterien. An diese Körperpassung wird im Krankheitsfall erinnert werden. Nämlich als *Erinnerung* an eine *vergangene Spendengeschichte*, aber auch als Erinnerung im Sinne einer *Aufforderung*: Wenn es nötig ist, dann kannst du und deshalb sollst du spenden. Diese Umkehrung der Kantischen Doktrin „du kannst, denn du sollst" liegt in der Selbstverständlichkeit der moralischen Denkweise, die die Praxis der Gewebespende bereits erhalten hat.[23] Nun mögen Familienmitglieder stets finden, dass sie einander Fürsorge leisten müssen und zwar besonders im Falle von Not und

---

23 Diese kurzgefasste Doktrin ist eine Abwandlung des folgenden Zitats von Kant, Kritik der praktischen Vernunft, S. 220: „Wenn ich von einem Menschen, der einen Diebstahl verübt, sage: diese Tat sei nach dem Naturgesetze der Kausalität [...] ein notwendiger Erfolg, so war es unmöglich, daß sie hat unterbleiben können; wie kann dann die Beurteilung nach dem moralischen Gesetze hierin eine Änderung machen und voraussetzen, daß sie doch habe unterlassen werden können, weil das Gesetz sagt, sie habe unterlassen werden sollen, d.i. wie kann derjenige in demselben Zeitpunkte in Absicht auf dieselbe Handlung ganz frei heißen, in welchem und in derselben Absicht er doch unter einer unvermeidlichen Naturnotwendigkeit steht?"

Krankheit. Die Forderung einer Familiensolidarität gilt üblicherweise im Rahmen einer Familienzugehörigkeit. Ihr zugrunde liegt aber nicht die Wahl von Körper und Blut. Und sie beinhaltet nicht die medizinische Nothilfe und die persönliche Risikobereitschaft, wie sie im Rahmen der Stammzelltransplantation verlangt werden. Somit geht es um die leibliche Konstitution des Kindes, welche die Qualität eines Heilmittels bekommt; es geht um veränderte Familienbeziehungen und um eine materiell eingeschriebene Pflicht einem Familienmitglied gegenüber, die für das ganze Leben gilt.

Diese Überlegungen und Einwände veranlassen uns zur Skepsis, wenn es um die Frage der gesetzlichen Zulassung der PID mit Gewebetypisierung geht. Gleichwohl ist daraus kein moralisches Urteil über jene Eltern abzuleiten, die ihrer Pflicht zu retten gefolgt sind, ein Retterkind bekommen haben und den unabwendbaren Konflikt in Kauf nehmen. Im Einzelfall ist ihre Entscheidung zu respektieren und sicherlich würden manche genauso handeln. Aber, ob es eine normale Praxis dieser Art geben sollte, das möchten wir bezweifeln. Ob die Eltern einen moralischen Konflikt wahrnehmen oder nicht, es ist ein Konflikt, den man mit moralischen Rechtfertigungsversuchen nicht aus der Welt schaffen kann. Dies würde man missachten, wenn man sagen würde, es sei alles moralisch geklärt.

Die Konfliktsituation der Stammzellspende von Geschwisterkindern

Ein verwandter Konflikt manifestiert sich, wenn auch in einer milderen Form, in der Blutstammzellspende von bereits geborenen Kindern, die immunologisch passen und deren Knochenmark ihrem kranken Geschwisterkind therapeutisch hilft.[24] Auch dort ergibt sich ein moralischer Konflikt, nämlich die Zumutung der Belastungen und der Risiken, die mit der Spende verbunden sind, ohne dass sich ein medizinischer Nutzen für das Spenderkind daraus ergeben könnte. Die Stammzellentnahme ist eine nicht-indizierte, fremdnützige medizinische Intervention.

Die Überlegungen über diese Transplantationspraxis mit Minderjährigen spielen sich in grundsätzlich zwei verschiedenen Diskursen ab:

---

24 Committee on Bioethics, „American Academy of Pediatrics, Policy Statement – Children as Hematopoietic Stem Cell Donors", in: *Pediatrics* 125 (2010), S. 392-404.

Medizinisch betrachtet wird überlegt, ob es eine *Möglichkeit* zur Heilung eines kranken Kindes gibt, und wenn es die Möglichkeit gibt – hier mit Hilfe von Immunologie, Zellbiologie, Onkologie und Transplantationsmedizin – dann sollte man sie ergreifen, solange die Risiken für Betroffene nicht zu groß sind. Innerhalb dieser Logik werden Eltern nicht zögern, ein krankes Kind mit der Transplantation von Blutstammzellen von Geschwistern zu retten, zumindest, wenn es realistische Chancen zur Heilung gibt.

Die *Logik des Ethischen* bringt die Frage ins Spiel, ob auch die Mittel zur Heilung *gut* sind, zu klären, welche Pflichten und Rechte dabei zu berücksichtigen sind und die ethische Gesamtkonstellation zu bedenken. Im Prinzip gibt es drei Möglichkeiten, sich in der Logik des Ethischen zu positionieren.

Erstens, auf der Basis des Rechts auf Unversehrheit ist es moralisch nicht legitim, einem gesunden Geschwisterkind, das zu klein ist, um einer Knochenmarkentnahme freiwillig zuzustimmen, eine Verletzung zum Nutzen einer anderen Person zuzufügen. Die Eltern werden in dieser Perspektive einer Knochenmarkspende nicht zustimmen können, weil es für sie nicht zu rechtfertigen ist. Das kranke Kind würde entweder sterben oder weiterhin an seiner chronischen Krankheit leiden. In dieser Logik würde man konsequenterweise aber sagen müssen, dass falls das Kind nicht überlebt, dieses an der Krankheit stirbt und nicht mangels einer Spende. In dieser Variante gehörte die geschwisterliche Knochenmarkspende von Minderjährigen verboten.

Die zweite Möglichkeit, sich in der Logik des Ethischen zu positionieren, ist der Glaube, dass die Transplantation *eigentlich gut* und hilfreich sei, und dass es deshalb Wege geben müsse, sie zu rechtfertigen. Zwar ist die Stammzelltransplantation mit Belastungen und gewissen Risiken für das Spenderkind verbunden; die Pflicht der Eltern, ihrem todkranken anderen Kind zu helfen, überwiegt aber. Zudem hat das Spenderkind einen psychologischen Nutzen und würde, wenn es schon urteilsfähig wäre, einsehen, dass es selbst gute Gründe hat, in die Spende einzuwilligen.[25] Diese Position glaubt daran, dass sich die moralischen Bedenken angesichts der überwiegenden moralischen Gründe für die Transplantation aufheben lassen. Als Ergebnis ist die Transplantation eine moralisch nicht nur erlaubte, sondern sogar eine gebotene Handlung. Die Nachteile für das Kind müssen aber gleichwohl ernst

---

25 Ebd.; R.D. Pentz et al., „Designing an Ethical Policy for Bone Marrow Donation by Minors and Others lacking Capacity", in: *Cambridge Quarterly of Healthcare Ethics* 13 (2004), S. 149-155.

genommen und mit entsprechenden Maßnahmen abgemildert werden. Ein *ethischer* Konflikt besteht letztendlich nicht.

Die dritte Position ist das Zugeständnis, dass der *Konflikt nicht aufzuheben* ist. Die Eltern haben für sich selbst keine überzeugenden Gründe gegen die Transplantation, denn ihnen steht klar das Gebot der Lebensrettung vor Augen. Sie finden sich in einer Zwangssituation, denn ihr gefühltes Gebot zur lebensrettenden Maßnahme wird ihr gesundes Kind verletzen und belasten. Diese Verletzung und diese Belastung sind nur vermittelbar, wenn der Nutzen für das kranke Kind radikal in den Vordergrund gerückt wird. Sie können es gegenüber dem Empfängerkind rechtfertigen, bzw. sie sind es ihm sogar schuldig, es zu tun. Der Diskurs der Rechtfertigung wird deutlich machen müssen, dass das eine kranke Kind eben nicht ihr einziges Kind ist. Es gibt auch das Spenderkind; und es gibt vielleicht auch noch indirekt mitbetroffene Geschwister, die nicht spenden können, aber in den Jahren, in denen das kranke Kind in den Familien so stark im Vordergrund steht, im Schatten stehen und weniger Aufmerksamkeit erhalten.

Diese dritte Position ist unserer Ansicht nach die weitaus ehrlichere als die zweite. Sie hat auch den Vorteil, dass damit das Erleben der Familien ernst genommen werden kann. Sie erleben im Rahmen ihrer Fürsorgebeziehungen solche Konflikte, und die moralischen Rechtfertigungen von außen müssen ihnen schal vorkommen. Aber diese Position hat den Nachteil, dass die Ethik keine eindeutige Lösung bereithält. Und tatsächlich gibt es insgesamt im Rahmen individualethischer Ansätze keine glatte ethische Rechtfertigung dieser Intervention. Das Kind wird vielleicht später nachträglich seine freiwillige Einwilligung „nachreichen" können, aber das hilft aus dem Konflikt, wenn er akut ist, nicht heraus. Denn das Spenderkind ist einfach oft noch zu klein, um Sinn und Zweck dieser Maßnahme verstehen zu können. Entsprechend kann es auch keine Verantwortung dafür übernehmen, ist nicht selbst zur Spende „verpflichtet" und kann deshalb den Eltern die Last der Entscheidung nicht abnehmen. Die Familie ist gezwungen, in ihrer Weise mit dem Konflikt, dass sie mindestens zwei Fürsorgebeziehungen eingegangen sind, umzugehen. Mit der Krankheitssituation konfrontiert, sprechen – nach dem Stand der heutigen medizinischen Forschung – viele Gründe für eine Transplantation und eigentlich keine überzeugenden Gründe dagegen; dennoch bleibt die Knochenmarkspende eine Verletzung, in die nicht eingewilligt wurde, zum Nutzen einer anderen Person. Erwachsenen Personen würde man das nicht zumuten.

Aufgaben der Ethik im Bezug auf die Retterkind-Konstellation

Die Ethik wird aus der Position des unlösbaren Konflikts heraus andere Fragen stellen. Wie ist der Konflikt strukturiert? Wie wird er verstanden, ausgelegt oder erzählt? Wie erfahren Eltern, die zustimmen, und Eltern, die ablehnen, diesen Konflikt? Diese Erfahrungen kann man nicht theoretisch deduzieren, sondern man muss sie empirisch erforschen. Man muss die Betroffenen, auch die Spenderkinder aufsuchen, sie fragen und ihnen im ethischen Diskurs eine eigene Stimme geben.

Es geht darum zu verstehen, wann ein Konflikt oder eine Entscheidung zu schwer ist, um zumutbar zu sein. Die Frage der Zumutbarkeit ist zu stellen für Eltern, für das Spenderkind, das Empfängerkind und für weitere Geschwister. Dazu ist es auch nötig, das Konzept des „Kindeswohls" zu klären:[26] Die Vorstellungen davon, was das gute Leben eines Kindes ausmacht, haben sich bekanntlich historisch gewandelt. Sie sind abhängig von kulturellen Rahmenbedingungen und drücken ein Selbst- und Weltverständnis der Menschen aus. Wie lassen sich diese Ideen für das gute Leben eines Kindes konkretisieren, das im Konflikt der Stammzellspende aufwächst, das aus einem Konflikt heraus zur Welt kommt, diesen Konflikt sozusagen verkörpert?

Aber es geht auch darum, die Bedenken deutlich zu machen, um die Forschung nach Alternativen zu motivieren. Eine Möglichkeit, die am Transplantationsparadigma nichts ändert, ist der Ausbau und die bessere internationale Vernetzung der Knochenmarkspendernetze, um einen passenden erwachsenen Spender häufiger erreichbar zu machen. Andere Möglichkeiten sind die Investition in die Erforschung von Möglichkeiten der *in vitro* Vermehrung von hämatopoietischen Stammzellen oder die Investition in die Erforschung von Mitteln, um den Spielraum der Histokompatibilität zu erweitern. Zudem geht es darum, Milderungsmaßnahmen zu entwickeln, wie Unterstützungs- oder Supervisionsangebote, die von einem Verständnis und nicht von einer Negation des Konflikts getragen sind.

Somit hat Ethik in erster Linie die Aufgabe, einen bestehenden Konflikt zu verdeutlichen, um ihn so besser einschätzen zu können. Sie muss nicht die Beteiligten durch eine moralische Rechtfertigungsstrategie aus dem moralischen Konflikt *erlösen*. Ethik kann eine Lösung

---

26 Christina Schües und Christoph Rehmann-Sutter, „The Unwell- and the Wellbeing of a Child", in: *Topoi* 32/2 (2013), S. 197-205; Christina Schües, „Kindeswohl", in: *Wörterbuch der Würde,* hg. v. A. Kapust, R. Gröschner und O. Lembcke, Frankfurt am Main 2013, S. 354 f.

zwar immer versuchen, aber sie ist kein Erlösungsangebot. Es geht ihr vielmehr darum, einen erkannten und von den Betroffenen erlebten Konflikt aufzuweisen und damit verstehbar, einschätzbar und für sie selbst vielleicht auch besser bewältigbar zu machen. Diese Ethik der Blutstammzelltransplantation muss die Ebenen sorgfältig unterscheiden und nicht die Individuen für etwas verurteilen, das auf gesellschaftlicher Ebene und in medizinischer Forschung geregelt werden müsste. Aber es ist eben auch nicht damit getan, dass man auf die moralischen Evidenzen verweist, die sich innerhalb der Betroffenengeschichten ergeben.

Dieser Aufsatz ist im Rahmen des von der Thyssen-Stiftung geförderten Projekts „The Best Interests of the Child in Ethical Conflict" (AZ. 10.12.2.018) entstanden.

2. RETTUNG IM HORIZONT DER ERLÖSUNG

CHRISTIANE FREY

Die Zeit in Klammern:
Rettung und Aufschub in Gryphius' *Leo Armenius*

„Es ist nicht Zeit zu Jauchzen!", „Nun ist nicht Zeit zu bitten", „Der Fürst muß vor der Zeit in sein […] grab": nicht nur um die Vergänglichkeit alles Irdischen geht es in Gryphius' *Leo Armenius, Oder Fürsten=Mord*,[1] sondern offenbar auch um eine Zeit, die als eine Zeit der Unzeitigkeit figuriert. So strukturiert sich das dramatische Geschehen in Gryphius' Trauerspiel durch eine Reihe zeitlicher Verfehlungen, durch zu langes Zögern, zu spätes Handeln oder zu frühes Eingreifen. Es werden Fristen gegeben, die nicht eingehalten werden; es werden Zeiten in Aussicht gestellt, die nicht kommen oder längst da sind. Und schließlich lässt sich die Haupthandlung der ganzen Tragödie als eine Zeit des Aufschubs begreifen, geschieht der Fürstenmord doch im Verlauf der kurzen Gnadenfrist, die dem Insurgenten vor seiner Hinrichtung noch gewährt wird. Ist die Zeit in Gryphius' Trauerspiel aus den Fugen?

Welche Antwort man auch geben will, Gryphius' negativer Bezug auf die Zeitlichkeit lädt dazu ein, von einer restlosen Heillosigkeit allen dargestellten weltlichen Geschehens auszugehen. Die Historie sei nicht mehr Trägerin der Heilsgeschichte, meint Benjamin, dem das Barock als eine Zeit des Übergangs zwischen mittelalterlicher Heilsgeschichte und säkularer Neuzeit gilt. Den „religiösen Anliegen" sei nun die „religiöse Lösung" versagt.[2] Ganz ähnlich Szondi, der davon ausgeht, dass in Gryphius' *Leo Armenius* der Gottesglaube nicht das „verheißene

---

1 Gryphius' Trauerspiel *Leo Armenius* erscheint erstmalig 1650 unter dem Titel *Ein Fürsten=Mörderisches / Trawer=Spiel / genant Leo Armenius* (die dem Stück vorangestellte Widmung trägt allerdings das Datum 31. Oktober 1646). In späteren Ausgaben, etwa in Gryphius' erster Sammelausgabe von 1657 sowie in der Ausgabe letzter Hand von 1663, wird es *Leo Armenius / Oder Fürsten=Mord* betitelt. Im Folgenden wird zitiert nach Andreas Gyphius, *Leo Armenius*, Abdruck der Erstausgabe aus dem Jahre 1650, hg v. Hugh Powell, Tübingen 1965 (=Gesamtausgabe der deutschsprachigen Werke, Bd. 5) – mit Angabe der Akt-, Szenen- und Verszahl im Text.

2 Walter Benjamin, *Ursprung des deutschen Trauerspiels* (1928), in: ders., *Gesammelte Schriften*, hg. v. Rolf Tiedemann und Hermann Schweppenhäuser, 7 Bde., Frankfurt am Main 1972-1991, Bd. I.1, S. 257. Zu Benjamins „Umgang mit der

Heil" bringe.³ Das „Kreuz Christi", an dem sich das „tragische Los" des Kaisers vollziehe, überhöhe sein Schicksal nicht, sondern verschärfe es in seiner Tragik.⁴ Die prekäre, auf keine Eindeutigkeit reduzierbare Zeichenhaftigkeit in Gryphius' Stück wird zum Signum eines erschütterten Glaubens, die Welt des Leo Armenius zu einem „Gehäuse der Heillosigkeit", um auf eine Formulierung Blumenbergs zurückzugreifen.⁵ In diesem Sinne geht etwa auch Harald Steinhagen davon aus, dass die „Ambivalenzen" in Gryphius' Tragödien „das Diesseits radikal entwerten",⁶ was Gerhard Fricke bereits als eine sich bei Gryphius allenthalben manifestierende „säkularisierte Eschatologie" bezeichnet hatte.⁷ Und jüngst betont Albrecht Koschorke noch einmal aus souveränitätstheoretischer Perspektive das „Beharren auf Heillosigkeit", denn was Gryphius' Barocktragödie vorführe, sei die „Grundlosigkeit eines Dezisionismus, der auf die Arbitrarität des Göttlichen" treffe.⁸ Entsprechend wird auch Leos blutiger Tod am Kreuz nicht als Erlösung, sondern als Frevel gedeutet. So scheint die Welt der irdischen und zumal politischen Dinge gänzlich auf sich selbst geworfen. Sie verharrt in einem Zustand der Unerlöstheit.

Säkularisierung" mit Bezug auf das Barock vgl. Sigrid Weigel, *Walter Benjamin. Die Kreatur, das Heilige, die Bilder*, Frankfurt am Main 2008, bes. S. 35-38.
3 Peter Szondi, *Versuch über das Tragische*, Frankfurt am Main 1961, S. 81.
4 Ebd.
5 Hans Blumenberg, *Arbeit am Mythos* (1979), Frankfurt am Main 1996, S. 209.
6 Harald Steinhagen, *Wirklichkeit und Handeln im barocken Drama. Historisch-ästhetische Studien zum Trauerspiel des Andreas Gryphius*, Tübingen 1977, S. 118. Ebenfalls mit Betonung auf der Unlesbarkeit der ambivalenten Zeichen, allerdings in eine andere Richtung gehend: Nicola Kaminski, *Andreas Gryphius*, Stuttgart 1998, zu „Leo Armenius" S. 81-97; Heinz Drügh, ‚Was mag wol klärer seyn?' – Zur Ambivalenz des Allegorischen in Andreas Gryphius' Trauerspiel ‚Leo Armenius', in: *Künste und Natur in Diskursen der Frühen Neuzeit*, hg. v. Hartmut Laufhütte, Wiesbaden 2000, S. 1019-1031; Peter J. Burgard, „König der Doppeldeutigkeit. Gryphius' ‚Leo Armenius'", in: ders., *Barock. Neue Sichtweisen einer Epoche*, Wien 2001, S. 121-141.
7 Gerhard Fricke, *Die Bildlichkeit in der Dichtung des Andreas Gryphius. Materialien und Studien zum Formproblem des deutschen Literaturbarock*, Darmstadt 1967, S. 118. Vgl. auch Barbara Mahlmann-Bauer, „Leo Armenius oder der Rückzug der Heilsgeschichte von der Bühne des 17. Jahrhunderts", in: *Das Theater des Mittelalters und der Frühen Neuzeit als Ort und Medium sozialer und symbolischer Kommunikation*, hg. v. C. Meier u.a., Münster 2004, S. 423-465.
8 Albrecht Koschorke, „Das Problem der souveränen Entscheidung im barocken Trauerspiel", in: *Urteilen/Entscheiden*, hg. v. C. Vismann und T. Weitin, München 2006, S. 175-195.

Es versteht sich, dass solche Absagen an eine jede heilsgeschichtlich-soteriologische Deutung in der Forschung auch auf Widerstand stoßen. So heißt es etwa bei Wilhelm Vosskamp, „im Untergang und Tod leuchtet umso heller der überzeitliche Wert auf"[9] oder bei Dieter Baacke, dass in Gryphius' Trauerspiel die immer gleiche Geschichte von Sterben und Vergehen doch den Weg „in den übergeschichtlichen Raum" freigebe.[10] Vor allem aber Gerhard Kaiser liest Gryphius' *Leo Armenius* als „Weihnachtsdichtung",[11] in der es letztlich um das „weihnachtliche Wunder" der Erlösung gehe.[12] Durchaus „wie Christus" werde Leo Armenius, wenn auch keineswegs als Märtyrer, „erhöht als Erniedrigter".[13]

Bei aller Unterschiedlichkeit ist den genannten Lesarten des Gryph'schen Trauerspiels gemeinsam, dass sie von der Unmöglichkeit einer sich im *Diesseitigen* vollziehenden Heilsökonomie ausgehen und damit letztlich auch von der Unmöglichkeit einer politischen Theologie. In einem solchen Verständnis – ob im Glauben an eine säkularisierte Eschatologie oder an eine transzendente Erlösung – sind Zeitliches und Ewiges, Politisches und Theologisches radikal von einander getrennt. Das Zeitliche kann nur unter dem Zeichen des Todes stehen; das Politische kann sich nur als gottlos erweisen. Eine solche Welt ist nicht nur innerweltlich rettungslos verloren, sie ist in ihrer Gottesferne auch von keinem höheren Gubernator regiert.

Die folgende Lektüre von Gryphius' Barocktragödie versucht sich an einem anderen, einem dritten Weg. Ohne das Trauerspiel im Sinne eines erlösenden Einbruchs des Göttlichen in die weltlichen Dinge zu verstehen, will sie das Verhältnis von Zeitlichem und Ewigem, Politischem und Theologischem anders als im Sinne einer einfachen Tren-

---

9 Wilhelm Vosskamp, *Zeit- und Geschichtsauffassung im 17. Jahrhundert bei Gryphius und Lohenstein*, Bonn 1967, S. 145.
10 Dieter Baacke, „And tell sad stories of the death of kings. Das Schicksal der Könige bei Gryphius und Shakespeare", in: *Andreas Gryphius*, hg. v. H. Arnold (Text & Kritik 7/8), 1980, S. 55.
11 Gerhard Kaiser, „Leo Armenius, Oder Fürsten=Mord", in: *Die Dramen des Andreas Gryphius. Eine Sammlung von Einzelinterpretationen*, hg. v. dems., Stuttgart 1986, S. 3-34, hier S. 34.
12 Ebd., S. 24.
13 Ebd. Eine ähnliche Deutung findet sich bei Jürgen Zimmerer, „Innerweltlicher Triumph oder transzendentale Erlösung? Über den Einfluß der Theologie Martin Luthers auf Andreas Gryphius' Drama Leo Armenius", in: *Aus der Vielfalt des Vergänglichen. Festschrift für Wilhelm Blum*, hg. v. Thomas Goppel, Regensburg 1993, S. 53-68.

nung denken.[14] Ausgangspunkt wird ein Satz sein, in dem sich auf signifikante Weise eine Parenthese schiebt. Die in Klammern gesetzte Zeit führt zu der biblischen Figur des Aufhalters, einer erratischen Figur, die doch einen neuen Blick auf Gryphius' erstes Trauerspiel und seine politisch-theologischen Verhandlungen erlaubt.

I. „wo man noch retten kann"

Im ersten Eingang der letzten Abhandlung des Trauerspiels erwacht die Kaiserin Theodosia aus „herbe[m] traum" (V.1, 6). Die nächtliche Mahr kündigt ihr, wie es scheint im entscheidenden Augenblick des dramatischen Geschehens, den Untergang ihrer Regentschaft an – und ruft zum rettenden Eingriff auf:

> Es ist nicht jauchzens zeit! dein herrschen laufft zu ende.
> Auff wo es nicht zu späth (wo man noch retten kann
> Nach dem der Todt schon greifft) vnd rette Sohn vnd Mann.
> (V.1, 28-30)

Die Worte stammen von dem Geist der kaiserlichen Mutter.[15] Die Szene des Traumberichts – Theodosia erzählt ihrer Aufseherin von der oneirischen Erscheinung –, die sich offenbar am frühen Morgen des Christfests noch bei „Finsternis" (V.1, 2) abspielt, leitet das finstere Ende des Trauerspiels ein.

Schaut man sich den Orakelspruch genauer an, fällt auf, dass ihn eine eigentümlich widersprüchliche Zeitlichkeit disponiert. Armenius' Herrschaft naht sich ihrem Ende; düstere Zeiten stehen bevor. Die Lage ist ernst, und die Zeit drängt. Energisch fordert der Geist die Träumende zur rettenden Hilfe auf: „Auff […] und rette". Als könne Theodosia noch einschreiten, als ließe sich im letzten Moment eine Wendung zum Guten herbeiführen, wird sie angehalten, das finstere

---

14 Sie lässt sich dabei von Roberto Esposito, *Due. La macchina della teologia politica e il posto del pensiero*, Torino 2013 inspirieren, der versucht, das Verhältnis von Politischem und Theologischem gegen die Tendenz einer Hierarchisierung einer der beiden Terme zu konzipieren.
15 Das Erscheinen des Geistes der Mutter gehört zu den wenigen Bühnenanweisungen in Gryphius' Trauerspiel: „Theodosia schlummert auff einem Stull. Vor ihr stehet ihrer Frauen Mutter Geist / wie er allhir beschriben wird / welcher in dem sie auffwachet / verschwindet." (Gryphius, Leo Armenius, S. 77).

Schicksal ihres Hauses abzuwenden. Mitten in diesen Aufruf zur Handlung, oder genauer gesagt, zwischen den Aufruf, der nach vorne treibt ("Auff") und die in Aussicht gestellte Rettung ("und rette"), schaltet sich eine obtuse Klammer: „(wo man noch retten kann / Nach dem der Tod schon greifft)". So nahe es liegt, das in Parenthese Gesetzte bloß als eine hyperbolische Zuspitzung des im Trägersatz Gesagten zu sehen, so unzutreffend wäre diese Lektüre hier. Denn das „schon" des „nach dem der Tod schon greifft" ist durchaus im Sinne eines „genau jetzt" zu verstehen: im Verlauf der Handlung wird sich erweisen, dass der Kaiser eben in dieser Stunde, also zeitgleich zu Theodosias Traum, ermordet wird. Verweist der Trägersatz also auf eine mögliche in der Zukunft liegende Zeit der Rettung, wird er parenthetisch unterbrochen mit dem Verweis auf eine gegenwärtige Zeit, in der der Lebende bereits des Todes ist. Als Verstärkung einer ersten konditionalen Konjunktion (*wo* es nicht zu späth") unterbricht der sperrige Einschub also den Imperativ, der noch Hoffnung auf Leben lässt, mit einer zweiten, die erste wiederholenden Konjunktion (*wo* man noch retten kann"), die diesmal auf den Tod deutet („nach dem der Tod schon greifft"). Anders gesagt: gab der Ausspruch des Geistes bei aller Einschränkung noch die Zuversicht auf Rettung, erhält er durch den eingeklammerten Einschub eine erhebliche und zugleich paradoxe Dramatisierung: es ist keine Zeit – der Tod ist schon am Werk.[16]

Als gelte es, die zeitliche Zweiteilung der Prophetie auch dramatisch in Szene zu setzen, wird im folgenden Auftritt die Nachricht vom Schicksal des Kaisers in doppelt unzeitiger Weise eintreffen. Kaum ruft Theodosia, der geträumten Warnung folgend, zur Eile auf, betritt der Oberste Priester die Bühne mit dem Ausruf „Mord! mord!" (V.1, 55) – und überbringt die Nachricht von dem Überfall der Verschwörer. Wie sich jedoch herausstellt, weiß der Priester nur von dem Überfall und seiner eigenen Rettung zu berichten. Just allerdings in dem Augenblick, in dem die Aufseherin den Hoffnungsfunken in dem Bericht des Priesters aufgreift und Theodosia trösten will („sie stützt sich vor der zeit in pein!', 106), tritt der zweite Berichterstatter auf und bereitet jeder hoffenden Ungewissheit ein Ende: „Der Fürst bey dem Altar / Erstossen" (116f). Damit wird für Theodosia und den Zuschauer klar, dass der Anschlag der Verschwörer synchron mit Theodosias Traum

---

16 Es entspricht dieser eigentümlich paradoxen Zeitlichkeit (es ist zu spät – und doch ist noch Zeit), dass Theodosia in aller Ausführlichkeit von ihrem Traum berichtet (in der wenigen Zeit, die ihr zur Rettung bleibt), um dann auszurufen: „wir verweilen Vns warlich hier zu lang! auf Jungfern / last vns eilen."

stattgefunden hat. Das prophetische Wort, das sein eigenes Zuspätkommen durch die Klammer markiert, kreuzt sich mit der Ermordung des Kaisers. Umgekehrt lässt sich sagen, dass die Ermordung des Kaisers stattfindet, als der Kaiserin noch Hoffnung eingeflößt wird, ihn retten zu können. Theodosias Traumbericht lässt mithin zwei Zeiten in ihrer ganzen Unvereinbarkeit aufeinanderprallen: die Zeit der Hoffnung und die Zeit des bereits eintretenden Endes; die Zeit der Aktion und die Zeit der Resignation. Die Zeit der Rettung, die durch das in Klammern Gesetzte zugleich aufgehoben wird, ergibt sich deshalb auch ausschließlich aus der Ungleichzeitigkeit der Darstellung: nur, weil zunächst verdeckt bleibt, dass Leo Armenius auf der hinteren, sich der Sichtbarkeit entziehenden Bühne ermordet wird, während auf der vorderen Bühne Theodosia von ihrem Traum berichtet, kommt die Zeit der Rettung überhaupt ins Spiel. Die Zeit der Rettung bezieht sich mithin auf eine nach Begriffen der linearen Zeit nicht gegebene Zeit. Das Medium, in dem diese Interferenz zweier Zeiten zur sprachlichen Darstellung kommt, ist die Parenthese. Das geschieht nicht zufällig: die Parenthese ist nicht nur eine gängige rhetorische Figur des 17. Jahrhunderts; sie markiert zugleich, wie zu zeigen sein wird, eine besondere Relation zwischen zwei unterschiedlichen Referenzebenen, die für das ganze Stück paradigmatisch ist.

II. In Klammern

Die Parenthese lässt sich als Einschub in einen „host sentence" begreifen,[17] die den sprachlichen Zusammenhang, in den sie eingebettet ist, unterbricht und durch eine halb ein-, halb ausgeschlossene Bemerkung ergänzt. In diesem Sinne heißt es bereits bei Quintilian, die Parenthese, lat. *interpositio* oder *interclusio*, sei eine Einfügung, die mitten in eine fortlaufende Äußerung mit „aliqui sensus" trete.[18] Etwas genauer erläutert Rutilius Lupus:

---

17 *Parentheticals*, hg. v. Nicole Dehé und Yordanka Kavalova, Amsterdam 2007, S. 1. Vgl. auch Karin Pittner, „Zur Syntax von Parenthesen", in: *Linguistische Berichte* (1995) 155/160, S. 85-108 sowie H[enrike] Lähnemann und M[ichael] Rupp, Art. Parenthese, in: *Historisches Wörterbuch der Rhetorik*, hg. v. Gerd Ueding, Bd. VI: Must-Pop, Tübingen 2003, Sp. 573-576.
18 M. Fabius Quintilianus, *Institutio Oratoria*, hg. v. Ludwig Radermacher, Leipzig 1959, IX 3, 23, S. 176.

Cum in continenti sententia aliquid interponitur, quod neque eius sit sententiae, neque omnino alienum ab ea sententia, tum denique hoc schema efficitur [...].[19]

Sowohl Quintilian als auch Lupus definieren die Parenthese also vor allem als eine Unterbrechung eines Satzgefüges. In den fortlaufenden Satz interveniere sie als etwas, was weder den Satz einfach fortsetze noch ihm etwas ganz Anderes zufüge. So definiert sie sich über ein „neque...neque": weder dazugehörig noch ganz fremd.

Es nimmt denn auch nicht wunder, dass die Parenthese allenthalben, wo nicht als *turbatio*, so doch zumindest als Pause, Verzögerung oder Hemmung aufgefasst wird.[20] Sie ist das *„mise entre"*, das in seiner Bedeutsamkeit gewürdigt werden will und doch den Gang der Satzdinge bloß zu stören scheint.[21] Sosehr dem in Klammern Gesetzen allerdings der Status der Unterbrechung zukommt, so wesentlich kann doch seine eingeschobene Information sein. Meist ergänzen, modifizieren oder relativieren die in Klammern gesetzten Segmente die Aussage des Satzes, in den sie eingegliedert sind. In der „mono-linéarité" des sprachlichen Diskurses stellen sie einen „espace marginal", einen „lieu autre" dar, der etwas mitkommuniziert und es dabei im Wortsinne als beiläufig charakterisiert.[22] Gerade in seiner Beiläufigkeit kommt ihm jedoch eine besondere Relevanz zu: die Störung wird selbst bedeutsam, macht auf seinen eigenen Modus als Unterbrechung aufmerksam.

Ganz in dieser Logik steht auch die Funktion der Parenthese für den Bühnenauftritt: sie gilt als beliebtes Mittel, den Eindruck affektgeladener Dramatik zu erzeugen, eignet sie sich doch in besonderer Weise, das mündliche und leidenschaftliche – oft stockende und syntaktisch nicht unbedingt lineare – Sprechen nachzuahmen. Für die Deklamation wird dem Redner empfohlen, die parenthetischen Satzsegmente in

---

19 Rutilius Lupus, „Schemata Lexeos (I, 17)", in: *Rhetores Latini Minores*, hg. K. Halm, Leipzig 1863, S. 10. Auch die späteren Grammatiker, etwa Diomedes (Gramm. Lat. I 460, 461) und Donatus (IV 401, 5), betonen die Anomalie, die Störung der Syntax. Vgl. Lähnemann/Rupp, *Parenthese*, Sp. 575.
20 Ebd., Sp. 574.
21 Sabine Pétillon, *Les détours de la langue. Étude sur la parenthèse et le tiret double*, Louvain/Paris 2002, S. 3.
22 Ebd., S. 1.

einer tieferen Stimmlage zu sprechen. In Parenthese Gesagtes fällt mithin, so beiläufig es daherkommen mag, ins Gewicht.[23] Wie macht sich nun der Orakelspruch in Gryphius' Trauerspiel die rhetorische Funktion des Parenthetischen zunutze? Die Zeit, die zur Rettung bleibt und zugleich zu knapp ist, die Zeit also, die auf die Vergänglichkeit der irdischen Zeit und auf den Tod verweist, setzt Gryphius in Klammern („nach dem der Tod schon greifft"). Die Zeit, die noch Hoffnung auf Rettung lässt, nämlich in der Aufforderung zur Handlung – „Auff... und rette Sohn und Mann" –, die Zeit also, auf die sich der Trägersatz bezieht, ist nicht nach den Gesetzen der Endlichkeit getaktet. Denn der Aufbau der dramatischen Handlung enthüllt ja in der Folge, dass es gar keine Zeit zur Rettung gegeben hat. Erreicht ist somit die Betonung einer realen Zeit (*histoire*) – in der, wie der Zuschauer später erfährt, Leo ermordet wird –, die in die irreale oder fiktive Zeit der Hoffnung auf Rettung (die sich nur über die Darstellung, also den *discours*, ergibt) als eine Störung, eine Hemmung einbricht.

Was mittels Parenthese somit zur Darstellung kommt, ist, barock gesprochen, nichts anderes als das Verhältnis von irdischer Zeit und Ewigkeit. Das an sich überrascht natürlich kaum, geht es bei Gryphius doch allenthalben um dieses Verhältnis. Bemerkenswert ist allerdings, dass hier nicht, wie zu erwarten wäre, die göttliche in die irdische Zeit einbricht, sondern umgekehrt die irdische in die göttliche. Die irdische Zeit, auf die die Parenthese als Zeit des Todes verweist, gleicht einer Hemmung, einer Unterbrechung der Zeit der Hoffnung auf Errettung, die ihrerseits den Gesetzen der Zeit überhoben ist. Selbstredend sind Formulierungen dieser Art unsinnig, denn eine nicht-zeitliche ewige Zeit kann durch keine Zeit aufgehalten und unterbrochen werden, ist sie doch selbst Aufhebung jeder Zeitlichkeit. Ähnlich unlogisch ist allerdings das Zeitverhältnis, das Gryphius durch die Traumvision in Szene setzt – denn entweder kann Leo noch gerettet werden oder es ist schon zu spät. Signifikant bleibt jedoch, dass sich die Zeit in Klammern auf Ereignisse bezieht, die sich jenseits der Bühne oder zumindest neben dem Raum der Bühne, also paraszenisch, abspielen.[24] Die

---

23 Vgl. Eduard Schwyzer, *Die Parenthese im engern und im weitern Sinne*, Berlin 1939 sowie Helmut Markus, *Die Funktion der Parenthese in Miltons ‚Paradise Lost'*, Freiburg i.Br. (Diss.) 1965, S. 14-15.

24 Vgl. zur barocken Bühne und ihrer besonderen Konfiguration in Gryphius' Trauerspiel Daniel Weidner, „,Schau in dem Tempel an / Den ganz zerstückten Leib, der auf dem Kreuze lieget'. Theatrale und Sakramentale Präsenz in Andreas Gryphius' ‚Leo Armenius'", in: *Daphnis*, 39 (2010), S. 287-312.

einklammernde Zeit hingegen enthüllt sich – nach dem Maß der irdischen Zeit gemessen – als ebenso visionär wie irreal.

III. Die Zeit der Gnade

Nun zählt zu den klassischen Referenzen, wenn es um die Frage nach der Zeit der Errettung und des Todes geht, bekanntlich der Römerbrief. Vor allem ein Passus im 5. Kapitel, auf den nicht zuletzt Luther immer wieder zurückkommt, geht auf das Problem der Zeitlichkeit oder vielmehr Unzeitigkeit ein. Dort heißt es, viel zitiert: „denn Christus ist schon zu der Zeit, als wir noch schwach waren, für uns Gottlose gestorben", und zwei Verse weiter liest man: „Gott aber erweist seine Liebe zu uns darin, daß Christus für uns gestorben ist, als wir noch Sünder waren."[25] Verhandelt wird an dieser Stelle mithin nicht nur die göttliche und alles überwindende Gnade,[26] sondern auch ein Problem der Zeit: die Erlösung wird immer schon geschehen sein.[27] Sie lässt sich nicht auf einen bestimmten Zeitpunkt bringen, und schon gar nicht die der menschlichen Reue oder Bekehrung. Um diese besondere göttliche Erlösungs- und auch Zeitökonomie besser verständlich zu machen, ergänzt Paulus seine Erklärung durch eine gewagte Analogie:[28] „Dennoch herrschte der Tod von Adam bis Mose auch über die, die nicht gesündigt hatten durch die gleiche Übertretung wie Adam, welcher ist ein Bild dessen, der kommen sollte."[29] Luther kommentiert: „[w]ie wir Sünder geworden sind ohne unser Zutun", also „von Adam her", so „hat uns Christus, der rechte Adam, ohne unser Zutun und Verdienst von den Sünden errettet."[30] Eine zweifache Unzeitigkeit also:

---

25 Röm 5, 6 u. 8, zit. n. der rev. Lutherübersetzung v. 1984.
26 Hauptthema ist hier natürlich die Größe der göttlichen Gnade; das Problem der Zeitlichkeit ist hier nur zweitrangig, dennoch spielt es eine wichtige Rolle.
27 Der Verweis auf Benjamins messianische Zeit erübrigt sich, wenngleich es in der Tat um eben diese Figur der messianischen Erlösung geht.
28 Luther kommentiert diese in Röm. 5 durchaus drastische Analogie der Umkehrung wie folgt: „Man kann ein Ding nicht besser verstehen als so, daß man es gegen ein anderes setzt, die Nacht gegen den Tag, das Licht gegen die Finsternis. Also kann Paulus die Gnade nicht besser loben als durch ihr Widerspiel, nämlich die Sünde, wie ihr der Tod gefolgt ist und wie das Gesetz regiert hat." *Luthers Epistelauslegung: Der Römerbrief*, hg. v. Eduard Ellwein, Göttingen 1963, S. 49.
29 Röm 5, 14.
30 Ebd. An anderer Stelle führt Luther aus, dass die Menschen von Adam das „peccatum" erben und von Christus die „iusticia" – beides, Sünde und Rechtfertigung, haben sich vor jeder tatsächlichen sündigen Tat ereignet, auch wenn

ganz wie der Sünder erlöst wurde, bevor er sich zu Gott kehrt, steht er schon unter dem Zeichen des Todes, bevor er gesündigt hat. Diese Umkehrung, die das Erlösungsgeschehen aus der Perspektive des Todes intensivieren soll, gilt in ganz konkretem Sinn als eine der umstrittensten Parenthesen des Neuen Testaments. So gehen, in Übereinstimmung mit Augustinus, etwa Grotius und Luther davon aus, dass Römer 5, 13-17 als ein langer Einschub zu lesen sei.[31] Dass nun Paulus, folgt man der genannten augustinischen Deutungstradition, den Gang seines Arguments unterbricht, um in Parenthese zu erklären – und ich fokussiere, was in diesem Kontext interessiert –, dass nicht nur die Erlösung durch Christus vor jeder menschlichen Gerechtigkeit stattgefunden hat, sondern dass der Mensch genauso vor jeder Sünde bereits unter dem Zeichen des Todes steht, mag, ähnlich wie bei Gryphius, auf die Schwierigkeit deuten, die zeitlichen Verhältnisse des messianischen Erlösungsgeschehens in die „mono-linéarité" des sprachlichen Diskurses zu bringen.

IV. Die gestundete Zeit

In diesem Sinne scheint sich auch die zeitliche Ökonomie in Gryphius' erstem Trauerspiel jeder „mono-linéarité" der dramatischen Handlung zu widersetzen. Wo sonst Helden in Schuld geraten und scheitern, Märtyrer zu Unrecht verfolgt und getötet werden, Tyrannen aus großer Fallhöhe in den Abgrund stürzen, lässt Gryphius den Kontrahenten seines Titelhelden, den mit zwielichtigen Mächten im Bund stehenden Usurpator Michael Balbus, gegen den Kaiser aufbegehren und am Ende den Sieg davontragen. Das Agieren des titelgebenden Kaisers Leo Armenius hingegen scheint sich wie eine Parenthese in die Erfolgsgeschichte seines Gegners zu schieben. So beginnt die Bühnenhandlung mit Michael Balbus und endet auch mit ihm. Die Dynamik der Hand-

---

sie aus menschlicher Sicht erst dann ins Werk treten. Vgl. Luther, Predigt am Sonntag Septuagesimä, in: *Werke. Kritische Gesamtausgabe* (WA) XI, S. 12.
31 Vgl. Hugo Grotius, „Annotationes in Epistolas Pavli", in: ders., *Opervm Theologicorvm*, T. II, Vol. II, Amsterdam 1679, S. 707 (dort die explizite Referenz auf die Parenthese). Bei Luther ist von „hanc digressionem" die Rede. Für ein genaueres Verständnis der lutherischen Analyse genannter Bibelstelle, vgl. Martin Luther, Der Brief an die Römer, in: WA LVI, S. 52. Es gilt vor allem auch, Luthers Unterstreichungen zu beachten. Vgl. dazu ebd. Anm. 3. In Sperrschrift „Quod addit, vt clare ostendat se de peccato originali loqui. Quia si mors per peccatum, Ergo paruuli, qui moriuntur, peccauerunt. Sed non actualiter, ergo."

lung ist ganz von seinem machtgierigen Streben bestimmt. Leo Armenius kann in diese schon in der ersten Abhandlung des Trauerspiels angelegte Zielgerade, die auf die Machtübernahme von Balbus ausgerichtet ist, nur hemmend und verzögernd einwirken. Der dem Bühnenspiel den Namen gebende Protagonist ist mithin gerade nicht der Agierende und Vorantreibende, sondern der Aufhaltende.

Das lässt sich verdeutlichen, verfolgt man einen Moment lang den Aufbau der Handlung in seiner temporalen Taktung. Das Trauerspiel beginnt in seinem ersten Eingang mit dem obersten Feldhauptmann Michael Balbus, der seine Anhänger aufwiegelt. Seiner Rede schließen sich seine Verbündeten an, von denen einer von einem alten „Pergament" (I. 1, 85) zu berichten weiß, das die Prophezeiung künftiger Herrscher enthält. In diesem Schriftstück lasse sich nachlesen, dass „ein ebenbild deß Löwen" (107), das auf Leo Armenius bezogen wird, „mit mehr denn schneller Hand" (117) noch vor dem Ende des Christtags getötet werden soll. Auf diese Prophetie hin schwört Michael Balbus – dessen Name (*balbus*, Lat.) „stotternd" bedeutet:

Wer Rach' und lohn begehrt / wer todt und ewigkeit
Mit füssen tretten kan / der steh' in dieser zeit
Mit Rath und hånden bey / und helff auf mittel spüren
Den anschlag ohn verzug und argwohn außzuführen.
(I.1, 125 ff)

Der Stotterer erweist sich nicht nur als äußert redegewandt, sondern auch als Agitator, der glaubt „todt und ewigkeit" mit „füssen tretten" zu können. Er weiß zur behenden Tat zu drängen, ohne Rücksicht weder auf menschliche noch auf göttliche Zeit. Damit wird Michael Balbus zum Träger und Beschleuniger der Handlung. Er agiert im Wortsinne als Protagonist. Entsprechend ist auch am Ende der ersten Szene der Entschluss der Verschwörer gefasst: „Wir gehn wohin du ruffst" (129). Der Anschlag auf den Kaiser soll „ohn Verzug" zur Ausführung kommen.

Kaum jedoch ziehen sich die Verschwörer mit dem Vorsatz zur schnellen Tat zurück, tritt in einem zweiten Eingang der Kaiser Leo Armenius auf die Bühne. Er berät sich mit dem Hauptmann Nicander und seinem geheimsten Rat Exabolius, der von dem geplanten Anschlag der Verschwörer weiß. Während in der ersten Szene ein Aufruf den anderen jagt, wird die Geschwindigkeit der Rede mit dem zweiten Eingang gebremst – und im gleichen Zuge auch die Handlung. Der erste Satz, den der Kaiser auf der Bühne spricht, ist denn auch eine Frage, und nur zögerlich lässt er sich zur Verurteilung des Verräters überreden. Als er ihr nach langem Hin und Her zustimmt, sieht Nicander darin einen „viel zu späte[n] ernst" (I.3, 210). Dramaturgisch ist gleichwohl gewährleistet, dass die Beschleunigung des Anfangs verlangsamt, ja im Wortsinne arretiert wird: Michael Balbus wird festgenommen, und es hat den Anschein, als sei die Handlung zu einem Stillstand gekommen.

In dieses erste Moment der Retardation fügen sich nun zwei weitere Momente des Aufschubs, denen die paradoxe Funktion zukommt, den Stillstand zu stunden. Zunächst kann Balbus den Kaiser dazu bewegen, ihm eine Frist zu gewähren – wenn auch nur eine äußerst kurze: es geht lediglich um die Zeit, die benötigt wird, den Scheiterhaufen für seine Hinrichtung vorzubereiten. Diese kurze Frist erweist sich gleichwohl als entscheidend, denn sie ist es, die die eigentliche Vollstreckung der Strafe auf den Tag des Christfests verschiebt. Dies erst ist der Anlass für Theodosia, mit einem weiteren Gnadengesuch einzugreifen. In einem langen Wortgefecht mit ihrem Gatten bringt sie ihre Bitte vor, angesichts des kommenden Christfests kein Blut zu vergießen:

THEO. Wer kan der Fürsten Zeit / wenn Gott nicht wil / verkürtzen?
LEO. Gott wacht für uns / und heist uns selbst auch wache seyn.
[…]
Theo. Bedenckt den hohen tag der alle welt erfrewt.
Leo. Vnd mich / wenn nun der wind deß feindes asch' umbstrewt
Theo. Stöß't ihr den Holtzstoß auff / nun JESUS wird gebohren!
Leo. Dem / der auff JESUS Kirch' und glider sich verschworen.
Theo. Wol't ihr mit mord befleckt zu JESUS Taffel gehn?
Leo. Man richtet feinde hin die bey Altären stehn. (II.5, 439-440, 497-502)

Aus dem lange anhaltenden Schlagabtausch von Sentenzen – die Handlung tritt hier buchstäblich auf der Stelle – folgt schließlich für die dramatische Handlung der Aufschub, der die Geschichte ihrem von Anfang an gegebenen Ende zuführt: der Ermordung des Kaisers. Genau genommen findet deshalb die Haupthandlung auch in doppelter Klammer statt: sie ist die Frist einer bereits gegebenen Frist.

Ist die Armenius-Handlung durch Hemmung und Stundung bestimmt, so zeichnet sich die umklammernde Balbus-Intrige durch Überstürzung und Beschleunigung aus. Während Michael Balbus im Kerker sitzt – vermeintlich in Fesseln – schmieden seine Anhänger unbehelligt ihre Pläne. Von einem „höllischen Geist" ermutigt, der ihnen Leos Ende und Michaels Herrschaft prophezeit, feiern sie ihren kommenden Triumph. „Wir reissen Berg' entzwey und spalten Felsen auff. / Wir hemmen schier dem Pont den strudelreichen lauff", (IV. 3, 165 f) verkündet der Verschwörer Crambe im dritten Eingang der vierten Abhandlung. Bemerkenswert ist hier nicht nur der explizite Bezug auf das „hemmen" in nahezu weltgeschichtlichem Ausmaß, sondern auch die vielfachen Bezüge auf die Zeit des Handelns:

> Cramb. Ein schnelles schwerd verricht weit mehr denn langes dichten:
> 4. Verschw. Ein kluger Kopff kan mehr denn tausend spieß' außrichten:
> Cramb. Wer alles überlegt / führt keinen anschlag aus (IV. 3, 191 ff)

Crambe spricht sich gegen jedes Zaudern und Zögern aus, denn wer zu viel überlegt, wird, wie der Melancholiker, zum Handeln untauglich. Die Akzeleration der Intrige wird nun nicht nur antagonistisch betrieben, sondern auch dramatisch durchgeführt.

Der Fortgang der Handlung gestaltet sich durch eine signifikante Interferenz der beiden Zeitökonomien, des zu langsamen und des zu schnellen Agierens. Während die Verschwörer zur schnellen Tat drängen, verbringt Leo seine Nacht in Zaudern und Unsicherheit. Von einem Traum, der ihm seinen Untergang prophezeit, beunruhigt, begibt er sich schließlich voll Argwohn selbst in den Kerker, in dem Michael Balbus gefangen gehalten wird – und sieht ihn dort nicht als Gefangenen, sondern als künftigen Herrscher behandelt. Wieder wird Leos ängstlicher Versuch, die Handlung aufzuhalten, zu einer dramatischen Beschleunigung der Intrige führen. Denn erst als Balbus erfährt, was der Kaiser in seinem nächtlichen Alleingang in Erfahrung gebracht hat, nämlich den Verrat durch seinen Kerkermeister, sieht er sich zur Verzweiflungstat gedrängt und bringt seine ebenso listige wie übereilte Befreiung zuwege. Der Verschwörung ist jetzt kein Einhalten mehr, sie nimmt ihren fatalen Lauf und führt unmittelbar zur Ermordung des Kaisers – eine Handlung allerdings, die sich, wie gezeigt, im Hintergrund quasi paraszenisch abspielt, während Theodosia auf der vorderen und sichtbaren Bühne zwischen Hoffnung und Todesfurcht wankt.

Der Nachvollzug der Handlung in ihrer zeitlichen Strukturierung fördert eines in aller Deutlichkeit zutage: Gryphius' Trauerspiel ist nicht primär als der dramatische Konflikt zweier Kontrahenten angelegt, sondern vielmehr als ein Aufeinandertreffen oder Ineinandergreifen zweier Zeiten, die sich paradox zueinander verhalten: Fristen und Handlungshemmungen beschleunigen (gewissermaßen hinterrücks) das Geschehen – und umgekehrt. Allerdings entbehrt diese Paradoxie nicht einer bestimmten Logik. Sie erinnert an eine Figur, die in der christlichen Theologie für das paradoxe Verhältnis zweier Zeiten steht: der *katéchon* oder der Aufhalter.

V. Der den Messias aufhält

Die Vorstellung des ‚Aufhalters' geht auf einen Passus im 2. Brief an die Thessalonicher zurück. Dort heißt es über das zweite Kommen Christi, in der Übersetzung Luthers von 1545:

> (3) Lasset euch niemand verfüren in keinerley weise / Denn er kompt nicht / Es sey denn / das zuvor der Abfalle kome / vnd offenbaret werde der Mensch der sunden / vnd das Kind des verderbens / (4) Der da ist ein Widerwertiger / vnd sich vberhebet vber alles das Gott oder Gottesdienst heisset / Also / das er sich setzt in den tempel Gottes [.../ damit er macht / das sein gebot vber Gottes gebot vnd dienst gehalten wird. Vnd der abfal ist / das man vom glauben auff Menschenlere trit ...] als ein Gott / vnd gibt sich fur / er sey Gott. (5) GEdencket jr nicht dran / das ich euch solches sagte / da ich noch bey euch war? (6) Vnd was es noch auffhelt / wisset jr / das er offenbaret werde zu seiner zeit. (7) Denn es reget sich schon bereit die bosheit heimlich / On das der es jtzt auff helt / mus hinweg gethan werden / (8) vnd als denn wird der Boshafftige offenbaret werden / Welchen der HErr vmbbringen wird mit dem Geist seines mundes / vnd wird sein ein Ende machen / durch die erscheinung seiner Zukunfft.[32]

Der Tag des letzten Gerichts, der Tag, an dem Christus wiederkommt, stehe durchaus nicht unmittelbar bevor, denn vor dem Ende der Zeiten müsse erst noch der Widersacher Gottes auftreten. Solange der Feind Gottes oder, so wörtlich, der „Gesetzlose" (ὁ ἄνομος bzw. ἄνθρωπος τῆς ἀνομίας, d.h. der Mensch der Anomie)[33] aufgehalten werde, solange werde auch das Ende noch auf sich warten lassen.

---

32   2. Thess 2, 3-8, zit. n. der Ausgabe letzter Hand der Übersetzung Luthers von 1545. Die Übersetzung enthält einen in den Text eingeflochtenen Kommentar Luthers, der hier gekürzt in eckige Klammern gesetzt wurde.
33   So die Übersetzung sowohl der Elberfelder (1905) als auch der Schlachter Bibel (1951). Im Griechischen heißt es zunächst der „Mensch der Anomie", dann der „ἄνομος", der „Gesetzlose".

Der, der das Böse oder die Gesetzlosigkeit jetzt noch aufhält, wird im Griechischen mit κατέχων bezeichnet (τὸ γὰρ μυστήριον ἤδη ἐνεργεῖται τῆς ἀνομίας: μόνον ὁ κατέχων ἄρτι ἕως ἐκ μέσου γένηται), als der, der etwas zurückhält oder auch in Sicherheit hält. In der Vulgata heißt es, „qui tenet": „der, der hält". Er hält den Gesetzlosen aber nicht ganz zurück, sondern nur so, dass er noch nicht zum Vorschein kommt. Seine Gesetzlosigkeit rege sich also schon. Vollkommen offenbare er sich erst, wenn der *katéchon* ihn loslasse, oder genauer gesagt, wenn der Aufhalter seinerseits „aus dem Weg" geräumt werde.[34] Weil der *katéchon* also nicht nur das Ende aller Zeiten, sondern auch die Parusie, die Wiederkunft Christi, hinauszögert, bleibt er eine ambivalente Figur, die auch das Unheilbringende einschließt. Der Aufhalter gibt eine Gnadenfrist – in dieser Lesart also eine Frist vor dem Ausbruch des Bösen –, in der die historische Zeit, die Zeit des Gesetzes, weiterläuft. Gleichzeitig aber hält er die Parusie, das Wiederkommen des Erlösers am Ende der Zeiten, also heilsgeschichtlich die messianische Erlösung, zurück.

Diese erratische Ambivalenz des *katéchon* hat zu den unterschiedlichsten Deutungen geführt. Tertullian war überzeugt, das Römische Reich – als Staat, der das Gesetzlose in Schach halte – erfülle die Funktion des Aufhalters, der das Ende der Zeiten hinauszögere. Deshalb kann er die Christen auffordern, nicht nur „pro imperatoribus" und „pro statu saeculi" zu beten, sondern auch „pro mora finis" – also für ein Hinauszögern des Endes, für ein, wenn man so will, heilsgeschichtliches Moratorium.[35] Diese Tradition setzt sich bis in die Neuzeit fort, wie sich etwa in Bibelkommentaren des 17. Jahrhunderts zeigt.[36] Sie findet ihren Gipfel in Carl Schmitts Theorie, nach der die Vorstellung vom *katéchon* „die einzig mögliche Grundlage für eine christliche Doktrin der Staatsmacht" darstelle.[37]

---

34 Vgl. die Übersetzung der Elberfelder Bibel.
35 Tertullian, *Apologeticum* 39, 2: „Coimus in coetum et congregationem, ut ad deum quasi manu facta precationibus ambiamus orantes. Haec vis deo grata est. Oramus etiam pro imperatoribus, pro ministris eorum et potestatibus, pro statu saeculi, pro rerum quiete, pro mora finis." Vgl. Giorgio Agamben, *Die Zeit die bleibt. Ein Kommentar zum Römerbrief*, Frankfurt am Main, S. 123.
36 Vgl. etwa Jonas Schlichting, *Commentaria Posthuma / In pleroque / Novi Testamenti Libros* [...], Irenopoli [i.e. Amsterdam] 1656, S. 234-235.
37 Agamben, Die Zeit die bleibt, S. 123. Carl Schmitt geht an verschiedenen Stellen auf den Katechon ein: Carl Schmitt, Beschleuniger wider Willen oder: Problematik der westlichen Hemisphäre, in: *Das Reich. Deutsche Wochenzeitung* 16, 1942; ders., *Der Nomos der Erde*, Berlin 1950, S. 28-36; ders., *Politische*

Im Unterschied zu dieser Deutungslinie und in kritischer Auseinandersetzung mit Schmitt betont Giorgio Agamben, dass der Brief an die Thessalonicher den *katéchon* keineswegs positiv bewerte, da er vielmehr als etwas Störendes dargestellt wird, das „aus dem Weg geräumt werden" müsse.[38] Agamben setzt denn auch gegen die Übersetzung des Hieronymus, der *anomía* mit „Ungerechtigkeit" oder „Sünde" übersetzt (und dem Luther an dieser Stelle folgt), die „Abwesenheit des Gesetzes". Somit liege es näher, meint Agamben, die Stelle aus dem 2. Brief an die Thessalonicher auf die Anomie der „messianischen Zeit" zu beziehen, in der es des Gesetzes nicht mehr bedarf. Man gelangt dann zu einer ganz anderen Deutung: nicht die Enthüllung des „Bösen" verhindere der *katéchon*, sondern die Ankunft der messianischen Anomie. „Die Enthüllung dieses Geheimnisses bedeutet, daß in der messianischen Zeit die Unwirksamkeit des Gesetzes und die substantielle Illegitimität jeder Macht ans Licht treten."[39]

Eine dritte Deutung gibt Roberto Esposito dem *katéchon*. Mit Bezug auf Carl Schmitt und Dietrich Bonhoeffer betont er die durchaus positive „Aufhaltungsfunktion" des *katéchon*.[40] Er „hält das Böse dadurch auf, daß er es einhält, erhält, in seinem Inneren einbehält." Was der *katéchon* dem Bösen entgegensetzt, umfasst er zugleich. „Er tritt ihm [dem Bösen] entgegen – doch von innen her: es in sich aufnehmend, es beherbergend, fast könnte man sagen, die eigene Notwendigkeit an dessen Gegenwart bindend."[41] Der *katéchon* sorgt für eine Hemmung des Bösen, für seine Einschränkung, ohne es jedoch zu eliminieren. „Der *katéchon* weist der Anomie antinomisch einen *nómos* zu und hält dadurch deren katastrophische Entfaltung auf."[42] Allerdings zögert dieses aufhaltende Prinzip nicht nur den Ausbruch des Bösen

---

Theologie II. Die Legende von der Erledigung jeder Politischen Theologie, Berlin 1970, S. 81. Vgl. weiterführend Felix Grossheutschi, *Carl Schmitt und die Lehre vom Katechon*, Berlin 1996; Günter Meuter, *Der Katechon. Zu Carl Schmitts fundamentalistischer Kritik der Zeit*, Berlin 1994; Friedrich Balke, „Beschleuniger, Aufhalter, Normalisierer. Drei Figuren der politischen Theorie Carl Schmitts", in: *Zeit des Ereignisses – Ende der Geschichte?*, hg. v. dems. u.a. München 1992, S. 209-232.

38 Agamben, Die Zeit die bleibt, S. 124.
39 Ebd., S. 125.
40 Roberto Esposito, *Immunitas. Schutz und Negation des Lebens*, Berlin 2004, S. 91.
41 Ebd.
42 Ebd.

hinaus, sondern zugleich auch den letztendlichen „Sieg des Guten".[43] Während die Anomie noch in Schach gehalten wird, ist ihre Zurückhaltung doch zugleich „ein Hindernis für die göttliche *parousía*."[44] So kann die Funktion des *katéchon* nur als „positiv, doch auf negative Weise" begriffen werden. Deshalb ist der Aufhalter für Esposito, im Sinne der Immunität, der Inbegriff eines Positiven im Negativen: „Der Antikörper, der den christlichen Leib schützt vor dem, was ihn bedroht."[45]

Dieses katechontische Prinzip setzt Esposito nun parallel zum Gesetz. „Das Gesetz ist dasjenige, was gleichzeitig die Sünde und ihr Heilmittel [*cura*] produziert – was die Sünde durch Entgegenwirkung verstärkt. Es injiziert sich selbst den Tod, den diese ins Leben trägt – und so dem Tod Leben, und dem Leben Tod bringt".[46] Esposito bezieht sich dabei auf eine Stelle im Römerbrief, die ihrerseits rückverweist auf die große Parenthese von Römer 5:

> [...] denn ohne das Gesetz war die Sünde tot. Ich lebte einst ohne das Gesetz; aber als das Gebot kam, wurde die Sünde lebendig, ich dagegen starb und mußte erfahren, daß dieses Gebot, das zum Leben führen sollte, den Tod bringt.[47]

Wie sich zeigen wird, erweist sich diese dritte Deutung des *katéchon* als in besonderer Weise relevant, wenn es um ein genaueres Verständnis der paradoxen Zeitlichkeit in Gryphius' Trauerspiel geht. Bleibt zu klären, welche Bedeutung dem Katechontischen um 1650 überhaupt zukam.

VI. Barocke Endzeiten

Es ist immer wieder behauptet worden, dass spätestens Luthers Eschatologie dem katechontischen Denken ein Ende setze und der Protestantismus der Frühen Neuzeit kaum von der lutherischen Endzeitvorstellung abweiche.[48] Diese Meinung stützt sich auf die Tatsache, dass

---

43 Ebd., S. 92.
44 Ebd.
45 Ebd.
46 Ebd., S. 90.
47 Röm 7, 8-10.
48 Der Begriff „Eschatologie" (die Lehre von den letzten Dingen) ist ein Neologismus und entsteht Mitte des 17. Jahrhunderts. Vgl. Hans-Peter Müller, „Escha-

Luther den Widersacher Gottes mit dem Papst identifziert. War die Boshaftigkeit des Widersachers lange verborgen, ist für Luther nun die Zeit ihrer Offenbarung angebrochen.[49] In diesem Sinne stehe der Parusie nur noch der Fortbestand des „Bapsthumbs" entgegen.[50] Die Frage nach dem *katéchon* habe sich, so die allgemein verbreitete Meinung, damit erledigt. Auch Blumenbergs Hinweis, dass im Luthertum das Kommen der Endzeit die Form einer Beschleunigung annimmt, deutet in diese Richtung.[51]

Nun lässt sich dem entgegenhalten, dass sich ein Jahrhundert nach Luther auch protestantische Ansätze von der reformatorischen Eschatologie abwenden. Wenn auch nicht ausdrücklich diskutiert, gewinnt die Figur des Aufhalters doch wieder an Bedeutung.[52] So war schon Cyriacus Spangenberg der Überzeugung, das „INTERIM", so sehr diese Zeit von „Teuffel" und „Bapst" beherrscht werde,[53] sei noch eine Zeit, „Wo sich die abtrünnigen noch bessern und bekeren" können:

So ist jnen die Gnadenthür auch noch nicht gar verschlossen/ Aber ein jeder brauch der zeit/ das ist mein rath / weil das gülden Jar/ die Gnadenzeit noch vorhanden ist. Last vns wachen / nüchtern vnd

---

tologie I", in: *Religion in Geschichte und Gegenwart*, vierte völlig neu bearbeitete Auflage, Bd. II, Tübingen 1999, Sp. 1542-1553. Vgl. allgemein zur Geschichte der Eschatologie nach der Reformation Johannes Wallmann, „Reich Gottes und Chiliasmus in der lutherischen Orthodoxie", in: ders., *Theologie und Frömmigkeit im Zeitalter des Barock*, Tübingen 1995, S. 105-123 und nach wie vor Jakob Taubes, *Abendländische Eschatologie*, Bern 1947, S. 85-122.

49 Vgl. dazu etwa Martin Luther, *Colloquia oder Tischreden*: „Dergleichen 2. Thess. 2. Cap. sagt er vom Antichrist / der sich erhebet [...] uber Gott [...]. Sonst würde ein jeglicher Schwermer ausser dem Wort einen sonderlichen Gott und Gottesdienst im erwehlen, wie denn im Bapsthumb auch geschehen." (WA II, S. 8).

50 Luther, *De servo arbitrio*, WA XVIII, S. 626.

51 Blumenberg, *Die Legitimität der Neuzeit*, Frankfurt am Main 1988, S. 61 f. Vgl. außerdem Ernst Benz, *Akzeleration der Zeit als geschichtliches und heilsgeschichtliches Problem*, Mainz 1977, S. 4-7.

52 Vgl. dazu die entsprechenden Hinweise bei Dieter Groh, *Göttliche Weltökonomie. Perspektiven der Wissenschaftlichen Revolution vom 15. bis zum 17. Jahrhundert*, Berlin 2010, S. 337-340 sowie Wolfgang Trilling, *Der zweite Brief an die Thessalonicher*, Leipzig 1987, S. 99-101.

53 Cyriacus Spangenberg, *Die erste und Ander Epistel des heiligen Aposteln S. Pavli an die Thessalonicher* [...], Wittenberg 1557, unpaginiert (im letzten Drittel des Textes).

müssig sein / das wir nicht in anfechtung fallen / denn die Fleischliche lüste streiten wider die Seele."[54]

Zwar geht auch Spangenberg davon aus, dass der Widersacher Gottes, von dem im 2. Brief an die Thessalonicher die Rede ist, der Papst sei; dennoch sieht er seine eigene Zeit weiterhin als eine „Gnadenzeit", die den Abtrünnigen noch zur Bekehrung gegeben ist. Das Nachdenken über das kommende Ende dient den Gläubigen und Ungläubigen zur Ermahnung, die gegebene Zeit zu nutzen.[55] So kann auch Gryphius selbst in seinem „Gebet umb Erhaltung der Lehre und Kirche GOttes" für den Bestand der Kirche beten, denn auch wenn diese „mit allerhand Aberglauben und Mißbräuchen besudelt [war]", ist ihr nun, da Gott sie „gereinigt" habe, doch eine weitere Frist gegeben.[56]

Darüber hinaus kann man davon ausgehen, dass auch für Luther die Ambivalenz von Hemmung und Beschleunigung, von der die Zeit des Gläubigen geprägt ist, keineswegs an Bedeutung verliert. Denn das sich nahende Ende darf den Gläubigen nicht dazu verführen, diese ihm noch gegebene Zeit abzukürzen; im Gegenteil solle er sie im vollen Sinne ausschöpfen – als eine bald endende Zeit, die doch entscheidend ist. Die kurze gegebene Zeit gewinnt mithin an Geschwindigkeit, aber auch an Intensität.[57] „Genauer gesagt liegt auch Luthers eschatologi-

---

54 Ebd.
55 Spangenberg (1528-1604), der hauptsächlich in Mansfeld gewirkt hat, gehört in der Zeit von 1560 bis 1650 zu den besonders populären Predigern und Bibelauslegern; die meisten seiner Schriften werden mehrfach aufgelegt und vielfach zitiert. Der Kommentar zu den beiden Briefen an die Thessalonicher ist Spangenbergs erster veröffentlichter Bibelkommentar. Bekannt ist auch eine Vorrede Spangenbergs zu Andreas Lange, *Von der Seligkeit [...] Antwort / auff [...] vier Fragen [...] ob auch die Papisten Selig werden?*, Weißenfels 1566, in der es u.a. ebenfalls um die Deutung von 2. Thess. 2 geht. Es ist davon auszugehen, dass Gryphius mit den Schriften Spangenbergs vertraut war.
56 Andreas Gryphius, „Gebet umb Erhaltung der Lehre und Kirche Gottes", in: *Himmel steigente HerzensSeüfftzer. Ubersehen und mit newen Reimen gezieret* (1665), hg. v. K.-H. Habersetyer und M. Szyrocki, Tübingen 1987 (= Gesamtausgabe der deutschsprachigen Werke, Bd. I), S. 171-198, hier S. 171. Gryphius' Gebet um Erhalt der Kirche belegt, dass er die Deutung, das Papstum sei mit dem Antichristen zu identifizieren, ablehnt.
57 Ernst Benz kommentiert eine Unterscheidung zweier unterschiedlicher Formen der Beschleunigung, einer göttlichen und einer satanischen, mit folgenden Worten: „Eines allerdings unterscheidet die Beschleunigung des Wirkens Satans von dem Wirken Gottes: der Satan ist nicht Herr der Zeit wie Gott, seine akzelerierte Betriebsamkeit ist nur Reaktion, nicht Aktion. [...] Gott dage-

scher Beschleunigung", so Maximilian Bergengruen in Weiterführung von Blumenberg, „eine Mora oder ein Katechon [...] zu Grunde".[58] Für Luther sei die Katechontik deshalb zentral, weil er nur so seine „doppelspurige Theorie einer präsentischen und futurischen Eschatologie entwickeln kann."[59]

VII. Der Aufenthalt des Politischen

Liest man Gryphius' Trauerspiel vor dem Hintergrund der Figur des Aufhalters, so wirft das ein neues Licht auf seine Rettungs- oder Erlösungsökonomie. Um noch einmal an die vieldiskutierten Fragen zu erinnern, die das Stück aufgibt: Ist das irdische Geschehen auf sich geworfen, ohne Aussicht auf Erlösung? Kann die irdische Geschichte nicht mehr heilsgeschichtlich gedeutet werden, wie Benjamin meint? Ist das barocke Trauerspiel schon auf halbem Wege der Säkularisierung?

Die Figur des *katéchon* deutet darauf hin, dass sich Fragen dieser Art grundsätzlich nicht beantworten lassen. Das Kommen des Endes ist so gut wie schlecht; auf die Wiederkunft des Messias kann man hoffen, sie ist aber auch zu fürchten. Das heillose irdische Geschehen, wie es in Gryphius' *Leo Armenius* zur Darstellung kommt, muss deshalb nicht als Zeichen für eine säkularisierte Eschatologie genommen werden. Es ist gerade die Geschichte in ihrer Zeitlichkeit, die noch eine Frist gibt und das Ende hinauszögert – sie ist deshalb in ihrer ganzen Gefallenheit, um an Spangenberg zu erinnern, trotzdem eine Art „Gnadenzeit". Denn das Kommen des Messias wäre kein Einbruch in die Zeit, sondern würde sie beenden, wie es bei Benjamin heißt. Solange sich die Historie in ihrer Zeitlichkeit fortsetzt, bleibt noch eine Frist – die des Katechontischen. Im Wortsinne wäre der im 17. Jahrhundert so viel thematisierte „Aufenthalt auf Erden" dann eine Zeit des Aufhaltens.

---

gen ist der Herr der Zeit, er kann die Zeiten verlängern und verkürzen [...]." Benz, Akzeleration der Zeit, S. 10.
58 Maximilian Bergengruen, *Nachfolge Christi – Nachahmung der Natur. Himmlische und Natürliche Magie bei Paracelsus, im Paracelsismus und in der Barockliteratur (Scheffler, Zesen, Grimmelshausen)*, Hamburg 2007, S. 59.
59 Ebd. Es muss hier auf eine weiterführende Überlegung in diese Richtung verzichtet werden. Vgl. dazu jedoch die Seiten 59-62 bei Bergengruen sowie Ulrich Asendorf, „Eschatologie VII", in: *Theologische Realenzyklopädie*, Bd. X, Berlin 1982, S. 311f.

Was bedeutet das für das Verständnis des Theopolitischen in Gryphius' Barocktragödie? „Denn es ist keine Obrigkeit außer von Gott; wo aber Obrigkeit ist, die ist von Gott angeordnet".[60] „Christus" habe zwar „das Schwert" nicht getragen, heißt es bei Luther, es aber doch „bestätigt".[61] Wie allerdings kann eine politische Herrschaft von Gott bestätigt sein, die durch Unrecht und Gewalt erlangt wird? Und ist nicht, wie Derrida formuliert, „die Setzung des Gesetzes in sich selbst eine grund-lose Gewalt(tat)"?[62] In Gryphius' *Leo Armenius* besiegt ein Usurpator den anderen. Der Ursprung von Leos Regentschaft ist genauso blutig wie die seines Gegners, der ihn jetzt mit denselben Mitteln überwindet – das jedenfalls enthüllt das dramatische Bühnengeschehen. Dass es dann gilt, die Genese der eigenen Macht zu verschleiern, zeigt sich etwa an Leos Unentschlossenheit, seinen Widersacher auf den Scheiterhaufen zu bringen. Die Probleme, die Leo Armenius die gewalttätigen Ursprünge seiner Herrschaft bereiten, sind für absolutistische Herrschaften kennzeichnend, definieren sie sich doch durch eine Art „Zwei-Phasen-Modell der Alleinherrschaft", wie Koschorke ausführt: „Gewaltsam errungen, strebt sie nach einem legalistischen Rahmen, um nicht als Tyrannei angreifbar zu sein, und wird dabei doch immer von einem schlechten Gewissen der Macht und ihrer verbrecherischen Wurzeln getrieben".[63] So weicht die Aneignung von Macht erheblich von ihrer Erhaltung ab. Erfolgt die Machtergreifung durch gesetzlose Gewalt, zielt das Regieren auf Sicherheit und Gesetzerhaltung.[64]

Genau dieses Dilemma des absolutistischen Herrschens exponiert Gryphius' Trauerspiel. Einerseits lässt sich trotz allen Zurschaustellens der Abgründigkeit weltlicher Herrschschaft nicht leugnen, dass bei Gryphius der Obrigkeit eine wesentliche Funktion zukommt: auch

---

60 Röm 13,1b.
61 Martin Luther, „Von welltlicher Oberkeyt, wie weyt man yhr gehorsam schuldig sey (1523)", in: *WA* XI, S. 243.
62 Jacques Derrida, *Gesetzeskraft. Der „mystische Grund der Autorität"*, Frankfurt am Main 1991, S. 29. Vgl. dazu Walter Benjamin, „Zur Kritik der Gewalt" (1920/21), in: ders., Gesammelte Schriften, Bd. II.1, S. 179-204.
63 Albrecht Koschorke, Das Problem der souveränen Entscheidung, S. 186.
64 Ebd. Vgl. auch, wie bei Koschorke angeführt, Werner Lenk, *Studien zur deutschen Literatur im 17. Jahrhundert*, Berlin 1984, S. 314. Vgl. zum Verhältnis von Macht und Institution in Gryphius' Leo Armenius auch Rüdiger Campe, „Theater der Institution. Gryphius' Trauerspiele ‚Leo Armenius', ‚Catharina von Georgien', ‚Carolus Stuardus' und ‚Papinianus'", in: *Konfigurationen der Macht in der Frühen Neuzeit*, hg. v. R. Galle / R. Behrens, Heidelberg 2000, S. 257-287.

wenn sie durch Gewalt errungen wurde, sorgt sie, einmal in Kraft getreten, doch für die Erhaltung der Gesetze. Die Obrigkeit, so fragwürdig sie in ihrer Legitimität auch dargestellt wird, hält die Gesetzlosigkeit in Schach. Heilsgeschichtlich gesehen fungiert sie als Aufhalter. Diese heilsgeschichtliche Valenz der Obrigkeit darf andererseits jedoch nicht dazu verleiten, ihr eine religiöse Funktion zuzuschreiben. Sie tritt weder an die Stelle der *ekklēsía* noch vertritt sie Christus. Von einer solchen möglichen Deutung des Theopolitischen distanziert sich das Trauerspiel ganz offenbar. Im Sinne von Kantorowicz lässt sich gerade auch das politische „Gottesgnadentum" als eine Form der Säkularisierung auffassen.[65] Die entsprechende religiös motivierte Kritik an einer Herrschaft, die sich, in welcher Form auch immer, auf den Monarchen als *vicarius Christi* beruft, ist auch um 1650 noch aktuell. Die Inanspruchnahme eines gottgleichen *supra legem* für die Politik gilt dann als Gotteslästerung. In diesem Sinne ließe sich auch die von Theodosias erwirkte Gnadenfrist, die bei Gryphius ja auf dramatisch-ironische Weise das Gegenteil des Intendierten bewirkt, als ein missglückter Versuch deuten, Politik und Theologie in eins zu setzen.

Wollte man, das Angedachte weiterführend, eine Theologie der Politik oder eine Politische Theologie aus Gryphius' *Leo Armenius* ableiten, müsste sie sich von einer jeden Deutung von Politik als Stellvertreterin Christi verabschieden. Regenten sind Usurpatoren, einer löst den anderen ab. Politik setzt sich über Gewalt ins Recht. Ein Recht ohne Gewalt scheint es nicht geben zu können, und deshalb auch keine Politik, die sich theologisch legitimieren ließe. Daraus allerdings den Schluss zu ziehen, dass bei Gryphius die weltliche Geschichte nicht mehr als Trägerin der Heilsgeschichte fungiert, scheint nicht weniger verfehlt. Vielmehr ist sie es, so problematisch und unbefriedigend das bleibt, im Negativen. Solange regiert wird, ist die (säkulare, nicht messianische) Anomie in Schranken gehalten: nicht als Gottes Herrschaft auf Erden (das wäre das Friedensreich), aber als eine von Menschen gemachte – und doch von Gott eingesetzte – Interimsherrschaft. Ihr kommt Geltung zu – in Parenthese. In dieser ‚Politischen Theologie' ginge es um eine Politik, die sich weder anmaßt, an Gottes statt zu regieren, noch das politische Geschehen in eine ‚heillose' Säkularität entlässt.

---

65 Vgl. Ernst Kantorowicz, *The King's Two Bodies. A Study in Mediaeval Political Theology*, Princeton 1957 sowie, deutlicher noch in ders., „Mysteries of State: An Absolutist Concept and its Late Medieval Origins", in: *The Harvard Theological Review*, XLVIII (1955), S. 65-91.

CLAUDE HAAS

„Jetzt Retter hilf dir selbst – du rettest alle!"
Zur Tragödienpolitik der (Lebens-)Rettung in Schillers *Wilhelm Tell*

> der tod
> ist das einfache sterben kann ein idiot
> *Heiner Müller*

Sucht man in der modernen Dramatik nach einem Text, in dem das Phänomen der Rettung besonders prominent scheint, so stößt man rasch auf das letzte fertig gestellte Stück Friedrich Schillers, auf das „Schauspiel" *Wilhelm Tell* aus dem Jahr 1804. *Wilhelm Tell* hebt bekanntlich schon mit einer furiosen Rettungsszene an. Tell rettet den flüchtigen Baumgarten, der mit einer Axt den Burgvogt Wolfenschießen – den „Schänder [s]einer Ehr' und [s]eines Weibes"[1] – erschlagen hat, über den Vierwaldstättersee. Dies nachdem sich der Fährmann Ruodi zum Vollzug dieser Rettungsaktion aufgrund der Witterungsverhältnisse außer Stande gesehen hatte. *Wilhelm Tell* endet auch mit einer Rettungsaktion, indem Tell den Mörder des Kaisers nicht der Justiz ausliefert, sondern ihm den Weg nach Rom verrät, damit er dort den Papst um Gnade anflehen kann. Der dramatische Höhepunkt des Stücks, die Apfelszene, ist auch ihrerseits eine Rettungsszene, rettet Tell mit seinem Schuss doch sowohl seinem Sohn als auch sich selbst das Leben. Über den Rütlischwur schließlich versuchen die Eidgenossen die habsburgische Tyrannei abzuschütteln und ihre feudalen Freiheitsbriefe zu erneuern und diese (und mit ihnen die ‚alte' Schweiz) folglich auch zu retten. Zieht man Rettungen wie die Berta von Brunecks aus den Flammen ihres Gefängnisses, als Wunder ausgewiesene Rettungen wie die des gefangenen Tell auf dem Schiff auf dem wiederum stürmischen See und mitunter als Rettung lesbare innere Bekehrungen wie die des Ulrich von Rudenz – der sich im Lauf des Stücks von seiner eigensüchtigen Kaisertreue lossagt und sich zum Anhänger und Befrei-

---

1 Friedrich Schiller, *Wilhelm Tell*, in: ders., *Klassische Dramen*, hg. v. Matthias Luserke-Jaqui, Frankfurt am Main 2008, S. 385-505, hier S. 391, V. 83. Die weiteren Nachweise erfolgen mit Versangabe nach dieser Ausgabe im laufenden Text. Der Sperrdruck wird über Kursivierungen wiedergegeben.

er der Eidgenossen läutert –, hinzu, dann sieht man sich schnell mit dem Problem konfrontiert, im *Tell* eine Szene ausfindig zu machen, die *nicht* um das Phänomen der Rettung kreist. Dies um so mehr, als auch den im Stück sehr dominanten Figuren der Rache, der Gnade, der Güte und der Tyrannei schon rein strukturell immer auch die Rettung bzw. deren Verweigerung eingeschrieben wird. Diesen Befund bestätigt im Übrigen auch die Semantik der Rettung, des Rettens oder des Errettens, Begriffe aus diesem Umfeld fallen in den 3290 Versen des Stücks insgesamt 40 mal und damit (durchschnittlich) in jedem 82. Vers.[2]

Nun dürfte die Ubiquität eines Phänomens generell ein Ausweis seiner tendenziellen Krise sein und exakt dafür scheint mir *Wilhelm Tell* ein herausragendes Beispiel. Wenn auch auf eine sehr spezifische tragödienpoetologische Art. Die tragödienpoetischen Substrate von Rettungsnarrativen können dabei nicht ohne die rechtlichen und souveränitätspolitischen Implikationen beschrieben werden, die diesen Narrativen eignen. Tragödienpoetik ist stets auch Tragödienpolitik. Die Figur der Rettung, so meine These, geht das Schiller'sche Drama von zwei verschiedenen Standpunkten aus an. Zum einen führt es vor, dass Rettung in der rudimentären Form der Lebensrettung auf rechtlicher Ebene einem souveränen Akt vorbehalten bleibt. Zum anderen skizziert es die Möglichkeit genuin heroischer Rettungsaktionen, die zum Souveränitätsprinzip – und damit auch zum Bereich des Rechts – quer stehen. Innerhalb dieses Spannungsfeldes avanciert die Tragödie zu einer Kunstform, die den heroischen Retter gegen den souveränen Retter zu profilieren vermag, indem sie seinen Tod einer politischen Opfer- und Gründungslogik überantwortet, die ihrerseits als Rettung konzipiert wird.[3] Kulminieren Rettungsnarrative einem

---

2 Vgl. V. 69; 75; 118; 121; 140; 144 (dreimal); 154; 155; 182; 448; 449; 554; 944; 1434; 1529; 1672; 1723; 1989; 1990 (zweimal); 2072; 2126; 2196; 2269; 2292; 2348; 2353; 2369; 2395; 2396; 2535; 2886; 2893; 2896; 3086; 3089; 3143; 3282. – Die Forschung hat sich für das Phänomen der Rettung im Stück bisher erstaunlich wenig interessiert. Eine partielle Ausnahme bildet Ueding, der wiederholt von einer „Berufung [Tells] zum Retter" spricht und die wichtige Verbindung zwischen der Figur des Retters und der des „Selbsthelfers" erkennt. Für die hier interessierenden rechtlichen und tragödienpoetischen Voraussetzungen dieser Zusammenhänge bleibt seine Lektüre indes blind. (Vgl. Gert Ueding, „Wilhelm Tell", in: *Interpretationen. Schillers Dramen*, hg. v. Walter Hinderer, Stuttgart 1992, S. 385-425, hierzu S. 395-399.)

3 Ich will damit nicht unterstellen, dass der Gegensatz zwischen Heros und Souverän samt seines Kulminationspunktes im Rettungsnarrativ unter überzeitli-

gängigen und richtigen Verständnis zufolge in der Abwendung des Todes, so erlaubt es die Tragödie, Tod und Rettung im heroischen Retter emphatisch zusammenfallen zu lassen. Die besondere Pointe dieser Kombination besteht jedoch darin, dass sowohl das moderne Drama als auch weite Teile der modernen Philosophie der Tragödie die Verbindung von heroischem Tod und Rettung aufrufen, um sich ihr im gleichen Atemzug zu entschlagen. Die Rede von der historischen Uneinholbarkeit der Tragödie selbst – wie sie prominent etwa die Hegel'sche Ästhetik oder Benjamins *Trauerspiel*-Buch formulieren – hat in der problematisch gewordenen Einheit von Tod und Rettung des Helden ihren heimlichen Fluchtpunkt. Diese Rede darf nicht einfach als Metadiskurs der (antiken oder modernen) Tragödie verstanden werden. Vielmehr partizipiert sie m.e. an einer Rettungsverlegenheit der modernen Dramatik, für die Stücke wie *Wilhelm Tell* maßgeblich (ein-)stehen.[4]

---

chem Gesichtspunkt die Gattung Tragödie konstituieren könnte. Die Konfiguration entsteht m.e. im Drama des sich formierenden Absolutismus – und folglich in der *tragédie classique* – und sie begleitet die dramatische Tradition so lange, wie sie sich (bewusst oder unterschwellig, affirmativ oder kritisch) an den formpolitischen Zügen dieses Dramentyps orientiert. In diesem Sinne darf die Konstellation aber durchaus als ein die Tragödiendiskussion (sowohl des Dramas als auch bestimmter Teile der Philosophie) *historisch* konstituierendes Phänomen gelten, unabhängig davon, ob die sie durchspielenden Dramen die Gattungsmarkierung tragen oder nicht. – Zum systematischen Problem einer immer nur historisch möglichen Tragödiendefinition vgl. Daniel Fulda und Thorsten Valk, „Einleitung", in: *Die Tragödie der Moderne. Gattungsgeschichte – Kulturtheorie – Epochendiagnose*, hg. v. dens., Berlin/New York 2010, S. 1-20, hierzu S. 11-16.

4 Ich entfalte im Folgenden demnach keinen der ,offiziellen' Schiller'schen Tragödienreflexion verpflichteten wirkungsästhetischen, sondern einen gehaltsästhetischen Begriff der Tragödie. Zu einem neueren Forschungsüberblick zu dieser Opposition und zur durchaus gängigen „Annahme eines sich um 1800 vollziehenden Paradigmenwechsels von einer Wirkungs- zu einer Gehaltsästhetik" der Tragödie vgl. Marie-Christin Wilm, „Ultima Katharsis. Zur Transformation des Aristotelischen Tragödiensatzes nach 1800", in: Fulda/Valk, Die Tragödie der Moderne, S. 85-105, hier S. 85. Im Gegensatz zu Wilm halte ich diese „Annahme" allerdings nicht deshalb für problematisch, weil sich wirkungsästhetische Überlegungen über den konstatierten „Paradigmenwechsel" hinaus beobachten lassen, sondern weil umgekehrt der Fokus auf die Wirkungsästhetik die immanente gehaltsästhetische Tragödienpoetik des Schiller'schen Dramas – wie im Übrigen auch die der wirkungsästhetischen Texte selbst – bis heute verdeckt. Beide Diskurse sind kategorisch nicht zu trennen und können folglich nicht in die Geschichte einer Abfolge eingeschrieben werden. Insbesondere, wenn

I

In seiner Hobbes-Lektüre von 1976 stellt Michel Foucault prägnant fest: „Der Wille, das Leben dem Tod vorzuziehen, begründet die Souveränität [...]."⁵ Hiervon ausgehend konnte Johannes F. Lehmann überzeugend zeigen, dass sich neuzeitliche Souveränitätsmodelle Hobbes'scher Prägung bis hin zu ihrer prominenten Auslegung in der Philosophie Giorgio Agambens über weite Strecken als implizite Rettungsmodelle lesen lassen. „Am Anfang jeder politischen Machtbeziehung stünde so eine Rettung, und zwar dergestalt, daß der Besiegte und Unterworfene, um sein Leben zu retten, sich vollständig in die Hand des Siegers begibt."⁶ In der kontraktualistischen Staatserzählung rettet der Untertan sein Leben, indem er sein Recht über Leben und Tod qua Vertrag an den Souverän abtritt; und der Souverän hat diesen fremden Rettungsakt gleichsam auf Dauer zu stellen, indem er seinerseits die physische Sicherheit seiner Untergebenen garantiert.

Figuriert die Hobbes'sche Vertragstheorie den Souverän zwar nachhaltig, aber doch nur mittelbar als Lebensretter – denn gerettet, dies betont Lehmann völlig zu Recht, haben sich die Untertanen ihrerseits bereits wechselseitig selbst über den Entschluss zum Vertrag –, so kennt die abendländische Tradition einen Rechtsfall, der den Souverän wesentlich direkter und unabhängig von konkreten Staatstheorien als Lebensretter in Erscheinung treten lässt. Die Rede ist von der Begnadigung und ihrem affektiven Pendant der Güte *(clementia)*. Das Begnadigungsrecht erweist sich für die hier in Frage stehenden Zusammenhänge v.a. in dem Maße als interessant, wie es bereits von Seneca ausdrücklich als Lebensrettung tituliert wird, die allein dem Souverän vorbehalten bleibt, weil und insofern sie *gegen* souveränes Recht verstößt. Dem Kaiser gibt Seneca angesichts seines Rechts über Leben und

---

‚tragische' Opferlogiken zur Debatte stehen, verrät eine wirkungsästhetische Reflexion Schillers (wie Goethes) immer schon gehaltsästhetische Optionen. Vgl. hierzu (ohne direkte Differenzierung der Ebenen) Peter-André Alt, *Klassische Endspiele. Das Theater Goethes und Schillers*, München 2008, S. 42-52.

5 Michel Foucault, *In Verteidigung der Gesellschaft. Vorlesungen am Collège de France (1975-76)*, Frankfurt am Main 2001, S. 115.

6 Johannes F. Lehmann, „Rettung bei Kleist", in: *Ausnahmezustand der Literatur. Neue Lektüren zu Heinrich von Kleist*, hg. v. Nicolas Pethes, Göttingen 2011, S. 249-269, hier S. 256.

Tod grundsätzlich zu bedenken: *„Töten kann jeder gegen das Gesetz, retten niemand außer mir."*[7]

Der Satz zeigt anschaulich, dass Seneca anhand der Lebensrettung ein allgemeineres Fazit zum Verhältnis von Souveränität und Recht zu ziehen versucht. Dafür verlegt er die Rettung an die Stelle, wo dieses Recht vom Souverän selbst suspendiert wird. Dabei liegt es auf der Hand, dass der souveräne Rechtsverstoß in der Begnadigung ein ausgewiesen rechtlicher Akt bleibt. Als solcher regelt er überhaupt erst die Beziehung zwischen dem souveränen Retter und dem Geretteten. Indem der Souverän gegen das Gesetz ein Leben rettet, affirmiert er strukturell das Prinzip der Souveränität und er legt den Rechtsbruch der Rettung sogar als deren exklusives Moment fest.

In Kategorien von Leben und Tod gedacht zeugt der als Rettung konzipierte Akt der Begnadigung von einer denkwürdigen Asymmetrie zwischen Souverän und gerettetem Delinquenten, da er die Positionen von Subjekt und Objekt der Rettung eindeutig aufteilt und zementiert. Der Souverän rettet als Subjekt gegen das Gesetz und behauptet darüber seine Souveränität, der Gerettete bleibt ausschließlich Objekt dieses Rechts- und Rettungsakts. Allein dessen Leben steht zur Verhandlung und wird über einen Recht setzenden (oder zumindest Recht bewahrenden) Rechtsbruch gerettet, der das Leben des Souveräns als solches nicht tangiert. Gleichwohl ist es überhaupt erst das Objekt der Rettung, anhand dessen der Souverän die Paradoxie sowohl dieses Rechtsakts als auch seiner Souveränität zu vollziehen vermag.

Demgegenüber scheinen sich in betont heroischen Rettungsnarrativen Asymmetrien und Paradoxien an signifikant anderen Stellen einzuschleichen. Es dürfte zunächst einmal die rudimentäre Figur des Rechts sein, die souveräne von heroischen Rettungsnarrativen grundlegend zu unterscheiden erlaubt, obwohl sie diesen Unterschied selbst vorgibt und determiniert. Die heroische Rettung ist als solche nämlich gar kein rechtlicher Akt. Zwar verstößt der Held mit seinen Rettungsaktionen auch seinerseits oft gegen souveränes Recht. Rettet er doch nicht selten den, den das souveräne Recht verfolgt und zu töten versucht. Ein markantes Beispiel dafür wäre die bereits erwähnte erste Szene von *Wilhelm Tell*. Tell rettet Baumgarten schließlich vor den Vollzugsorganen

---

[7] L. Annaeus Seneca, *De clementia. Über die Güte*. Lateinisch/Deutsch, übers. und hg. v. Karl Büchner, Stuttgart 1970, S. 19 [Hervorhebung von mir]. Der Satz lautet im Original: „Occidere contra legem nemo non potest, servare nemo praeter me." (Ebd., S. 18) Ich habe die Übersetzung Büchners, der ‚servare' mit ‚bewahren' wiedergibt, oben modifiziert.

der kaiserlichen Justiz. Jedoch organisiert kein Recht von Innen die heroische Rettung. Der Held mag gegen das Gesetz Leben retten und damit seinen Heroismus affirmieren (wie der Souverän seine Souveränität), doch bleibt dieser Akt in der heroischen Rettung dem Recht selbst äußerlich. Man erkennt dies (wiederum) in der ersten Szene des *Tell* maßgeblich daran, dass eine rechtliche Dimension lediglich den Anlass zur vollen Entfaltung der heroischen Rettungsaktion bietet. Denn die eigentliche heroische Tat Tells besteht in der Manövrierung der Fähre über den stürmischen See. Der gerettete Baumgarten verschwindet aus einem Blick, der allein dem heroischen Retter und seiner Tat vorbehalten bleibt.

Bleibt der Souverän auf das Objekt der Rettung angewiesen, um einen als Rettung verstandenen rechtlichen Rechtsbruch zu sanktionieren, so verliert zumindest das primäre Objekt der Rettung – und damit selbst noch deren *indirekt* rechtliche und politische Dimension – in der heroischen Rettungsaktion ihre Funktion. Der Held selbst jedenfalls zeigt sich am zu Rettenden nicht sonderlich interessiert. In den Worten Tells über seine Rettung Baumgartens: „Ich hab' getan, was ich nicht lassen konnte." (V. 160)[8] Die Asymmetrie zwischen Retter und Gerettetem präsentiert sich damit beim Helden ganz anders als beim Souverän. Das liegt vornehmlich daran, dass der Held im Zug der Rettung – im Gegensatz zum Souverän – maßgeblich sein eigenes Leben in die Wagschale wirft. Der Held rettet sich gleichsam immer auch mit, er übernimmt in der Rettung die Position sowohl des Retters als auch des Geretteten. Das Phänomen der Rettung wird hier folglich nicht wie beim Souverän im Sinne einer Subjekt-Objekt-Dichotomie auf zwei Figuren verteilt, sondern in der Figur des Helden selbst verdoppelt.

Die Grundparadoxie der heroischen Rettung geht von dieser Verdoppelung aus und sie betrifft vorrangig den *Ausgang* der heroischen Rettungsaktion. Denn obwohl der Held in jedem Fall bereit sein muss, sein Leben aufs Spiel zu setzen und dabei die Rolle von Retter und Gerettetem zugleich zu übernehmen, ändert sein potenzieller Tod nichts an seiner heroischen Bewährung. Im Gegenteil: Der Tod kann sogar zur größten aller heroischen Zuschreibungen werden, da er eine Monumentalisierung des heroischen Retters anzustoßen erlaubt. Im

---

8 Wenn Tell in einem späteren Gespräch Hedwig erklärt, er habe Baumgarten als Vater und Ehemann gerettet und dabei auch an die eigene Frau und die eigenen Kinder gedacht (vgl. V. 1527f.), dann liegt hier weniger ein Widerspruch als eine nachträgliche Rechtfertigung vor.

Blick des Dritten wird der Held als Retter gerade dann unsterblich, wenn er im Verlauf der Rettung zu Tode kommt. Begründet Foucault zufolge der Wille, das Leben dem Tod vorzuziehen, die Souveränität, dann gewinnt der Held im kulturellen Imaginären offenbar das Potenzial einer Figur, die diesen Willen dezidert nicht teilt. Er rettet sein Leben nicht im Verbund mit anderen, indem er das Recht über Leben und Tod an den Souverän delegiert, sondern er rettet sein Leben, indem er es erst einmal grundlegend und stets aufs Neue aufs Spiel setzt. Nicht zufällig unterscheidet sich der heroische Retter damit fundamental auch von jedem Kollektivheroismus, der politische Absichten verfolgt: „Und jeder wagt mit Freuden Leib und Blut,/ Wenn er am andern einen Rücken hat" (V. 660f.), sagt der spätere Eidgenosse Melchthal. Dies entspricht nicht im Mindesten dem heroischen Selbstbild Tells: „Der Starke steht am mächtigsten *allein.*" (V. 435)

Heroische Retter stehen nicht zuletzt insofern quer zu jedem rechtlichen und souveränen Prinzip, als sie grundsätzlich keine dauerhafte politische Ordnung begründen können oder auch nur begründen wollen. Tell erklärt seiner Frau Hedwig: „Rastlos muß ich ein flüchtig Ziel verfolgen,/ Dann erst genieß ich meines Lebens recht, Wenn ich mirs jeden Tag aufs neu erbeute." (V. 1488-90) Der Held muss sein Heldentum folglich idealerweise „jeden Tag" bestätigen,[9] indem er „jeden Tag" sein Leben rettet – oder es wenigstens riskiert. Exakt darüber dürfte der Held für jede politische Ordnung eine erhebliche Provokation darstellen. Diese liegt nicht darin, dass er mitunter gegen souveränes Recht verstößt. Sie liegt vielmehr darin, dass er als (Selbst-)Retter zum Recht gar kein Verhältnis einnimmt.

Kann der Souverän außerhalb des Rechts stehen, so ist das Recht dem Helden äußerlich, wie gerade Rettungsnarrative unmissverständlich zeigen. Weil sein Leben in der Rettung auf ganz andere Art auf dem Spiel steht als das des Souveräns, rettet der Held kein ‚Leben' im

---

9 Gerade proabsolutistische Dramen spielen die zeitliche Instabilität heroischer Ordnungen gern gegen die Dauer des souveränen Rechts aus, dies lässt sich bis in die Konstitution der Einheit der Zeit hinein beobachten. Vgl. hierzu Claude Haas, „Heute ein König? Zur Dramenzeit des Souveräns", in: *Der Einsatz des Dramas. Dramenanfänge, Wissenschaftspoetik und Gattungspolitik*, hg. v. dems. und Andrea Polaschegg, Freiburg i.Br. 2012, S. 253-276.

rechtlichen Sinn – und damit auch kein ‚nacktes' Leben, das die Souveränität immer schon einschließend ausschließt.[10]

Da sich das ‚Leben' des heroischen Retters von rechtlichen und politischen Einschreibungen frei weiß, ist der Held freilich für rechtliche und politische Neueinschreibungen jeder Art geradezu prädestiniert: Er wird als Projektionsfläche zur privilegierten politischen Gründungsfigur, auch und gerade dann, wenn Gründungsakte als solche der ‚Rettung' (und damit letztlich der Restauration) ausgewiesen werden. Auch das lässt sich bereits in der ersten Szene von *Wilhelm Tell* beobachten. Ihr letztes Wort gehört dem Fährmann Ruodi, der unvermittelt eine zunächst verblüffende, für ihn selbst aber offenbar zwingende Verbindung zwischen der Rettung Baumgartens und der Rettung der gesamten Schweiz herstellt, wenn er fragt: „Wann wird der Retter kommen diesem Lande?" (V. 394) Die Rettung des Landes müsste sich in den Augen Ruodis also nach dem Muster der Rettung Baumgartens vollziehen und als Retter des Landes käme damit allein ein Held wie Wilhelm Tell in Frage.

Der Coup des Stücks *Wilhelm Tell* besteht nun allerdings darin, genau diese Hoffung Ruodis systematisch zu enttäuschen. Es klärt seine Zuschauer maßgeblich über die Funktionsweise heroischer Rettungsnarrative auf und es warnt zugleich davor, mit heroischen Rettern einen Staat oder ein Drama zu machen. Womöglich handelt es sich bei *Wilhelm Tell* um das antiheroischste Stück der Weltliteratur.

II

Die exakte Kenntnis der Funktionsweise heroischer Rettungsnarrative überantwortet *Wilhelm Tell* der souveränen Macht. Es ist der Reichsvogt Geßler als Statthalter des Kaisers, der die von Tell ausgehende Bedrohung am Genauesten versteht. Dies ist insofern nicht verwunderlich, als die souveräne Macht (wie jede Macht) um jeden Preis versuchen muss, über heroische Rettungen zu verfügen, indem sie diese rechtlich und souveränitätspolitisch einklammert. Das vielleicht markanteste Beispiel für eine solche Einklammerung liefert eine der bekanntesten Episoden der neueren Dramenliteratur: die Apfelszene in *Wilhelm Tell*.

---

10 Dies ist bekanntlich der zentrale Punkt bei Giorgio Agamben, *Homo sacer. Die souveräne Macht und das nackte Leben,* Frankfurt am Main 2002.

Der Handlungsrahmen sei kurz in Erinnerung gerufen. In einer Wiese zu Altdorf hatte der Reichsvogt einen Hut[11] aufstellen lassen, dem die „gleiche Ehre wie ihm selbst" (V. 396) widerfahren solle. Man habe diesen Hut mit „gebognem Knie und mit/ Entblößtem Haupt [zu] verehren." (V. 397f.) Auf die Missachtung der Anordnung steht die Todesstrafe: „Verfallen ist mit seinem Leib und Gut/ Dem Könige, wer das Gebot verachtet." (V. 400f.) Als Tell mit seinem Sohn Walter in Altdorf an dem Hut vorbeizieht, versäumt er es, dem Hut seine Reverenz zu erweisen, ob unbedacht oder vorsätzlich, ist kaum zu entscheiden.[12] Dies beobachten die Söldner des Vogts und sie verraten Tell. Geßler bestraft ihn mit einem selbst oberflächlichen Kennern des Stoffs bestens vertrauten Pakt. Tell soll seinem Sohn auf „hundert Schritte" (V. 1883) einen Apfel vom Kopf schießen und er muss diesen Apfel mit dem „ersten Schuß" (V. 1888) treffen. Der Vogt beharrt darauf, dass dies die einzige Möglichkeit für Tell bleibt, sowohl sich selbst als auch seinem Sohn das Leben zu retten: „Du schießest oder stirbst mit deinem Knaben." (V. 1890)

Dabei ist es interessant zu sehen, dass der Vogt sein Anliegen explizit als Gnadenakt begriffen wissen will: „Dein Leben ist verwirkt, ich kann dich töten,/ Und sieh', ich lege gnädig dein Geschick/ In deine eigne kunstgeübte Hand." (V. 1931-33) Hier mag auf intentionaler Figurenebene Zynismus mitschwingen, denn ein freier und bedingungsloser Gnadenakt – und seine (sei es prätendierte) Bedingungslosigkeit macht diesen streng genommen überhaupt erst aus – vollzieht der Vogt hier nicht ansatzweise. Strukturell liegt er mit der Gnadenallusion allerdings vollkommen richtig. Da die Überschreitung der Hut-Verehrung mit der Todesstrafe geahndet werden soll, ist Tells Leben rechtlich gesehen tatsächlich „verwirkt". Der Vogt ‚rettet' Tell hier gegen das von ihm selbst gesetzte Recht.

Entscheidender aber ist, dass er diese Rettung über die Gnade nicht vollends selbst verantwortet, sondern dass er sie in Form einer Selbstrettung an Tell überträgt. Tell wird überdeutlich Subjekt und Objekt der Rettung. Damit schließt Geßler den heroischen Retter in den Rechtsbruch des souveränen Gnadenaktes ein. Er verfügt als Souverän über

---

11 Zur Ikonographie des Hutes zwischen Freiheits- und Herrschaftssymbol vgl. Gerold Walser, „Zur Bedeutung des Geßlerhutes", in: *Schweizer Beiträge zur Allgemeinen Geschichte* 13 (1955), S. 130-135.

12 Erklärt Tell seinem Sohn zunächst: „Was kümmert uns der Hut?" (V. 1816), so beschwichtigt er kurze Zeit später Geßler mit den Worten: „Aus Unbedacht / Nicht aus Verachtung Eurer ists geschehn." (V. 1870f.)

die heroische Rettung und diese findet damit nicht mehr in einem dem Recht äußerlichen Raum statt.

Dies entspricht durchaus auch Geßlers primärem Interesse. Es ist dem Vogt um eine Einklammerung der heroischen Rettung zu tun, deren Wesen – und deren spezielle Gefahr für bestehendes Recht – er vollends erfasst.

Dies zeigt sich im weiteren Verlauf der Szene. Als Tell Geßler sein Leben anbietet um das seines Sohnes zu retten, weist Geßler dies kategorisch zurück:

> GESSLER Ich will dein Leben nicht, ich will den Schuß.
> – Du kannst ja alles, Tell, an nichts verzagst du,
> Das Steuerruder führst du wie den Bogen,
> Dich schreckt kein Sturm, wenn es zu retten gilt,
> Jetzt Retter hilf dir selbst – du rettest alle! (V. 1986-90)

Geßler benennt hier die beiden konstitutiven Momente der heroischen Rettung. Erstens weiß er, dass der Held Subjekt und Objekt einer heroischen Rettung zu sein hat („Retter hilf dir selbst"). Zweitens scheint er – wie bereits der Fährmann Ruodi – erkannt zu haben, dass der heroische Retter nutzbar gemacht werden kann für jede Form der politischen Agitation („du rettest alle!"). Hatte sich bei Ruodi die Verbindung zwischen heroischer Rettungsaktion und „Land" noch eher intuitiv ausgenommen, so legen die rechtlichen Grundlagen, mit denen der Vogt dem heroischen Retter zu Leibe rückt, den Verdacht nahe, dass er mit deren fundamental rechtlosem Grundzug als potenziellem Einschreibungsort neuer oder wenigstens anderer Rettungs- und Rechtsverheißungen bestens vertraut ist und dass er genau diesen abtragen will.

Schließlich ist der letztzitierte Vers („Jetzt Retter hilf dir selbst – du rettest alle!") zunächst alles andere als eingängig. Tell kann mit einem gelungenen Schuss sowohl sich selbst als auch seinen Sohn, keineswegs aber „alle" retten. Wenn der Vogt dies unterstellt und er Tell mit seinem Ausruf sogar regelrecht anzufeuern versucht, dann muss er zumindest ahnen, dass die heroische Rettung als jedem Recht äußerlicher Akt Gefahr läuft, bestehendes Recht zu kassieren und neues zu setzen. Wenn auch freilich nur auf imaginärer Ebene. „Retten" könnte Tell demnach „alle", wenn sie sich seiner heroischen Rettung bemächtigten, indem sie ihre politischen und rechtlichen Anliegen auf den Helden Tell projizierten.

Zugleich aber hofft der Vogt offenkundig, genau diese Gefahr über die rechtliche Einklammerung der heroischen Rettung ausgeschaltet zu haben. In diesem Sinne ist die Apfelszene tatsächlich der dramatische Höhepunkt des Textes, denn an ihr entscheidet sich, ob das Stück den heroischen Retter für die politischen Begehren der Eidgenossen zu beanspruchen versucht oder nicht.

Die Frage wird erheblich dadurch verkompliziert, dass Geßler mit seiner souveränen Einklammerung des Helden auf eine ganz andere Art erfolgreich ist als auf die, die er ursprünglich im Blick haben mochte. Man erkennt dies an dem berüchtigten zweiten Pfeil, den sich Tell einsteckt, bevor er auf den Apfel schießt, dem zweiten Pfeil, den er im Falle eines misslungenen Schusses dem Vogt vorbehält. Mit seiner Tötungsabsicht zeigt Tell, dass Geßler ihn tatsächlich auf den souveränen Gesetzesbruch der Gnade hin festzulegen vermocht hat. Wenn Geßler hier, mit Seneca gesprochen, gegen das Gesetz ein Leben rettet und er damit das Prinzip souveränen Rechts doch gerade (durch-)setzt, dann weist er Tell – und das ist der entscheidende Punkt – zugleich die Funktion der anderen Position bei Seneca zu. Es ist dies bekanntlich die Position von „jedem", der gegen das Gesetz, anders als der Souverän, nicht retten, sondern eben nur töten kann. Und Tell macht sich exakt diese Position zueigen, wenn er sich den zweiten Pfeil einsteckt.

Nun kann es eine unheroischere Position als die von „jedem" (*nemo non*) schon weit über Rechtsfiguren hinaus gar nicht geben. V.a. aber wird Tell mit dieser Position durchaus zum Rechtssubjekt. Er beschließt (wie „jeder") gegen das Gesetz töten zu können und ist damit keine dem Recht äußerliche Figur mehr. Die Grundironie des Textes besteht folglich darin, dass Tell seine größte heroische Rettung – den Apfelschuss – überhaupt nicht mehr als Heros vollzieht. Der Apfelschuss ist seiner rechtlichen Subjektwerdung nachträglich. Will man die Tell-Figur partout in den Bewusstseinsstufen der Schiller'schen Geschichtsphilosophie beschreiben und sie eine entsprechende Entwicklung durchlaufen lassen, dann mag man tatsächlich einen „sentimentalische[n] Bruch"[13] des Helden in Rechnung stellen. Allerdings ist dieser eindeutig einem Rechtsakt geschuldet.[14]

---

[13] Nikolas Immer, *Der inszenierte Held. Schillers dramenpoetische Anthropologie*, Heidelberg 2008, S. 428.

[14] Zu situieren wäre der Bruch selbst bei der Verkennung seiner rechtlichen Grundlage denn auch nicht erst in Tells Monolog vor der (tatsächlichen) Ermordung Geßlers im vierten, sondern in der Apfelszene im dritten Akt. Vgl. hierzu Lothar Pikulik, *Der Dramatiker als Psychologe. Figur und Zuschauer in Schillers Dramen und Dramentheorie*, Paderborn 2004, S. 300.

Dies wird nicht zuletzt daran ersichtlich, dass die Apfelszene insbesondere zwei vorhergehende Episoden evoziert, die komplementär angelegt sind und die zwei grundverschiedene Figurationen des ‚Naturzustands' durchgespielt hatten. Einmal die Begegnung zwischen Tell und Geßler im Hochgebirge und einmal die Anrufung des Naturzustands in der Rütliszene. Es ist der Eidgenosse Stauffacher, der an den Naturzustand gemahnt, um den Umsturz der politischen Verhältnisse naturrechtlich zu begründen:

> STAUFFACHER   Der alte Urstand der Natur kehrt wieder,
> Wo Mensch dem Menschen gegenüber steht –
> Zum letzten Mittel, wenn kein andres mehr
> Verfangen will, ist ihm das Schwert gegeben –
> (V. 1282-85)

Die Berufung auf den Naturzustand und damit die naturrechtliche Legitimation des Schwurs erlaubt es überhaupt erst, die politischen Ambitionen der Eidgenossen als Rettungsakt zu konzipieren. Dies im doppelten Sinn: Zum einen retten sie ihr Leben, da der Vogt ihre physische Unversehrtheit nicht nur nicht garantiert, sondern da er die größte und eigentliche Bedrohung dieser Unversehrtheit darstellt. Zum anderen retten sie sich über die Erneuerung (und damit auch über die Rettung) alter Verträge. Vehement sprechen sie sich gegen jede Form einer „ungezügelt[en]" (V. 1356) Neugründung aus: „Wir stiften keinen neuen Bund, es ist/ Ein uralt Bündnis nur von Väter Zeit,/ Das wir erneuern!" (V. 1155-57).[15]

Stauffachers Ausspruch greift bis in die rhetorische Struktur hinein einer späteren Erzählung Tells über seine Begegnung mit Geßler im Gebirge vor:

---

15 Die legistischen Dimensionen des eidgenössischen Gründungsakts in seinen Parallelen wie in seinen Abgrenzungen zur Französischen Revolution haben Borchmeyer und Koschorke umfassend herausgearbeitet. (Vgl. Dieter Borchmeyer, „Altes Recht' und Revolution. Schillers *Wilhelm Tell*", in: *Friedrich Schiller. Kunst, Politik und Humanität in der späten Aufklärung. Ein Symposium*, hg. v. Wolfgang Wittkowski, Tübingen 1982, S. 69-113. Vgl. Albrecht Koschorke, „Brüderbund und Bann. Das Drama der Inklusion in Schillers *Tell*", in: *Das Politische. Figurenlehre des sozialen Körpers nach der Romantik*, hg. v. Uwe Hebekus, Ethel Matala de Mazza und Albrecht Koschorke, München 2003, S. 106-122.)

TELL Da kam der Landvogt gegen mich daher,
Er ganz allein mit mir, der auch allein war,
Bloß Mensch zu Mensch und neben uns der Abgrund.
Und als der Herre mein ansichtig ward,
[...]   da verblaßt' er.
[...]
– Da jammerte mich sein, ich trat zu ihm
Bescheidentlich und sprach: Ich bin's, Herr Landvogt.
(V. 1555-66)

Das Stilmittel des Polyptoton (Wiederholung eines Wortes in einem anderen Casus),[16] das an zentraler Stelle in beiden Szenen aufgegriffen wird („Wo Mensch dem Menschen gegenüber steht"; „Bloß Mensch zu Mensch") darf hier nicht im Rahmen einer sachlichen Parallelisierung gelesen werden. Beide Szenen entwerfen eine fundamental unterschiedliche Konzeption des Naturzustands. Erscheint dieser bei Stauffacher als nachträgliche Konstruktion und damit als neuerliche Legitimationsinstanz des Rechts, so stellt er für Tell gerade keine rechtliche Kategorie – auch keine Kategorie des Vorrechtlichen – dar. Der Mensch steht hier dem Menschen nicht (feindlich) gegenüber, es kommt „*bloß*" Mensch zu Mensch. Erst als der Vogt „verblaßt", ahnt Tell offenkundig, dass er ihn töten könnte, doch schließt sein heroisches Selbstverständnis dies schlechterdings aus. So sehr der Vogt mit dem Apfelschuss Rache an dieser ‚Blöße' nehmen mag: Mit der Integration des Helden in eine rechtliche Ordnung wird die Tötung des Vogts für diesen überhaupt erst zu einer Option.

Dies ändert aber nichts daran, dass Tell erst als verrechtlichter und depotenzierter Held zum monumentalisierbaren Retter avanciert und dass die heroische Rettungssemantik nach der Apfelszene vollends aus dem Ruder läuft. Dabei ist es signifikant, dass sich die Monumentalisierung der Tell-Figur über alle politischen Parteien hinweg beobachten lässt. Angestoßen wird sie nicht von den Eidgenossen, sondern von den Gehilfen des Vogts:

---

16 Vgl. zur Bedeutung dieser rhetorischen Figur für Schillers Ästhetik (in Abgrenzung zu Hegel) grundlegend Michael E. Auer: „‚Und *eine* Freiheit macht uns alle frei.' Das Polyptoton in Schillers Freiheitsdenken", in: *Monatshefte* 100 (2008), H. 2, S. 247-265, zu der Gebirgsszene im *Tell* S. 254f.

LEUTHOLD	Das war ein Schuß! Davon Wird man noch reden in den spätsten Zeiten.
RUDOLPH VON HARRAS	Erzählen wird man von dem Schützen Tell, Solang die Berge stehn auf ihrem Grunde. (V. 2038-41)

Die Eidgenossen ihrerseits werden Tell im weiteren Verlauf des Stücks immer wieder als heroischen „Retter" apostrophieren. So heißt es noch in der letzten Szene „Es lebe Tell! Der Schütz und der Erretter!" (V. 3283), ein Vers, der laut Regieanweisung von „ALLEN" gesprochen wird. Zuvor hatte Stauffacher Tell bereits zu „unsrer Freiheit Stifter" (V. 3083) und zum „Retter von uns allen" (V. 3086) ausgerufen. Auch Hedwig, die Tells heroischen Ambitionen grundsätzlich kritisch gegenüber steht, erklärt den Eidgenossen an entscheidender Stelle: „Euch alle rettete der Tell" (V. 2369). Da Tell am Rütlischwur nicht teilgenommen hat und die Aussage zumindest Hedwigs seiner (tatsächlichen) Ermordung Geßlers vorangeht, kann mit der Rettung „aller" letztlich alles (und nichts) gemeint sein: Baumgarten, der Apfelschuss oder die Ermordung Geßlers.

Als Retter „aller" führt das Drama Tell denn auch als eine gleich dreifache Leerformel vor. Erstens haben die Eidgenossen ihren politischen Gründungsakt über den Rütlischwur zum Zeitpunkt des Apfelschusses längst vollzogen, und dies gänzlich ohne Tell. Auf Tell als „Retter" sind sie gar nicht angewiesen. Zweitens zeigt das Stück, dass der Retter Tell eine Projektionsfigur ist, der ganz unterschiedliche Rettungsaktionen attribuiert werden, die zwar universalistisch angelegt sind („alle"), denen aber streng genommen nichts entspricht und die darüber hinaus eine imaginäre Attraktion für ganz unterschiedliche politische Parteien und Interessen darstellen. Drittens schließlich wird Tell erstmals vollgültig mit einer Tat als heroischer Retter kanonisiert, die er nicht als dem Recht äußerlicher Held, sondern die er als Rechtssubjekt vollbringt. Als heroische Rettungs- und Gründungsfigur ist Tell kaum mehr als ein Maskottchen. Die Tell-Idolatrie der Eidgenossen höhlt das Stück in immer neuen Anläufen aus, indem es offenbart, dass sie um ein leeres Zentrum kreist. Von diesem aus dürfte sich jedoch die politische Selbstsituierung des Dramas erschließen.

III

Das Hauptproblem selbst der besten politischen Lektüren von *Wilhelm Tell* besteht darin, dass sie aus einer tendenziellen Funktionslosigkeit oder Isolation der Tell-Figur auf deren fehlende politische Bedeutung schließen oder diese Bedeutung allenfalls darin erblicken, dass das Stück mit Tells Ermordung Geßlers den gewaltsamen Zug des politischen Umsturzes von den Eidgenossen fernhält und damit gegen die Gewaltausbrüche der Französischen Revolution plädiert.[17] Die politische Bedeutung der Tell-Figur liegt allerdings viel grundlegender *in* ihrer Funktionslosigkeit für die dramatische Entfaltung des gesamten politischen Geschehens. Wie alle klassischen Dramen Schillers trägt das Stück keinesfalls zufällig den Namen seines wichtigsten Protagonisten und nicht etwa den seiner exponiertesten politischen Aktion (Rütlischwur) oder Figur (Stauffacher).[18] Die politische Ausrichtung von *Wilhelm Tell* entscheidet sich maßgeblich an Wilhelm Tell.

Der entscheidende Punkt von Tells Funktionslosigkeit ist noch nicht einmal darin zu sehen, dass es ihm an Wirk- und Geschichtsmächtigkeit gebricht. Sie muss vielmehr auf den Umstand zurückgeführt werden, dass Tell selbst auf imaginärer Ebene keine für die dramatische Handlung konstitutive Rolle spielen kann – und darf. Anders formuliert: Mehr als ein heroisches Abziehbild soll Tell poetologisch wie politisch für das gesamte Geschehen gar nicht darstellen; selbst symbolpolitisch muss er nahezu vollständig verpuppen. Und in diesem Umstand verdichtet sich seine tatsächliche Funktion und vielleicht sogar die eigentliche politische Lektion des Stücks: in der Ausschaltung jeder Verheißung apolitischen Heldenlebens als Gründungsfigur von Politik. Die Tragödie könnte eine solche Verheißung imaginär (mit-)bedienen, indem sie die heroische Gründungsfigur unmittelbar der Logik eines Gründungs*opfers* einverleibte und den Helden Tell qua Tod als einen Retter bestätigte, der die Tragödie selbst als Rettung erscheinen lassen müsste. Wenn das Phänomen der Lebensrettung eine zentrale Legitimationsinstanz des eidgenössischen Verfassungsmodells darstellt, würde die Tragödie diese Instanz im heroischen Gründungsopfer festigen und wiederholen. Indem das Drama sich genau diese Bewegung versagt, hinterfragt es nicht prinzipiell die Legitimität des

---
17 Vgl. v.a. Koschorke, Brüderbund und Bann, hierzu S. 115-118.
18 Zur politischen Funktion der Stauffacher-Figur vgl. R[aymond] C. Ockenden, „*Wilhelm Tell* as political drama", in: *Oxford German Studies* 18/19 (1989/90), S. 23-44, hierzu S. 33-39.

eidgenössischen Gründungsakts. Wohl aber schwört es einer heroischen Opferlogik von Gründungsakten als solchen ab und es verweigert den Eidgenossen mit seiner Form einen Beitrag zu der Umsetzung einer solchen Opferlogik im literarischen Imaginären. Die tragödienpoetische Reflexion des Stücks kommt maßgeblich in der wiederholten Beschwörung eines Tell'schen Todes zum Tragen.[19] Ein Tragödienvollzug würde *Wilhelm Tell* keineswegs mit einer tendenziellen Negativität versehen, die Schiller partout zu vermeiden suchte. Es verhält sich genau umgekehrt: Die Tragödie – und mit ihr ein heroischer Opfertod der Hauptfigur Tell – könnte und müsste diesen noch einmal als heroischen Retter affirmieren. Sein Tod würde zumindest auf imaginärer Ebene tendenziell tröstliches Potenzial bergen. Dies auch insofern, als ein heroisches Gründungsopfer geeignet wäre, alle Begründunslücken der Tell'schen Rettungen zu schließen und die eidgenössische Politik auf symbolischer Ebene zu (re-)personalisieren. Das berüchtigte „mystische Fundament der Autorität",[20] das Schiller im Rütli-Schwur über dessen Abhängigkeit *von* und Angewiesensein *auf* veritable Ursprungserzählungen (vgl. V. 1166-1202) und transzendente Legitimationsfiguren des Rechts (vgl. V. 1113-16) durchaus exponiert,[21] könnte Tell als Gründungsopfer wieder blind machen. Die Tragödie drohte die aufklärerischen Momente des Stücks zu verspielen.[22]

---

19 Dabei wird diese Reflexion auf breiter Linie verkannt. Wenn Müller-Seidel meint, bei *Wilhelm Tell* handle es sich um „das einzige Drama Schillers, das an der Tragödie vorbeigeh[e]", ist dies zwar zutreffend, doch geht Müller-Seidels Lektüre ihrerseits insofern am tragödienpoetologischen Subtext des Stückes vorbei, als sie für seine wiederholte Beschwörung des Tragödienmodells keine Sensibilität erkennen lässt. (Vgl. Walter Müller-Seidel, *Friedrich Schiller und die Politik. ‚Nicht das Große, nur das Menschliche geschehe'*, München 2009, S. 192.)
20 Vgl. Jacques Derrida, *Gesetzeskraft. Der ‚mystische Grund der Autorität'*, Frankfurt am Main 1991.
21 Vgl. grundlegend Koschorke, Brüderbund und Bann, S. 110-114.
22 Damit soll nicht gesagt sein, dass der Tod des Helden im modernen Drama eo ipso politisch regressiv oder dubios ausfällt. Unzählige Stücke inszenieren einen solchen Tod im Rahmen politisch gerade instabiler Opfermechanismen. Über die Rettungssemantik wäre Goethes *Egmont* hier das wichtigste Gegenbeispiel für *Wilhelm Tell*. Auffällig bleibt aber, dass Schiller eine solche Instabilität anhand eines ausgesparten Todes der Tell-Figur noch einmal wesentlich potenziert. Dies schlicht auf stoffliche Vorgaben zurückzuführen, wäre naiv, man denke nur an die Gestaltungsfreiheit, die sich Schiller in der Todesdarstellung in einem Drama wie der *Jungfrau von Orleans* herausnimmt.

Man wird sich der Erkenntnis kaum verschließen können, dass sich das Drama dieser Verheißung der Tragödie kategorisch entzieht, indem es sie immer wieder aufscheinen lässt. Das Drama macht Tell zum Überlebenden[23] und es lässt ihn sogar seine Armbrust, spätestens seit dem Apfelschuss *das* Symbol seiner heroischen Rettung, ablegen. (V. 3137f.) Das Stück lässt Tell als Retter zum Schluss also selbst abdanken. Indem es auf den Tragödienvollzug verzichtet, stellt es Tell als fundamental ‚Ungeretteten' aus. Schließlich bliebe Tell als heroischer Retter über seinen Tod das Objekt einer literarischen Rettung, das die Tragödie *als* Tragödie auf Dauer stellen könnte. Tod und Rettung (des heroischen Retters) fielen in der Tragödie unweigerlich zusammen.

Mit seiner Abwendung der Tragödie baut das Stück eine gewaltige Diskrepanz zwischen sich selbst und der eidgenössischen Tell-Idolatrie insbesondere der letzten Szene auf, da es wiederholt vorführt, dass diese vollends leer läuft. Die Bewegung untermauert auf subtile Art bereits die gesamte Dramaturgie nach der Apfelszene. Denn die Eidgenossen scheinen mithin verstanden zu haben, dass sich aus einem toten Tell größeres symbolpolitisches Kapital als aus einem lebenden Tell schlagen ließe. Zumindest fällt auf, dass sie ihrerseits keine Anstrengungen unternehmen, um Tell nach seiner Gefangenschaft das Leben zu retten. Es ist der Rütlischwur, der sie auch und nicht zuletzt insofern bindet, als er eine Rettung des gefangenen Tell torpediert. In diesem Sinne *könnte* der Rütlischwur also durchaus einen tragischen Verlauf nehmen und einem solchen setzen die Eidgenossen selbst bezeichnenderweise nichts entgegen.

Während der Rütli-Szene im zweiten Akt beschließen die Eidgenossen bekanntlich, die Burgen zu stürmen und die Vögte zu vertreiben, damit der Kaiser die alten Freiheitsbriefe erneuern oder bestätigen möge. Allerdings wird dieser Sturm aufgeschoben bis zum „Fest des Herrn" (V. 1400) – also bis Weihnachten –, dies über eine ordentliche Abstimmung mit 20 gegen 12 Stimmen. Dieser Aufschub wird im weiteren Verlauf des Dramas insbesondere zweimal Gegenstand der

---

23 Die multiplen Formen genuin ‚tragischen' Überlebens im modernen Drama sind so gut wie unerforscht. Dabei erweisen sie sich für jede politische Beurteilung der Tragödie als zentral. Eine Ausnahme bildet die Arbeit von Wilson, der fulminante Einzelbeobachtungen gelingen, die allerdings historisch wie systematisch ungenau bleibt. Das liegt v.a. daran, dass die Autorin einen Begriff des ‚Tragischen' zu entwickeln versucht, den sie von der Form der Tragödie abkoppelt. (Vgl. Emily R. Wilson, *Mocked with Death. Tragic Overliving from Sophocles to Milton*, Baltimore/London 2004.)

Diskussion, einmal während der Apfelszene, indem der Eidgenosse Melchthal daran erinnert, dass es ohne Aufschub zu dieser Szene nicht hätte kommen müssen und einmal nach dem Tod des Bannerherrn Attinghausen, der auf der Seite der Eidgenossen steht. Sein Neffe Rudenz mahnt hier noch einmal eindringlich, endlich den Aufschub aufzugeben und erinnert dabei an Tell, das „Opfer eures Säumens" (V. 2512). Damit kann er sich allerdings nicht durchsetzen, er wird sofort an den Schwur, an den Aufschub und an die ordentliche Wahl zurückverwiesen. Tell vermag es folglich noch nicht einmal indirekt, zum Auslöser des Sturms auf die Burgen zu werden. Der weitere Verlauf der Szene bestätigt dies. Erst als Rudenz zugibt, dass der Vogt nun auch noch Berta von Bruneck „heimlich weggeraubt" (V. 2525) habe, kommt es zu einer Entrüstung, im Gefolge derer der Aufschub widerrufen wird: „Es bringt die Zeit ein anderes Gesetz" (V. 2551), so kommentiert Melchthal den Meinungswechsel. Dieses „andere Gesetz" hat Tell weder mittelbar noch unmittelbar angestoßen. Vor diesem Hintergrund ist es konsequent, dass die heroische Rettungssemantik mehrfach mit einer Rettungssemantik des Kollektivs konterkariert wird, welche den heroischen Retter Tell als Leerformel bestätigt. Als Attinghausen die Eidgenossen auf dem Sterbebett fragt, „Wer soll euch retten?" (V. 2396), antwortet Walter Fürst, Tells Schwiegervater, bezeichnenderweise: „Wir uns selbst." (Ebd.) Diese Selbstrettung ist aber keine heroische, sie bleibt auf die Einsetzung der neuen – ‚alten' – Rechtsordnung hin zentriert.

Aus der Dramaturgie der ausbleibenden eidgenössischen Lebensrettung Tells lassen sich insbesondere zwei Schlussfolgerungen ziehen. Erstens zeigt sich einmal mehr, dass weder die Eidgenossen noch das Stück im Mindesten mit Tell als Handlungsträger rechnen. Zweitens und v.a. aber steht hier poetologisch permanent der Tell'sche Tod zur Verhandlung. Den Eidgenossen würde dieser symbolpolitisch gar nicht schaden. Das Stück aber versagt sich ihm, indem es dramaturgisch in immer neuen Anläufen seine Möglichkeit evoziert. Diese Evokation darf nicht im Rahmen eines trivialen (oder traditionellen) Spannungsaufbaus gesehen werden. Im Gegenteil fällt auf, dass Schiller über die dramatische Wissensvergabe die Möglichkeit des Tell'schen Untergangs von jeder Spannungsachse systematisch abkoppelt. Denn während Rudenz an Tell als potenzielles „Opfer" des eidgenössischen „Säumens" gemahnt (IV, 2), wissen die Leser oder Zuschauer längst, dass Tell bereits in Sicherheit ist. (IV, 1)

Dabei ist es aufschlussreich, dass Schiller wiederholt ein religiöses Bildinventar aufführt, um eine heroische Opferung Tells nicht etwa (wie es nahe läge) vorzubereiten oder ggfs. zu untermauern, sondern um sie konsequent von einem solchen Inventar frei zu halten. Man erkennt auch dies bereits an dem berüchtigten Aufschub des Sturms auf die Burgen bis Weihnachten. Ein Sturm an Weihnachten würde diesen Gewaltakt unweigerlich mit messianischen Zuschreibungen versehen. Würde Tell im Zuge dieses Aufschubs umkommen, so fiele ihm als Opfer eine säkulare Erlöserfunktion zu. Weihnachten wäre in diesem Sinne (wie übrigens oft in der Tragödie) auch immer schon Ostern. Indem der Sturm aber schließlich wegen Bertha von Brunek doch vorverlegt wird und Tell am Leben bleibt, geht die gesamte religiöse Allusion des politischen Umsturzes einschließlich einer entsprechenden Aufladung Tells dramaturgisch schlechterdings flöten.[24] Metaphysische Verheißungen schreibt das Stück der Tell-Figur denn auch konsequent dort ein, wo nicht ihr potenziell heroischer Opfertod, sondern wo ihr unheroisches Überleben in Szene gesetzt wird. Dies lässt sich v.a. an der „zweite[n] Sündflut" (V. 2148) ablesen, die Tell als Gefangener auf dem Geßler'schen Schiff im Rahmen eines „sichtbar[en] Wunder[s]" (V. 2271) und „[d]urch Gottes gnädge Fürsehung" (V. 2211) überlebt. Dieses Wunder ist ein reiner Theatercoup, den das Stück gegen Tells Tod und folglich auch gegen die Form der Tragödie lanciert. Dies schon insofern, als es Tell durch eine List gelingt, vom Schiff zu springen und die „gnädge Fürsehung" auch alle anderen Figuren – einschließlich ausgerechnet Geßlers – einschließt. Als „Wunder" ist die Episode also wenig glaubwürdig. Dies ändert aber nichts daran, dass Tell religiöse Einschreibungen stets dann erfährt, wenn seine Opferung und sein Heroismus ausbleiben oder verabschiedet werden. Nicht zufällig begräbt er auch seine Armbrust an „heilger Stätte." (V. 3138) Damit ist dem Drama weniger um eine säkulare Heiligung des überlebenden Bürgers Tell zu tun als um die kategorische Abweisung einer auch nur tendenziellen Heiligung seines tragischen Opfertodes, die den heroischen Retter affirmieren und religiös ausmalen könnte. Mit seiner Armbrust bliebe Tell ein Held; ‚geheiligt' werden aber die Insignien des abgelegten Heroismus. ‚Heilig' wird der Ungerettete.

---

24 Uedings Überzeugung, Tell würde im Verlauf des Dramas „die Rolle als Messias des Landes akzeptier[en]", verkennt die dramaturgische Entwicklung, die das genaue Gegenteil suggeriert. (Vgl. Ueding, Wilhelm Tell, S. 407.) – Zu dem Versuch, ‚religiöse' Dimensionen des Dramas über eine biblische Stellenlese einzufangen, vgl. Jean B. Jofen, „Elements of Homer and the Bible in Schiller's *Wilhelm Tell*", in: *Canadian Modern Language Review* 16 (1960), H. 4, S. 27-35.

Auch die beiden Aufsehen erregenden Taten, die das Stück Tell nach dem „Wunder" seiner ‚Rettung' vollbringen lässt, inszenieren ihn nicht mehr als heroischen Retter, sondern als bestens gefestigtes Rechtssubjekt. Die Tötung Geßlers stellt die passgenaue Umsetzung seiner rechtlichen Subjektwerdung in der Apelszene dar: Tell tötet (wie „jeder") gegen das Gesetz. Die Parricida-Szene schließlich bildet zumindest für Tell selbst keinen Kontrast zu der Ermordung Geßlers. Sie bestätigt vielmehr die rechtliche Qualität des ehemaligen Helden gleichsam chiastisch. Tötet er Geßler gegen das Gesetz als dem Gesetz Unterworfener, so verrät er dem Kaisermörder den Weg nach Rom, damit er den Papst um Gnade anflehen kann, damit dieser Parricida, wiederum mit Seneca gesprochen, gegen das Gesetz zu retten vermag. Diese rechtliche Position der Souveränität hebelt Tell weder aus, noch steht er ihr äußerlich gegenüber, vielmehr unterwirft er sich ihr kategorisch.[25]

IV

Die Behauptung einer Einheit von heroischem Tod und Rettung in der Abwendung dieser Einheit begleitet die moderne Tragödienreflexion weit über Schiller hinaus. „In der Tragödie stirbt der Held", so schreibt Walter Benjamin 1916 in einem Seitenstück zu seinem *Trauerspiel*-Buch, „an Unsterblichkeit".[26] Auch wenn dieser Gedanke hier in eine spezifisch Benjamin'sche Opposition zwischen erfüllter messianischer und unerfüllter historischer ‚Zeit' eingelassen wird, fällt auf, dass sich die Philosophie der Tragödie kaum von der Paradoxie einer Rettungsfigur verabschieden kann, die in den Tod des Helden selbst verlegt wird. Die Perpetuierung einer an die Todesart delegierten heroischen *Unsterblichkeit* dürfte das exakte Gegenteil eines Überlebens bilden, wie es *Wilhelm Tell* inszeniert.

---

25 Reemtsma fragt in seiner Lektüre: „Was wird aus dem Tell werden, wenn die Schweiz zunehmend verschweizert?" Die Frage ist falsch gestellt, denn den ultimativen Beitrag zur ‚Verschweizerung' der Schweiz leistet kein anderer als Tell. Auch Reemtsmas Vermutung, Tell würde einen „sechsten Aufzug" entweder nicht erleben oder im Gefängnis landen, ist heroischen Sehnsüchten geschuldet, die Schiller gerade abträgt. Vgl. Jan Philipp Reemtsma, „Hat Wilhelm Tell eigentlich die Schweiz befreit? Oder: Vom Wesen der Tangentialbegegnung", in: *Literatur in Bayern* 71 (2003), S. 25-32, hier S. 32.

26 Walter Benjamin, „Trauerspiel und Tragödie", in: ders., *Gesammelte Schriften*, hg. v. Rolf Tiedemann und Hermann Schweppenhäuser, 7 Bde., Frankfurt am Main 1972-1991, Bd. II.1, S. 133-137, hier S. 134f.

Obwohl die erwähnte Paradoxie in der Philosophie der Tragödie in durchaus unterschiedlichen Begründungszusammenhängen auftauchen kann, besteht ihr vielleicht wichtigstes Anliegen (wie bereits gesagt) darin, sie gerade aufzukündigen. Es ist die Historisierung der Tragödie selbst, welche die Abwendung einer als Tod gedachten Rettung des Helden gewährleistet. Die Einheit von Tod und Rettung wird als vergangene und verlorene beschworen. In Benjamins *Trauerspiel*-Buch heißt es über die Tragödie apodiktisch: „*Tod wird dabei zur Rettung*: Todeskrisis".[27] Diese Rettung stellt Benjamin zufolge ein Merkmal ausschließlich der attischen Tragödie dar. Ausdrücklich spricht er von der „einmalig[] griechische[n] Art solcher Konflikte",[28] die das spätere Drama – für Benjamin gleichbedeutend mit dem Trauerspiel – nicht mehr habe einholen können, da sie auf der Spezifik einer Opferambivalenz fußten, die allein der antiken Tragödie eigne:

> Wofür stirbt der Held? – Die tragische Dichtung ruht auf der Opferidee. Das tragische Opfer aber ist in seinem Gegenstande – dem Helden – unterschieden von jedem anderen und ein erstes und letztes zugleich. Ein letztes im Sinne des Sühneopfers, das Göttern, die ein altes Recht behüten, fällt; ein erstes im Sinne der stellvertretenden Handlung, in welcher neue Inhalte des Volkslebens sich ankündigen.[29]

Man sollte in der Deutung dieser viel zitierten Sätze nicht übersehen, dass Benjamin die behauptete Dialektik der tragischen „Opferidee" als Antwort auf eine Frage ausgibt: „Wofür stirbt der Held?" Geschichtsphilosophisch betrachtet besteht der Coup der Tragödie Benjamin zufolge darin, dass sie genau diese Frage nicht mehr eindeutig beantworten kann und will. Und an diesem Punkt erschließt sich das Rettungspotenzial des tragischen Todes – und mit ihm auch das Rettungspotenzial der Tragödie selbst. Die Tragödie würde demnach die Paradoxie einer Einheit von Tod und Rettung noch einmal wesentlich potenzieren. Der dargestellte Tod kann keiner Opferlogik eingeschrieben werden, und gerade deshalb erscheint er Benjamin in der Form just einer „Todeskrisis" als „Rettung". Die Rettungsfigur spielt Benjamin damit *gegen* einen Opfervollzug aus.

---

27 Walter Benjamin, *Ursprung des deutschen Trauerspiels*, in: ders., Gesammelte Schriften, Bd. I.1, S. 203-430, hier S. 286 [Hervorhebung von mir].
28 Ebd., S. 285.
29 Ebd.

An dem Benjamin'schen Modell lässt sich zweierlei ablesen. Der genuin tragischen Hoffnung einer Einheit von Tod und Rettung kann sich auch Benjamin in einem ersten Schritt nicht entziehen. Nicht eine Verabschiedung, sondern eine Steigerung der Paradoxie bildet sein Anliegen. Obwohl er im Gegensatz zu einem Stück wie *Wilhelm Tell* einer tragischen Opferlogik *in* ihrer Ambivalenz eine Dynamisierung von Politik und damit ein Rettungspotenzial auch und gerade der Tragödie durchaus attestiert, fällt er hinter die aufklärerischen Dimensionen dieses Stücks nicht zurück. Dort, wo Schiller die Funktionsweise heroischer Rettungsnarrative in die Rettungssphäre der Tragödie selbst verlegt, um ihr exemplarisch zu entsagen, weist Benjamin die Rettung der Tragödie der Vergangenheit zu. In einer heroischen Opferkritik trifft er sich also durchaus mit Schiller und er entwickelt seine Theorie der attischen Tragödie aus einer Grundspannung des modernen Dramas heraus. Die Tragödie wird dabei zu einer Form, die aufgrund ihrer Opferambivalenz eine andere Geschichte hätte gründen können, eine solche nämlich, die den Tod des Helden nicht mit eindeutigen Einschreibungen versieht und diesen Tod als permanente Krise vor jeder rigiden Opferlogik bewahrt – und rettet.

Auf struktureller Ebene lässt sich Vergleichbares an der Hegel'schen Ästhetik beobachten, von der Benjamin schon allein über die Idee einer historischen Uneinholbarkeit der Tragödie wesentlich zehrt. Auch Hegel stellt die Tragödie unter das Zeichen der Rettung. Signifikanterweise taucht auch bei ihm die Semantik gerade dort auf, wo der „tragische Ausgang" und folglich der Tod des Helden zur Verhandlung steht:

> Der letzte wichtige Punkt, von dem wir jetzt noch zu sprechen haben, betrifft den *tragischen Ausgang*, dem sich die modernen Charaktere entgegentreiben, sowie die Art der tragischen *Versöhnung*, zu welcher es diesem Standpunkte zufolge kommen kann. In der antiken Tragödie ist es die ewige Gerechtigkeit, welche als absolute Macht des Schicksals den Einklang der sittlichen Substanz gegen die sich verselbständigenden Mächte *rettet* und aufrechterhält und bei der inneren Vernünftigkeit ihres Waltens uns durch den Anblick der untergehenden Individuen selbst befriedigt.[30]

---

30 Georg Wilhelm Friedrich Hegel, *Vorlesungen über die Ästhetik III*, hg. v. Eva Moldenhauer und Karl Markus Michel, Frankfurt am Main 1986, S. 565 [erste und zweite Hervorhebung im Text, dritte Hervorhebung von mir].

Diese Überlegungen führen ins Zentrum der Hegel'schen Tragödietheorie und ins Zentrum seiner Philosophie der Kunst. Fällt in der griechischen Kunst der objektive Geist mit seiner ästhetischen Darstellung vollkommen ineins und erscheinen (historisches) Bewusstsein und Kunst damit als prinzipiell deckungsgleich, so klaffen mit dem fortschreitenden Bewusstsein und Selbstbewusstsein ästhetische Darstellung und ‚Weltgeist' mehr und mehr auseinander. Objekte und Intentionen der Subjekte werden zusehends ‚partikular' und finden in der Kunst auf der Ebene der Darstellung nicht mehr zu sich selbst.

Die Implikationen eines solchen Denkens der Tragödie als Rettung des „Einklangs der sittlichen Substanz" im Untergang des Helden sind folgenreich und sie wurden von neueren tragödientheoretischen Arbeiten, die an Hegel anzuschließen versuchen, eher verdeckt.[31] Hegel muss die Tragödie dafür in einen „Weltzustand" zurückverlegen, den er den „*heroischen*" nennt.[32] In diesem treten – zum letzten Mal –„plastische Grieche[n]"[33] und damit nicht gespaltene Bewusstseine gegeneinander an. Hegel beharrt darauf, dass die Tragödie, so sehr sie einen Staatsgedanken in den Mittelpunkt ihres Konflikts und ihrer Kollision stellen mag, prinzipiell vorstaatlichen Charakter hat: „[D]ie allgemeinen sittlichen Mächte" dürfen „weder als Gesetze des Staats noch als moralische Gebote und Pflichten für sich fixiert" sein.[34] Nur so kann das „unentzweite Bewusstsein"[35] des Helden, „das Band zwischen Subjektivität und Inhalt des Wollens […] unauflöslich"[36] bestehen bleiben und nur so kann dieses unauflösliche Band einen sinnhaften (Opfer-) Tod des Helden anstoßen, der die „Rettung" der sittlichen Substanz *als* Tragödie garantiert.

Hegel findet für die Unauflöslichkeit des Bandes zwischen Subjektivität und Inhalt des Wollens Formeln, die im *Tell* vor der Apfelszene und damit vor der Verrechtlichung des Helden direkte Parallelen haben.[37] „Das eben ist die Stärke der großen Charaktere, dass sie nicht wählen, sondern durch und durch von Hause aus das sind, was sie

---

31 Vgl. insbes. Christoph Menke, *Tragödie im Sittlichen. Gerechtigkeit und Freiheit nach Hegel*, Frankfurt am Main 1996.
32 Hegel, Vorlesungen über die Ästhetik III, S. 539 [Hervorhebung im Text].
33 Ebd., S. 545.
34 Ebd., S. 539.
35 Ebd., S. 540.
36 Ebd., S. 546.
37 Zur Affinität der Hegel'schen und der Schiller'schen Heroismuskonzeptionen vgl. nach wie vor auch Dieter Borchmeyer, *Tragödie und Öffentlichkeit – Schillers Dramaturgie*, München 1973, S. 178-184.

wollen und vollbringen."[38] Nach seiner Rettung Baumgartens hatte Tell Identisches erklärt und seiner Unfähigkeit zur Wahl eine dezidiert apolitische Note verliehen. Als Stauffacher Tell auffordert, einen Bund gegen die Vögte zu bilden, antwortet dieser:

> TELL   Doch *was* ihr tut, lasst mich aus eurem *Rat,*
> Ich kann nicht lange prüfen oder wählen,
> Bedürft ihr meiner zu bestimmter *Tat,*
> Dann ruft den Tell, es soll an mir nicht fehlen. (V. 442-445)

Man sieht an Entsprechungen wie denen der fehlenden heroischen Wahlkompetenz, wie sehr auch Hegel die attische Tragödie immer schon aus der Perspektive seiner zeitgenössischen Dramatik heraus denkt. Und genau dieses Denken erlaubt es ihm, die attische Tragödie der zeitgenössischen Dramatik gegenüber emphatisch als Rettung (der sittlichen Substanz) konzipieren zu können: Als Rettung, die im Untergang des Helden sichtbar wird, indem sie mit seinem Tod ineins fällt. Ähnlich wie später Benjamin rückprojiziert Hegel eine ‚reine' Rettung auf die attische Tragödie als Formprinzip und ähnlich wie Benjamin erklärt er diese ursprüngliche Rettung der Tragödie für rettungslos verloren.

Bei Hegel wie bei Benjamin bleibt die Tragödie als Darstellung einer paradoxen Einheit von Tod und Rettung zwar der Ort einer Sehnsucht und sie bleibt dies gerade in dem Maße, wie es heroische Modelle sind, die diese Einheit tragen. Zugleich aber koppeln sie einen Zusammenfall von Tod und Rettung in der Tragödie von jeder Möglichkeit einer *politischen* Opfer- und Gründungslogik[39] dezidiert ab. Benjamin, indem er den tragischen Tod als eine Rettung denkt, die eindeutige Opfermechanismen gerade aufkündigt. Hegel, indem er den tragischen Tod in einem ‚heroischen' Welt- und Bewusstseinszustand verortet, der die Einheit der ‚sittlichen Substanz' nur als vorrechtliches Phänomen aufscheinen lassen kann. Beide partizipieren demnach an einem Diskurs, der die Tragödie über den Tod des Helden als Rettung figuriert und beide schwören diesem Potenzial – als politischem – für die Moderne auch immer schon ab.

---

38 Hegel, Vorlesungen über die Ästhetik III, S. 546.
39 Diese steht freilich bei Hegel in Kontrast zu einer Art philosophischen, bei Benjamin in Kontrast zu einer Art säkularen Gründungslogik der Tragödie, die jeweils herauszuarbeiten den vorliegenden Rahmen deutlich sprengen würde.

Diese Argumentationsfigur hat ihren Ursprung in der Abwendung der Tragödie, wie sie die moderne Dramatik immer wieder vollzieht. Der politische Preis, den Schiller einer heroischen Opferlogik vorrechnet, welche die tragische Paradoxie von Rettung und Tod vollends bestätigen könnte, wird von Hegel und von Benjamin offenbar akzeptiert. Der (im Tod) gerettete Held, der „alle" rettet, ist politisch beliebig anschließbar und droht zudem als Gründungsopfer alle Legitimationsinstanzen von Recht und Politik in eine mystische Grundlage zu überführen. Die Tragödie, die die heroische Rettung im Tod des Retters performativ umzusetzen versuchte, bliebe politisch zwangsläufig prekär. Schiller begnügt sich in *Wilhelm Tell* damit, sie als eine Form zu markieren, die eine solche Rettung hätte darstellen *können*. Dem korrespondiert ein auch und gerade symbolpolitisch mageres Ende. Nicht ein geopferter Tell wird zum vollgültigen Emblem des eidgenössischen Rettungsaktes, sondern – ein Hut. Der Hut Geßlers, den viele Eidgenossen nach dem Sturm auf die Burgen „[i]ns Feuer" (V. 2920) werfen wollten, den Tells Schwiegervater aber „aufbewahren" (ebd.) kann: „Der Tyrannei mußt' er zum Werkzeug dienen,/ Er soll der Freiheit ewig Zeichen sein!" (V. 2921f.). Und so verdichten sich die unzähligen Rettungsszenen des Stücks am Ende in der Rettung eines Hutes.

Hubert Thüring

Der Unfall und das Rettungswerk
Narrative und Modelle bei Thomas Mann und Adolf Wölfli

I. Einleitung: Rettung der Gegenwart

Im medialen Gelichter und Getöse der Krisen und Katastrophen übersieht und überhört man leicht das Wort, das die Ereignisse doch notorisch begleitet: „Rettung" lautet die Losung, welche die Regierungen Pakete für Banken schnüren und Schirme für Staaten aufspannen lässt, Aktionen für Erdbeben und Überschwemmungsopfer starten und Maßnahmen gegen Grippeepidemien ergreifen. Im Namen der Rettung lässt sich politisch fast jedes Gesetz suspendieren und jede Ausnahme durchsetzen. ‚Rettung' als Begriff und Ensemble von bestimmten Handlungen scheint ein effektives politisches Mittel zu sein, das jedoch nicht auf das Politische selbst, auf seine Organe, Träger und Institutionen angewendet wird. Das lässt vermuten, dass die Rettung nicht ein beliebiger Begriff und die Rettungsaktionen nicht beliebige Maßnahmen sind, sondern das Wesen und Wirken des Politischen selbst maßgeblich bestimmen.

In unseren gegenwärtigen Vorstellungen von Rettung im Bereich des politischen Handelns im engeren Sinn dominieren die *profanen Maßnahmen und Rechtfertigungen* bzw. *Erklärungen* in Form von offenen Ursache-Folge-Ketten: Wenn die Bank X, das Land Y etc. nicht gerettet wird, dann gehen andere Banken, Länder etc. zugrunde, dann werden Tausende arbeitslos, dann leidet die Wirtschaft, dann die ganze Bevölkerung, es kommt zu sozialen Explosionen. Daneben wird das gegenwärtige Imaginäre von den eingängigen *Rettungsnarrativen* der Actionfilme wie *Die Hard, Armageddon, The Independence Day* oder auch Seuchenfilmen wie *Outbreak* genährt. Solche Rettungsnarrative bestehen aus mehr oder weniger variablen Sequenzen von Ereignissen und Handlungen, in denen der Held eine Stadt, ein Land, die Menschheit vor dem Untergang rettet. Das Narrativ ist hier vom Ende her motiviert, an dem die drohende *Apokalypse* gerade noch verhindert wird. Auch die Rettung der Gegenwart gehorcht nicht nur dem kontingenten Diktat der Tagespolitik, sondern folgt einem wesentlich narrativ geprägten Handlungsmuster, das über das politische Bewusstsein der Gegenwart hinausreicht in die Zwischenschichten oder Zwischenräume der jeweils wirksamen Diskurspraktiken. Hier können ältere, religiös motivierte Verpflichtungen und Erwartungen mit den neusten Technologien und den daran geknüpften Machbarkeitswahn zusammenspielen. In einer ersten Annäherung kann man die beiden Phänomene – zum einen die realen politischen Handlungen und Aussagen, zum anderen das fiktive Narrativ – folienartig übereinander halten und Hypothesen darüber bilden, was die beiden verbindet, was sie unterscheidet, wie sie einander ergänzen: 1. Das Actionnarrativ versorgt die politischen Rettungsmaßnahmen mit der dramatischen Geschlossenheit und der affektiven Intensität. Umgekehrt verleiht die politische Aktualität der narrativen Actionrettung die ökonomisch-rationale Kausalität und Dringlichkeit. 2. Das Rettungsnarrativ bindet das Schicksal des Kollektivs an die Existenz und Leistung des Einzelnen, die politische Rettung das Schicksal des Einzelnen an die Existenz und den Willen des Kollektivs. 3. Das Actionnarrativ ‚beweist' die Bewältigbarkeit von Katastrophen am Rande des Unmöglichen und verspricht solche Rettung auch in künftiger Gefahr; es schafft rettet und schafft Zukunft. Die politische Rettung setzt dagegen ganz auf die Notwendigkeit und pocht auf ihre Verwirklichung in der Gegenwart.

Im Kreuzungspunkt solcher und anderer hypothetischer Linien müsste dann so etwas wie das *Wesen der Rettung* als ein *Betriebsgeheimnis* unserer heutigen Krisen- und Katastrophen-‚Kultur' erscheinen. Aber gerade gegen die Einsicht in die gemeinsamen Unter- und Nebengründe, das heißt in die Bedingungen der Möglichkeit ihres gleichzeitigen Erscheinens, scheinen sie sich abzuschotten, indem sie aufeinander verweisen. Worin könnte dieses Wesen bzw. könnten diese Bedingungen der Rettung bestehen, die sich der Einsicht der Gegenwart entziehen oder deren Einsicht sich die Gegenwart selbst entzieht? Könnte es sein, dass die Menschen der Gegenwart sich trotz oder gerade wegen des inflationären Rettungsgeredes schämen, sich selbst als Rettungsbedürftige zu erkennen? Was liegt diesem Rettungswesen zugrunde, das man scheinbar mit Vernunft betreibt, mit Pathos erzählt, mit dem man selbst aber nicht in Denkberührung kommen sollte oder möchte?

Ich werde mich diesen Fragen aus der historischen Distanz nähern, indem ich eine Sondierung des Rettungskomplexes um 1900 vornehme. Ich werde ihn anhand von zwei Texten sowie dazugehörigen Dokumenten und Bildern untersuchen. Der konkrete Anlass der Rettungen, von denen die Texte handeln, ist der Unfall. Der erste Text ist die kürzere Erzählung *Das Eisenbahnunglück* (1909) von Thomas Mann, der zweite Text ist das zwischen 1908 und 1912 entstandene Monumentalwerk *Von der Wiege bis zum Graab* von Adolf Wölfli. Ausgehend von der Analyse des ersten Textes als Rettungsnarrativ (II) werde ich die historischen (III) und systematischen (IV) Koordinaten der Rettungsproblematik herausarbeiten und sukzessive als Fragestellungen entwickeln. Diese werde ich sodann an den Text von Wölfli herantragen, um in der vergleichenden Analyse die Rettungsproblematik differenzierter zu erfassen (V). Tatsächlich können aus den unterschiedlichen Haltungen von Thomas Mann und Wölfli in Bezug auf die Rettung – die eine ironisch, die andere humoristisch – auch Thesen für das Rettungsverhalten der Gegenwart formuliert werden (VI).

II. Rettungsnarrativ: Thomas Mann, *Das Eisenbahnunglück* (1909)

Der Ich-Erzähler von Thomas Manns *Eisenbahnunglück* berichtet von einem solchen, wie er es selbst erlebt zu haben behauptet, anlässlich einer Lesereise im Nachtzug von München nach Dresden. Es sei „keines vom ersten Range" gewesen, „keine allgemeine Harmonika mit ‚unkenntlichen Massen' und so weiter", aber „doch ein ganz richtiges Eisenbahnglück mit Zubehör und obendrein zu nächtlicher Stunde. Nicht jeder hat das erlebt, und darum will ich es zum besten geben".[1] Schon hier hört man die für Thomas Mann typische Ironie heraus, die zunächst von der kritischen Einstellung gegenüber dem medialen Sensationsverhalten motiviert zu sein scheint. Aber sie dehnt sich auf die Art und Weise des Erzählens aus, als ob das Erlebnis auch unter tiefer motivierten Vorbehalt gestellt werden müsste. Denn schon in der Ironie dieser ersten Sätze schwingt auch die Ambivalenz zwischen der Angst vor einer Gefahr und der nachträglichen Erleichterung darüber, die im Unfall Tatsache gewordene Gefahr überlebt zu haben, mit. Im Zentrum dieser Gemengelage von Geschehen, Gefühlen und Gedanken lässt sich die Rettung verorten. Das heisst, die Rettung bildet eher das Epizentrum, das die Erzählung aus der Tiefe nährt und organisiert, während der Unfall das thematische Oberflächenereignis darstellt. Um herauszufinden, was sich in der Rettung verdichtet, muss man beobachten, wie sich im Text das Narrativ ausformt:

---

[1] Thomas Mann, *Das Eisenbahnunglück* (1909), in: ders., *Große kommentierte Frankfurter Ausgabe. Werke – Briefe – Tagebücher*, hg. v. Heinrich Detering u.a., Frankfurt am Main 2002ff., Band 2.1: *Frühe Erzählungen 1893-1912*, hg. und textkrit. durchges. v. Terence J. Reed, Frankfurt am Main 2004, S. 470-481, hier S. 470.

Ich reise gern mit Komfort, besonders, wenn man es mir bezahlt. Ich benützte also den Schlafwagen, hatte mir tags zuvor ein Abteil erster Klasse gesichert und war geborgen. Trotzdem hatte ich Fieber, wie immer bei solchen Gelegenheiten, denn eine Abreise bleibt ein Abenteuer, und nie werde ich in Verkehrsdingen die rechte Abgebrühtheit gewinnen. Ich weiß ganz gut, daß der Nachtzug nach Dresden gewohnheitsmäßig jeden Abend vom Münchener Hauptbahnhof abfährt und jeden Morgen in Dresden ist. Aber wenn ich selber mitfahre und mein bedeutsames Schicksal mit dem seinen verbinde, so ist das eben doch eine große Sache.[2]

In das objektivierte Gefühl der Sicherheit und des Vertrauens mischt sich sofort ein subjektives Gefühl der Verunsicherung. Der Text trifft ziemlich genau das Normalgefühl, das nach 1900 das Reisen mit der Eisenbahn begleitet. In seiner berühmten *Geschichte der Eisenbahnreise* (1977) beschreibt Wolfgang Schivelbusch, wie sich die Erfahrung der Eisenbahnreisenden seit der Einführung der ersten Linien in den 1830er Jahren verändert hat: Zu Beginn wurde die Euphorie über das – im Vergleich mit der Kutsche – geradezu erschütterungs und geräuschlose Dahingleiten begleitet von der Vorstellung des unmittelbaren Todes bei der geringsten Störung. Die Angst vor der jederzeit möglichen Katastrophe verschwindet zwar mit der Normalisierung durch Gewöhnung; doch sie kehrt in anderer Form wieder:

Wird das normale Funktionieren der Eisenbahn als natürlicher gefahrloser Vorgang erlebt, so erscheint in der *plötzlichen Unterbrechung* dieses nun zur zweiten Natur gewordnen technischen Zusammenhangs mit einemmal die ganze vergessene Bedrohlichkeit und Gewalttätigkeit lebendig wie am ersten Tag, eine Wiederkehr des Verdrängten. [...]
Man kann auch sagen, je zivilisierter der Fahrplan, je effektiver die Technik, um so katastrophaler die Destruktion im Kollaps. Es besteht ein genaues Verhältnis zwischen dem Stand der Technik der Naturbeherrschung und der Fallhöhe der Unfälle dieser Technik.[3]

---

2 Ebd., S. 470f.
3 Wolfgang Schivelbusch, *Geschichte der Eisenbahnreise. Zur Industrialisierung von Raum und Zeit im 19. Jahrhundert* (1977), Frankfurt am Main 2000, S. 118. – Eine vergleichende Chronik der Eisenbahnunfälle liefert Hans-Joachim Ritzau, *Schatten der Eisenbahngeschichte. Ein Vergleich britischer, US und*

Worin das Verdrängte, das da wiederkehrt, über die diffuse Furcht oder Angst hinaus besteht, interessiert die Technikgeschichte Schivelbuschs weniger. Thomas Manns Erzählung scheint indes genau jenen wiederkehrenden Affekten und Gefühlen nachzuspüren und liefert im Wort „Schicksal", dessen Gewicht der Erzähler mit dem ironischen „bedeutsam" zu mindern sucht, bereits ein Indiz für die Gründe, die dann gleich noch deutlicher zur Sprache kommen: Der Ich-Erzähler ist Schriftsteller, und er hat ein umfangreiches Manuskript, an dem er arbeitet, in einen größeren Koffer gepackt, den er nun dem Schaffner für den Gepäckwagen anvertrauen sollte. Dass es da gut aufgehoben sei, redet er sich selbst ein, indem er den gestrengen Schaffner mit dem Staat identifiziert:

> Das ist der Staat, unser Vater, die Autorität und die Sicherheit. Man verkehrt nicht gern mit ihm, er ist streng, er ist wohl gar rauh, aber Verlaß, Verlaß ist auf ihn, und dein Koffer ist aufgehoben wie in Abrahams Schoß.[4]

Die beschworene Sicherheit des Staates scheint nicht ganz zu überzeugen, so dass dann doch noch eine religiöse Instanz angerufen werden muss, wenn auch wiederum in die ironisierende Distanz einer sprichwörtlichen Redewendung gerückt. Da ist der Ich-Erzähler nicht allein. So kann er beobachten, wie ein Mann mit Hund vor der Abfahrt so herrisch auftritt, als verkörpere er selbst sämtliche politischen, natürlichen und göttlichen „Gewalten",[5] so der Vergleich des Erzählers. Als nach dem Aufprall der Zug zum Stehen kommt und sich ein Moment von „Totenstille" einstellt, ist er der erste, der im Ausbruch der Schreckensschreie dem Erzähler mit artikulierten Worten aus einem nahen Abteil zu Ohren kommt: „Hilfe!" ruft der Herrenmensch und dann, steigernd: „Großer Gott!", „Allmächtiger!", schließlich flehentlich: „Lieber Gott!"[6]

Der Text *Das Eisenbahnglück* macht die Probe aufs Exempel, was Menschen unter den politischen, sozialen und technischen Bedingungen der Moderne in Gefahrensituation tun: Sie rufen Rettungsmächte an, Rettungsmächte, die außerhalb der Macht ihrer selbst liegen. Es ist

---

    deutscher Bahnen, Bd. 1: *Von den Anfängen bis 1945*, 2., durchges. Auflage, Pürgen 1994.
4 Mann, Das Eisenbahnunglück, S. 472.
5 Ebd.
6 Ebd., S. 473.

gewiss kein Bekenntnis des Glaubens an eine göttliche Rettungsmacht, wenn sich auch in säkularen Zeiten ein „Mein Gott" von den Lippen löst. Und gewiss sieht sich die Erzählung hier auch einem alltagsmimetischen Realismus verpflichtet. Doch in der experimentellen Konstellation dieser Narration verlieren solche Appelle ihre reflexartige Zufälligkeit. Vielmehr scheint es, dass die Erzählung mit einiger Programmatik das Gegen, Mit oder Ineinander von verschiedene Vorstellungen und Praktiken der Rettung verfolgt. Worin bestehen diese?

III. Unfall und Rettung, Risiko und Versicherung: Rettungsdispositiv der Moderne

Jean Starobinski hat in seinen Studien unter dem Titel *Das Rettende in der Gefahr* gezeigt, wie seit Beginn des 18. Jahrhunderts sich die Erkenntnis durchsetzt, dass die Lösungen für die Übel der Welt nicht bei Gott zu suchen sind, sondern im Menschen selbst, der sie zu einem Gutteil durch seine Natur oder sein Verhalten als Individuum oder Kollektiv auch verursacht. Die Erforschung der Natur erweitert einerseits die Marge der menschlichen Machbarkeit, andererseits markiert sie die Grenzen der Berechenbarkeit und Beherrschbarkeit. Sie fördert die Einsicht in neuartige Kontingenzen, die nicht mehr der göttlichen Unerforschlichkeit zugeschrieben werden können. Solche Unvorhersehbarkeiten manifestieren sich zum einen in Naturereignissen, zum anderen in Unfällen als Folge der Technisierung, Industrialisierung und Urbanisierung.[7]

Tatsächlich steht der *Unfall* im Zentrum einer neuen Erfahrung, die sich im Verlauf des 19. Jahrhunderts herausbildet, so legt der Versicherungshistoriker François Ewald in seinem Buch *Der Vorsorgestaat* dar. Der Unfall verliert seine absolute Kontingenz, die ihn immer auch unmittelbar an die Gottesreferenz band, und wird als eine statistisch berechenbare Größe in die Normalität integriert. Die Wahrscheinlichkeit des Unfalls ist entscheidend für die Konstitution des modernen Begriffs von Normalität: Es ist normal, dass Unfälle passieren, natürliche und technische. Statistische Aussagen über wahrscheinliche Frequenz und Intensität von Ereignissen halten zunehmend Einzug ins Alltags-

---

7 Vgl. Jean Starobinski, „Das Rettende in der Gefahr: Rousseaus Denken" (1978/79/86), in: ders., *Das Rettende in der Gefahr* (1989), aus dem Französischen und mit einem Essay v. Horst Günther, Frankfurt am Main 1992, S. 186-265, hier S. 186-237.

bewusstsein. Diese berechenbare Größe, die den Zufall zähmt, wird von einem bestimmten Zeitpunkt an *Risiko* genannt und das politisch-ökonomische Instrument zur Bewältigung dieses Unfallrisikos ist die *Versicherung*.[8]

Ewald erläutert, wie noch im frühen 19. Jahrhundert die urliberalistische Haltung vorherrschte, wonach die Natur gerecht und die Ungleichheit der Menschen eine Naturgegebenheit sei, mit dem der einzelne selbst fertig werden musste bzw. sich auf die Zuwendung der Sippschaft, der philanthropischen Vereine oder eben Gottes verwiesen sah. Doch die Konzentration von Massen in den Städten und die Technisierung der Arbeit und der Fortbewegung trieben das Prinzip der Selbstverantwortung sowohl für den Unternehmer wie für den Arbeiter an die Grenzen.

Im Unfall sieht Ewald neben den bekannten Übeln, dem *metaphysischen*, dem *physischen* und dem *moralischen* Übel, eine neue Kategorie von Übel kondensiert, das *soziale Übel*. Während die drei anderen Übel der alten Welt auf die göttliche Ordnung oder natürliche Kontingenz bezogen waren, ist der Unfall laut Ewald ganz auf die Gesellschaft bezogen. Der Unfall ist natürlich nur das Paradigma für eine Reihe anderer Übel, die im Verlauf des 19. und 20. Jahrhunderts als soziale Übel betrachtet werden, in den Verantwortungsbereich der Gesellschaft geraten und Gegenstand eines expliziten oder impliziten Solidaritätsvertrags werden: Zu den Kerngebieten des Unfalls bei der Arbeit und im Verkehr kommen Krankheit, Naturkatastrophen, Krieg, Arbeitslosigkeit, Alter, Armut. Auch dafür übernimmt die Gesellschaft nicht nur wegen des ökonomischen Mehrwerts durch die Gebühren, sondern eben auch aus staatspolitischen, das heisst biopolitischen Gründen ohne direkte Gegenleistung einen Teil der Haftung. Denn seit Mitte des 18. Jahrhunderts nimmt das Leben einen eigenen energetischen Wert an, der bewirtschaftet werden muss.

---

8 Vgl. François Ewald, *Der Vorsorgestaat* (1986), aus dem Französischen v. Wolfram Bayer und Hermann Kocyba, mit einem Essay v. Ulrich Beck, Frankfurt am Main 1993, S. 15-47. Zum Eisenbahnunfall, den psychophysischen Folgen (Railway Spine, traumatische Neurose) und den medizinisch-juridischen Kämpfen um die Haftpflicht vgl. Schivelbusch, Geschichte der Eisenbahnreise, S. 121-141, zur Psychodynamik der Verdrängung und der Wiederkehr S. 142-151; Claudia Lieb, *Crash. Der Unfall der Moderne*, Bielefeld 2009, S. 57-156; *Die Unordnung der Dinge. Eine Wissens- und Mediengeschichte des Unfalls*, hg. v. Christian Kassung, Bielefeld 2009, und Eva Horn, „Die Zukunft der Dinge. Imagination von Unfall und Sicherheit", in: *Behemoth* 4 (2011), H. 2, S. 26-57.

Ewald scheint daran gelegen zu sein, den Unfall und seine Bewältigungsformen als ein Phänomen zu bestimmen, das ganz in der Immanenz des Sozialen und Politischen und im Prozess der modernen Normalisierung aufgeht, im Unterschied zu den anderen Übeln, deren Begründung und Folge mehr oder weniger weit in die Transzendenz hineinreichen. Dass Ewald den Unfall von allen metaphysischen Referenzen reinigen will, scheint vor allem arbeitsökonomische und methodische Gründe der Zielsetzung zu haben. Doch auch abgesehen davon scheint er, wie Foucault, dessen Konzept der *Gouvernementalität* er verpflichtet ist, aus einer grundsätzlichen Metaphysikscheu den Grenzbereich von Politik und Religion bzw. Theologie zu meiden. Dabei weisen auch Quellen, die Ewald selbst anführt – allerdings nur in den Anmerkungen –, auf das metaphysische Erbe der modernen Sicherheitsgesellschaft hin: So schreibt der Versicherungstheoretiker F. Gros um 1920:

> Die Befreiung des Handelns durch die Versicherung läßt sich nur mit der vergleichen, die die Religion in einem anderen Bereich bewirkt. [...] Dieses Gefühl umfassender Sicherheit, das schon die einzelne Versicherung bietet und die kombinierte Versicherung noch in viel höherem Maß bieten wird, ist sozusagen die Transposition des religiösen Glaubens, von dem der Gläubige erfüllt ist, auf den Bereich unseres Erdendaseins.[9]

Die transzendente Dimension der Versicherung kommt gerade dort zur Sprache, wo ihr vermeintlicher oder tatsächlicher Verlust beklagt wird. So kritisiert neben anderen auch Georges Duhamel, dass das Versicherungswesen zu Verantwortungslosigkeit verführe:

> Ich verstehe, daß für viele Zeitgenossen die Versicherung den Platz des Gewissens, des Schutzengels, der Ehre, der Dankbarkeit und vie-

---

9 F. Gros, *L'assurance, son sens historique et social*, Paris: Bureau d'Organisation économique 1920, S. 108, zit. n. Ewald, Der Vorsorgestaat, S. 222; zur Ablösung der Theologie der Erbsünde durch eine Politik der Versicherung und eine „Philosophie des Risikos" (Ewald) vgl. auch Emile de Girardin, *La politique universelle. Décrets de l'avenir*, Paris ³1855, S. 17, zit. n. Ewald, Der Vorsorgestaat, S. 269f.; vgl. dazu auch Lieb, Crash, S. 88f. Die Unfallversicherung ist seit den 1870er Jahren ein selbständiger Zweig der privaten Versicherung. Sie wird z.T. mit den Fahrkarten zusammen verkauft oder kann separat, auch über Automaten, erworben werden. Vgl. Lieb, Crash, S. 67, die *Brockhaus' Konversations-Lexikon* von 1898 zitiert.

ler anderer Dinge zugleich angenommen haben […] „Die Versicherung wird zahlen" wird somit zur magischen Formel, die die Akte des Glaubens, der Hoffnung und Reue zusammenfaßt.[10]

Wenn man das moderne Versicherungswesen wie Ewald vom Unfall her denkt, kann man seine Verankerung im metaphysischen Rettungsdenken eigentlich nicht übersehen. Dass das moderne Sicherheits- und Versicherungsdenken das Rettungsdenken nicht einfach ersetzt, haben sowohl Thomas Manns Erzählung als auch Schivelbuschs kulturkritische Diagnose indiziert. Vielmehr lässt sich beobachten, dass in dem Maß, wie die Ursachen von Gefahren erforschbar, ihr Ereignis berechenbar und ihre Folgen bewältigbar geworden sind, sich das Potential einer unerforschbaren, unberechenbaren und unbewältigbaren Restgefahr steigert. Je kleiner das Restrisiko, desto größer die Angst, dass das Unwahrscheinliche dennoch und gerade jetzt eintrifft.[11]

Diese Dialektik von Restrisiko und Angst entspricht dem *double bind* der versicherungstechnischen Diskursivierung des Unfalls: Die Versicherung kann zwar gegen die Folgen eines Unfalls, nicht aber gegen das Ereignis selbst versichern. Daraus entsteht ein eigentümlicher Konflikt: Einerseits hat sie zwar ein direktes Interesse an der Erhöhung der Sicherheitsstandards, um die Schadenssummen in Grenzen zu halten oder überhaupt vorausberechnen zu können. Andererseits aber darf das Risiko des Unfalls nicht Null sein, denn sonst fällt der Versicherungsgrund dahin. Die Versicherung ist auf das tatsächliche oder vorgestellte Eintreffen des Unfalls angewiesen. Das Restrisiko ist nur eine probabilistische Eingrenzung der Kontingenz. In seiner Absolutheit bleibt das Unfallereignis kontingent. Diese Restkontingenz ist es, die im subjektiven Erleben die irrationalen Ängste und transzendenten Rettungshoffnungen auch und gerade in staatsversicherten Gemütern von Herrenmenschen und ironischen Schriftstellern der Gründerzeit entlockt. Es ist die Wiederkehr von statistisch und technisch verdräng-

---

10 Georges Duhamel, *Scènes de la vie future*, Paris 1934, S. 100, zit. n. Ewald, Vorsorgestaat, S. 513.
11 Der Umstand, dass das Versicherungsrecht das rechtliche Prinzip der Zurechnung aufgrund einer Verursacherschuld, das dem römischen Recht und dem *Code civil* zugrunde liegt, außer Kraft setzt (vgl. Ewald, Der Vorsorgestaat, S. 449-490, und Lieb, Crash, S. 71-88), bedeutet noch nicht, dass das Prinzip einer höheren Macht der Verursachung in anderen Diskursbereichen verschwindet, und dies gerade in Bezug auf die komplementäre Rettungsfigur, die – gemäß der christologischen Ambivalenz des Heiligen und des Sündenbocks – als Kompensationsfigur der Schuldzurechnung verstanden werden kann.

ten Affekten. Die Ironie vermag die Affekte nicht zu neutralisieren, vielmehr stellt sie sich selbst aus als brüchige Strategie, die mit dem Schock und Scham der Bedrohung und Rettungsbedürftigkeit zu Rande zu kommen versucht.

In Thomas Manns Erzählung geht das Eisenbahnunglück einigermaßen glimpflich ab. Nach dem Stoß und dem Stillstand folgt ein Moment der „Totenstille", dann brechen Schreie und Hilferufe aus, es kommt Bewegung auf. Die Reisenden flüchten halb bekleidet aus den Wagen, drängen sich um die Beamten. Sie entdecken die „Trümmerwüste" bei den vorderen Wagen, es kommen „Meldungen" über das Geschehene und die „Lage": Der Zug war wegen einer defekten Weiche auf einen stehenden Güterzug aufgefahren und entgleist, „Menschenverluste [...] waren nicht zu beklagen".[12] Die Menschen beginnen Erlebnisse auszutauschen, in den Ohren des Erzählers klingen die Sätze schon nach „Zeitungsbericht". Gleichzeitig kommt auch „mehr und mehr so etwas wie Ordnung in die Sache": Der „Staat, unser Vater", so heißt es, gewinnt „wieder Haltung", es wird telegraphiert, der „Hilfszug" dampft heran, das profane Rettungswerk läuft. Der „Zugführer", der durch Ziehen der Notbremse Schlimmeres verhindert hat, wird zum „Retter" ausgerufen. Schließlich kommt ein Extrazug, in dessen Erstklaßabteilen sich die Geretteten durchmischen zu einer Art paradiesischer Interimsgemeinschaft zusammenfinden.[13]

Der Text funktioniert nicht einfach nach dem Rettungsnarrativ, sondern er inszeniert und reflektiert es von Anfang an als schon bekanntes, mehr oder weniger spezifisches Erzählmuster des Unfalls und der Rettung, explizit mit Zitaten aus Zeitungsberichten, implizit mittels Ironisierung bis hin zur Selbstironie, die den Erzähler in seiner Doppelrolle als Objekt und Subjekt des Rettungsnarrativs und damit die Grenzen zu einem ebenso rettungslosen wie narrationslosen Außen markiert. Konsequenterweise wird das Schreiben des Erzählers selbst in einem eingeflochtenen thematischen Nebenstrang ebenfalls von Anfang an thematisiert und seinerseits als alternative Rettung und alternatives Erzählen angeboten. Nach der Überwindung des ersten Schreckens ist es dem Erzähler vor allem darum zu tun, den Koffer mit dem Manuskript zu retten. Die Vorstellung, es könnte zerstört oder verloren sein, beantwortet er mit Trotz: Er würde „mit tierischer Geduld, mit der Zähigkeit eines tiefstehenden Lebewesens, dem man das wunderli-

---

12 Mann, Das Eisenbahnunglück, S. 476f.
13 Ebd., S. 478-481.

che und komplizierte Werk seines kleinen Scharfsinnes und Fleißes zerstört hat, [...] wieder von vorn beginnen".[14] Hier nähert sich die Erzählung sich selbst, ihrer eigenen Materialität und Technizität des Papiers und der Schrift. Das Schreiben erscheint als *Praktik der Selbstrettung*, die das Erlebte zu bewältigen und in eine diskursive Erfahrung zu verwandeln sucht.

IV. Rettungsmodelle

Im Verlauf der Lektüre haben sich drei Grundmodelle oder -typen von Rettung abgezeichnet, die nun näher bestimmt werden sollen. Sie können zu verschiedenen Zeiten unterschiedlich aktualisiert werden und sich in der Dominanz ablösen, überlagern und ineinandergreifen:
1. Zunächst zu nennen ist das religiöse und politische *Vertrags*, *Bundes* oder *Glaubensmodell* zwischen Gott oder seinem Sohn oder einem (göttlichen) Souverän einerseits und dem Volk oder dem Individuum andererseits. Für Gehorsam gegenüber dem Gesetz und Glaube an die Macht der göttlich-souveränen Instanz verspricht diese Rettung in der Not des Diesseits und Erlösung von allen Übeln im Jenseits. Hier liegt der Akzent eher auf der Transzendenz der Rettungsmacht. Dieses Modell hat den Rettungsbegriff stark geprägt, auch im Sinn von Erlösung: In der hebräischen Bibel werden die Rechtsbegriffe für das Herauslösen oder Loskaufen aus einer Bindung auch für die religiöse Beziehung und die endzeitliche Erlösung gebraucht. Die Tradition wird indes vom neutestamentlichen Begriff der *soteria* dominiert. Dieser Rettungsbegriff hat sich, ausgehend vom *soter*, dem messianischen Retter, in zwei ineinander verschränkte Dimensionen entwickelt: Zum einen die messianische *Rettung in der Gegenwart* vor, in, nach einer Not, mit der eigentlichen Rettungsaktion im Zentrum, zum anderen die finale, apokalyptische *Erlösung in der Zukunft* von den Sünden, den Übeln, dem Gesetz.
2. Zum zweiten, eher immanenten Modell bzw. Typus von Rettung gehören alle *praktischen und diskursiven Maßnahmen* – von der Strickleiter bis zur Wahrscheinlichkeitsmathematik –, welche die Menschen zu einer gegebenen Zeit ersinnen und ergreifen, um sich gegen Gefahren und Bedrohungen zu wappnen, im Katastrophenfall zu reagieren, die Folgen zu bewältigen. Aber erst seit dem 18. Jahrhundert, seitdem weniger das Heil der Seele, sondern zunehmend das biologisch-organi-

---
14 Ebd., S. 479.

sche Leben als Substanz und Energie im Zentrum stehen, bilden sich aus diesem Grundmodell der *Rettung vor, in und nach der Not* auch übergreifende *Rettungsdispositive* heraus.

3. Das dritte Modell, das von der antiken Philosophie über das Christentum bis in das moderne Therapiewesen reicht, besteht in den *intimen seelisch-geistigen und körperlichen Praktiken* – Riten, Meditationen, Askesen, Therapien, Kunst, Theater, Literatur –, mit denen Kollektive und Individuen sich vor Übeln bewahren, Leiden lindern und Schicksalsschläge verwinden. Dazu können die Selbstpraktiken der Philosophie, die jüdisch-christlichen Glaubenspraktiken und die buddhistische Selbsterlösung ebenso gezählt werden wie Gerichte, Saturnalien, Messen und Festspiele. Diese Selbstpraktiken können je nachdem als Vermittlung zwischen dem transzendenten Vertrags- oder Bundesmodell und den immanenten Maßnahmen betrachtet werden.

Die Lektüre von Thomas Manns Erzählung *Das Eisenbahnunglück* hat die Merkmale der drei Grundmodelle der Rettung bereits akzentuiert: Zunächst führt der Erzähler sich und andere Reisende als in den modernen Alltag eingeübte Individuen vor, die der Technik, den politischen Institutionen und der eigenen Souveränität zu vertrauen scheinen. Doch schon vor der Abreise zeigt der Erzähler Verunsicherung, die ihn, wenn auch ironisch, an transzendente Instanzen appellieren lässt, namentlich Abraham, den jüdisch-christlichen Stammvater, der als erster Bundesgenosse den höchsten Schutz Gottes genießt, diesem aber auch absoluten Gehorsam schuldet. Ist dieser Rettungsappell noch mit einer sprichwörtlichen Redewendung gekleidet, so meldet sich der Herrenmensch mit Klartext zu Wort. Sein „Gott hilf!" ist dem transzendenten Bundesmodell in der Variante der individuellen Glaubensbeziehung zuzurechnen, aber auch die kollektive Variante der Vertragsbeziehung zwischen Gott und Volk ist präsent: Am Ende, nachdem auch schon ein Retter ausgerufen ist, finden sich die Geretteten in der ersten Klasse vereint wie im Gelobten Land oder im Paradies.

Das paradiesische Interim nach der Katastrophe erinnert an Heinrich von Kleists *Das Erdbeben in Chili* (1807/1810), wo sich die Überlebenden oder Geretteten im idyllischen Tal vor der Stadt in einer paradiesischen Gemeinschaft wiederfinden. Kleists Text zählt zu den modernebegründenden Rettungserzählungen mit intertextuellen Modellcharakter.[15] Dies gilt auch hinsichtlich der Überlagerung des *Ver-*

---

15 Vgl. Johannes F. Lehmann, „Rettung bei Kleist", in: *Ausnahmezustand der Literatur. Neue Lektüren zu Heinrich von Kleist*, hg. v. Nicolas Pethes, Göttingen 2011, S. 249-269.

trags, *Bundes* oder *Glaubensmodells* und des *technisch-praktischen Rettungsdispositivs*. Wie schon Kleists Text so erforscht auch *Das Eisenbahnunglück* das Ineinander und Gegeneinander, die Grenzlinien und Überganszonen von natürlichen und göttlichen Unfallursachen und Rettungsgründen, immanenten und transzendenten, kollektiven und individuellen Rettungsmaßnahmen. Doch anders als die Kleistsche Drastik, welche die kontingenten Naturereignisse, die göttliche Heilsordnung und den Kampf ums nackte Leben schroff aufeinanderprallen lässt, scheint Manns Text hundert Jahre später, im Nachhall von Nietzsches „Gott ist todt" und im Rahmen des Versicherungs- und Rettungsdispositivs, die Bruchlinien und Übergänge zwischen Transzendenz und Immanenz in ironisch gedämpftem Licht und Ton darstellen zu können.[16] Aber gerade die Ironie, mit welcher der Erzähler etwa den Vater Staat als Garanten der Sicherheit und die „allgemeine Harmonika" als schlimmstmöglichen Unfall apostrophiert, weist schon auf die Momente technischer oder natürlicher Kontingenz inklusive menschliches Versagen, auf die entfesselten Kräfte im „Stoß" des Unfalls selbst, dann auf die unmittelbaren Folgen, das Chaos, die Rettungsaktionen, und die „gewisse Schwäche im Rücken"[17] verweist auf die weiteren Folgen der Versicherungsansprüche.

Aus den Momenten der Unberechenbarkeit, dem sprachlosen Schock und den Abgründen des Chaos schießen die göttlichen Rettungsappelle und verraten, dass das moderne Rettungsdispositiv um 1900 eine ambivalente Beziehungen zu den transzendenten Modellen unterhält: Einerseits muss das Erbe des göttlichen Vertrags oder Bundesmodells verleugnet werden, weil dadurch die Kontingenz in ihrer Reinheit und Radikalität zum Vorschein käme, die der Risikobegriff überlagert und verdeckt. Andererseits bedarf das moderne Rettungsdispositiv zu seiner Plausibilisierung und Realisierung des Katastrophennarrativs, das jedoch die transzendenten Momente und Modelle zu aktivieren droht.

Dieses *double bind* ist es, das die Erzählung gleichsam diskursanalytisch offenbart. Gleichzeitig bringt sie selbstreferenziell das Schreiben als Praktik ins Spiel, die zu beiden Modellen eine beobachtende und reflektierende Distanz ermöglicht und sie auf diese Weise bis zu einem

---

16 Vgl. Hubert Thüring, „Nietzsches Messianismus. Eine Interpretation des *Tollen Menschen* unter Einbezug von Giorgio Agamben, Pierre Legendre und René Girard", in: *Die Zivilisation des Interpreten. Studien zum Werk Pierre Legendres*, hg. v. Georg Mein, Wien 2012, S. 315-346.
17 Mann, Das Eisenbahnunglück, S. 476.

gewissen Grad vermittelt. Das literarische Schreiben performiert sich in der Manuskriptgeschichte als *Praktik der Selbstrettung* bzw. als *rettende Selbstpraktik*.[18] Es ist die einzige, der sich Erzähler wirklich anzuvertrauen scheint. Denn Abrahams Schoß scheint seine Schutzfunktion nur bedingt wahrzunehmen, in Entsprechung zum bloß rudimentären bzw. ironisch überspielten Gottesglauben, der sich im subjektiven Schicksalsgefühl oder im souveränen Herrenmenschentum artikuliert. Und die technische Sicherheit ist eben auch nicht das, was der im Schaffner personifizierte Staat verspicht. Deshalb hält sich der Erzähler nicht an die Logik, sondern an die Narrativik, welche die widersprechenden Momente in ihrer Spannung zu vermitteln vermag und – wiederum ironisch – eine Bannkraft auf solche Ereignisse auszuüben scheint: „Einmal mußte es ja sein", so schließt er, und „obgleich die Logiker Einwände machen, glaube ich nun doch gute Chancen zu haben, daß mir sobald nicht wieder dergleichen begegnet".[19]

V. Das Rettungswerk: Adolf Wölfli, *Von der Wiege bis zum Graab* (1908-1912)

Dergleichen widerfuhr indes, während Thomas Mann seine kurze Erzählung zu Papier brachte und weiter reisend die Welt erfuhr, in endloser Reihe Adolf Wölfli, der in seiner Anstaltszelle ein Rettungswerk von über 25'000 Seiten auftürmte. Ein monumentales Rettungswerk ist es nicht nur als Selbstpraktik des Schreibens, sondern ebenso in Bezug auf die beiden anderen Modelle, das Bundesmodell und das Rettungsdispositiv. Wölfli war wegen wiederholten Notzuchtversuchs mit kleinen Mädchen seit 1895 in der Irrenanstalt Waldau interniert und zeichnete, schrieb, dichtete und komponierte vermutlich seit 1900 bis zu seinem Tod 1930. Bekannt geworden war Wölfli schon zu Lebzeiten durch seine Bilder, die er verschenkte oder verkaufte, dann, 1921, durch die Monographie *Ein Geisteskranker als Künstler* seines Psychia-

---

18 Vgl. Michel Foucault, „Über sich selbst schreiben" (1983), in: ders., *Dits et écrits*, 4 Bde., hg. v. Daniel Defert und François Ewald unter der Mitarbeit v. Jacques Lagrange, Frankfurt am Main 2001-2005, Bd. IV (2005): *1980-1988*, aus dem Französischen v. Michael Bischoff u.a., S. 503-521.
19 Mann, Das Eisenbahnunglück, S. 481.

ters Walter Morgenthaler,[20] und schließlich, von 1947 an, als Exponent der *Compagnie de l'Art brut* von Jean Dubuffet.

Weniger wahrgenommen wurde der literarische Teil des Werks. Die 1985 erschienene Text-Edition *Von der Wiege bis zum Graab*, die ein von Wölfli selbst schon als gedrucktes und ökonomisch bis ins Jahr 2000 kalkuliertes Werk aus der Zeit von 1908-1912 darbietet,[21] verzichtet ebenso auf die Verschränkung von Text und Bild, wie die Kunstausstellungen und Kataloge. Das Werk wurde jedoch als performatives Multimedium von Text, Bild und musikalischer Lyrik nach dem Vorbild der populären Zeitschriften wie *Über Land und Meer* und *Die Gartenlaube* konzipiert bzw. als deren Überbietung in jeglicher Hinsicht: Die form und farbstrotzenden Zeichnungen geben das zwischen Banalität und Groteske schwankende Geschehen ebenso unmittelbar zu sehen, wie der ausfernde Erzählstrom es sprechen und die aufsässigen Märsche es klingen lassen. Auch als Rettungs-Werk muss es eigentlich bis in seine dokumentarische Materialität hinein wahrgenommen und von ihr her verstanden werden.

Die von Zeitschriften und anderen Lektüren angeregte Story, deren Episoden von Wölfli zuverlässig als „Zeichner, Schreiber, Componist" und je nach Situation oder als „Bräutigamm", „Patientt", „Toodes= Kandidaat", „Triibgott", „Fürchtegott" und immer wieder als „unbehilflicher Unglüksfall" sowie mit Ort und Datum unterfertigt werden,[22] ist eine Welterkundung und -eroberung von kosmogonischer Dimension: Mit der „Natuhrvorscher=Avanttgarde", die aus der erweiterten Großfamilie Wölfli besteht, bereist Adolf Wölfli, zumeist als kleiner fünfjähriger Doufi, die Länder und Meere der Erde, später dehnt er seine Exkursionen ins Weltall aus, um dort als „Skt. Adolf" im Namen Gottes Stern um Stern zu kolonisieren.[23]

Ein dominierendes Narrativ ist das der Unfälle und Katastrophen mit gelingender oder misslingender Rettung, je nachdem, ob der Doufi selbst als Opfer involviert ist. Bevorzugt sind in Zivilisationskatastro-

---

20 Walter Morgenthaler, *Ein Geisteskranker als Künstler*, Bern/Leipzig 1921; Reprint: Wien/Berlin 1985.
21 Adolf Wölfli, *Von der Wiege bis zum Graab. Oder, Durch arbeiten und schwitzen, leiden, und Drangsal bettend zum Fluch. Schriften 1908-1912*, 2 Bde., bearb. v. Dieter Schwarz und Elka Spoerri, Frankfurt am Main 1985, Bd. 1, S. 743-748.
22 Ebd., S. 293, S. 43, S. 121, S. 135, S. 398 und S. 67.
23 Adolf Wölfli, *Geographisches Heft № 11 (1912-1913)*, hg. v. der Adolf-Wölfli-Stiftung, Kunstmuseum Bern, bearb. v. Elka Spoerri und Max Wechsler, Stuttgart 1991, S. 11, S. 16 und öfter.

phen: Schiffsexplosionen, Gebäudeeinstürze, allerhand Brände, Verkehrs-, aber auch Naturkatastrophen, Unfälle in der Natur, auf Gletschern, an Felswänden, im Wasser brechen jeweils unvermittelt in die idyllischen Reise und Festverhältnisse ein. Paradigmatisch ist natürlich auch bei Wölfli das Eisenbahnunglück, zum Beispiel dasjenige anlässlich des „internationalen Schützen-Fest[s] von Saragossa" 1859.

> Das Ohrenbetäubende schießen und knattern der zahlreichen, inttelligentten und zielsichern schützen wahr in voller Aktion und, die unzähligen Fahnen, Banner und Flaggen, mit zahlreichen und prunkenden Triumpf=Bogen und Guirlanden, inmitten der, vom Hertz und Sinn erhebenden Volks=Gesang und schmetternden Trompeeten= Klang trunkenen, riesenhaften Volks=Menge, wehte der Letztern ein freuntl. Willkommen, Grüß Gott und Gottwilchen zu, als gantz unerwahrttet und ungeahnt, in raasender Eile durch's gantze, fröhliche Fest=Leben die Schrekens=Kunde sich verbreitette, Die 4½ Stund lange Oron=Groß=Brüke, zwischen Saragossa und Granada, sei mit dem Eil=Zug 7 Uhr 35 Minutten [...] eingestürzt. Gennanntter Zug Nº 21 [...] stürzte nun infolge der hefftigen Erschütterung sämtl. 2 gewaltigen Betton=Pfeiler, von dem herben Wellen=Schlag des stark aufgeregten See=es, wie den ungleichstarken, theils hefftigen West=Wind=Stöößen zu'r Entgleisung gebracht [...], untt'r gewalltigem Zischen, krachen und donnern, samt den südl. 2/3 der gantzen Brüke, das heißt eine Brüken=Länge von 3 Stund oder 14,400 meter, samt Mann und [und] Maus in den Grund des, an selber Stelle zimlich tieffen See=es, sodaß gewiß nicht nuhr der Teufel; Nein, auch das zahlreiche, von genanntem Festplatz in raasender Eile an den südlichen und nördl. Seestrand gekommene, neugierige Publikumm darob bis in's innerste Mark erschroken, empöhrt und, stutzig wurde.

Nach der Aufzählung, wie viele Menschen durch welche Umstände je in den Tod gerissen wurden zieht Wölfli Bilanz:

> Summa, in der gleichen Katastrophe verunglükt, 15,331 Persohnen; Mit einem Material-Schaden von wenigstens, 485,000,000 Fr.

Von einer Rettung von Menschenleben keine Spur. Geborgen werden die beiden Lokomotiven und 83 Leichen. Den König von Spanien, der mit Adligen und Hochadligen ankommt, läßt Wölfli unsinnig kalauernde Verse mit folgendem Schluß aufsagen:

Und das Eisen hoch a d'Schuh; Gott ist ja d'r Allerbeste; Und nun schüpft Ihn, eine Kuh. Ha, ha, ha.[24]

In scharfem Gegensatz dazu verlaufen die zahllosen Unfälle, die dem kleinen Doufi widerfahren, zumeist Stürze von Felswänden. Hier ist Gott in Menschengestalt stets zur Stelle.

Jah, auch Ung=glüks=Fälle haben Wihr Hier zu verzeichnen. [...] Stehts der Westseitte Des Langgrantt entlang, fiel während des überschreittens der gantz ahnsehnlichen Großbrüke über den Lang=grantt=West=Fall=Kessel, die Brustwehr der Letzteren erklimmens, in besagten, über 200 Fuß tieffen, wildschäumenden und, gewalltig donnernden Kessel hinuntter und, währe gantz gewiß ertrunken, wenn nicht mein älterer Bruder Gottlieb schleunigst sein Rettungswerk inszeniert hätte.

In Begleitung eines Bruders, der den lieben Gott im Namen trägt, überlebt Doufi insgesamt 79 Felswand-Stürze, die er gegen Ende von *Von der Wiege bis zum Graab* mit Namen und der jeweiligen Fallhöhe auflistet und zu „Exakt, 412½ Linie Fall=Linie" summiert.[25]

Der kleine Doufi hat das gleiche Alter wie Wölflis kindliche Opfer, so dass die Unfälle wie ein endlos wiederholtes Sühneopfer mit Rettung bis hin zur Wiederauferstehung zum Leben erscheinen. Das Rettungswerk des Schreibens gegen den Weltentzug in der Anstalt verschmilzt mit dem Abarbeiten der juridischen und moralischen Schuld durch die Rettung der eigenen kindlichen Unschuld.

VI. Schluss: Von der Geschichte zur Gegenwart der Rettung

Thomas Mann, der frei die Welt bereist, rückt schreibend die erlebte Katastrophe in *ironische Distanz*, um im Wechselblick in die leeren Abgründe und in die metaphysischen Gründe des modernen Rettungswesens blicken zu können, welche die Katastrophe aufreißt. Seine Erzählung offenbart die dialektische Tiefendynamik zwischen der brüchigen Versicherung in der Immanenz und dem unvermittelten Rückgriff auf die Transzendenz, zwischen den verdrängten Ängsten und den wiederkehrenden Hoffnungen, zwischen subjektivem Empfinden und ob-

---

24 Wölfli, Von der Wiege bis zum Graab, S. 184f.
25 Ebd., S. 515.

jektivem Kalkül, individueller Abgrenzung und kollektiver Verbindung. Adolf Wölfli, der in seiner Zelle sitzt, schreibt sich als *Humorist* in das Katastrophengeschehen hinein, als objektiver Beobachter mit Vergrößerungsglas oder als Opfersubjekt. Sein Epos offenbart zunächst vor allem die Oberflächendynamik des schroffen Wechsels zwischen der nüchternen Erhebung von Ursachen und Schaden, die das Risikokalkül bestätigt, und dem unbedingten persönlichen Anspruch auf göttliche Rettung im Ereignis selbst. Aber es sind die Übertreibungen, Übertragungen und Vertauschungen, die den Blick in die Tiefendimension der Verschuldung und Erlösung lenken, die Wölfli wiederum humoristisch aufzufangen sucht.

Der Humorismus Wölflis rückt auch die Ironie des Großliteraten noch einmal in ein anderes Licht: Während Wölflis monumentales Rettungswerk kein Mittel scheut, die manifeste *Schuld* auszuagieren, scheint Thomas Manns leichthändiges Rettungsgeschichtchen einen Umgang mit der *Beschämung* zu suchen: Es ist die Scham, auch als allseitig versichertes souveränes Subjekt unter Umständen einer unverfügbaren Rettung zu bedürfen und die Scham, tatsächlich ein Geretteter zu sein.

In einer Annäherung an die Katastrophenkultur der Gegenwart kann man den eingangs formulierten Augenschein bestätigen: dass nämlich die politischen Maßnahmen und die Actionfilme in der dichten Verweisung aufeinander die Einsicht in die gemeinsamen diskurspraktischen Untergründe und Zwischenräume versperren. Aber die Analyse der beiden literarischen Texte in ihrem selbstreflexivem Potenzial und im Diskurs der Zeit haben gezeigt, welche drei Rettungsmodelle auf welche Art aktualisiert werden können und welche Dimensionen der Immanenz oder Transzendenz, des Bewusstseins und des Unbewussten im Spiel sein können. Sie zeigt, wie wir uns seit der Moderne im beschleunigten technologischen Wandel und in der zunehmenden kommunikativen Verdichtung mit Versicherungen der Immanenz gegen die Einsicht in die Transzendenzproduktion abschotten, die wir gerade dadurch mitbetreiben. Geschult an Manns Ironie können wir im Pathos der Bedrohtheit und der Beschwichtigungen, mit dem Rettungsprogramme auf die politische Tagesordnung gesetzt und abgesetzt werden, den Zynismus als gesteigerte und pervertierte Ironie erkennen. Und geschult an Wölflis Humorismus können wir in der Endlosschleife der Rettungsnarrative das Ineinander von Kalkül der Rettungslosigkeit und Inbrunst der Rettungsbedürftigkeit heraushören. Und wir könnten uns fragen, ob und wie unsere exzessive Beschäftigung mit uns selbst als Praktiken der Selbstrettung zu begreifen sind, die gerade ihre Rettungsfunktion verleugnen – als wollten wir uns nicht einmal vor uns selbst schämen.

3. ERLÖSUNG ALS RETTUNG DER RETTUNG

DANIEL WEIDNER

Erlösung – Endlösung
Poetik der Rettung bei Peter Weiss

Am 2. Februar 1963 skizziert Peter Weiss in seinem Notizbuch ein mögliches zukünftiges Projekt:

> Dante und Giotto in unserer Zeit, jedoch lebend mit allen charakteristischen Einzelheiten ihrer Epoche. Inferno mit unseren heutigen Perspektiven, mit unseren Höllenvorstellungen. […] Dante und Giotto wandern durch die Konzentrationslager. / Frage: läßt sich dies noch beschreiben. / Szene des völligen Schweigens. / Der tiefsten Trauer. / Können wir weiterleben, nach diesem.[1]

Diese Notiz steht am Anfang des sogenannten *Divina-Commedia-Projekts*, der Auseinandersetzung mit Dante und des Versuchs einer eigenen *Commedia*-Dichtung, an der Weiss vor allem von 1964 bis 1969 arbeitet. Das Projekt beeinflusst aber auch seine anderen Texte, die seit den mittleren sechziger Jahren entstehen, stark, insbesondere das Bühnenstück *Die Ermittlung*, das ursprünglich als Teil einer *Divina Commedia Trilogie* geplant war, ebenso den großen Roman *Die Ästhetik des Widerstands*, in dem Dante und die in Auseinandersetzung mit ihm entwickelte Poetik eine zentrale Rolle spielen. Alle diese Texte stellen auf eindringliche und durchaus eigenwillige Art die Frage der Verbindung von Literatur und Politik nach den Katastrophen und Massenverbrechen des 20. Jahrhunderts. Sie stellen die Frage, ob ‚dies' noch ‚beschreibbar' ist und führen damit an die Grenzen der Repräsentation, indem sie aus einer Perspektive fragen, aus der das ‚Weiterleben' problematisch geworden ist. Fragwürdig ist zugleich die literarische Tradition geworden, die hier aufgerufen wird: „Was konnten mir Dantes Begriffe geben", wird Weiss wenig später fragen, „diese Einteilungen in Aufenthaltsorte, für büßende, erlöste / und selig belohnte? Dies alles war meiner eigenen Welt / entgegengesetzt. In meiner Welt gab es nur das einmalige / Hier und Jetzt, in dem jede Entscheidung getroffen werden mußte".[2]

---

1 Peter Weiss, *Notizbücher 1960-1971*, Frankfurt am Main 1982, S. 215.
2 Peter Weiss, „Vorübung zum dreiteiligen Drama divina commedia", in: ders., *Rapporte*, Frankfurt am Main 1968, S. 125-141, hier S. 132.

Weiss ruft Vorstellungen von ‚Erlösung' ebenso wie von ‚Überleben' auf, um sie zu problematisieren, weil sie angesichts der jüngsten historischen Erfahrung gehaltlos geworden zu sein scheinen. Er bleibt allerdings nicht dabei stehen, diese Vorstellungen zu verabschieden – ganz im Gegenteil zeigt sich für ihn, dass gerade die modernen Schrecken in ihrer Undarstellbarkeit längst vergessene oder überwunden geglaubte Bilder von ‚Erlösung' und ‚Bestrafung' wieder evozieren, wenn auch in neuer, erst zu verstehender und zu gestaltender Weise. Gerade die Konstellation einer zugespitzten Moderne sowohl im historischen wie im ästhetischen Sinne – also des modernen Massenmordes ebenso wie der künstlerischen Avantgarde – erlaubt es Weiss, die Frage nach der Möglichkeit der Rede von ‚Erlösung' oder von ‚Überleben' in der Moderne zu stellen. Der Augenblick der äußersten Bedrohung des „völligen Schweigens" und der „tiefsten Trauer" ermöglicht eine kritische Revision der literarischen Tradition.

Eine solche Revision erscheint auf den ersten Blick als radikale Profanisierung der Rede von der ‚Erlösung', die, wenn überhaupt, nicht mehr mit jenseitigen oder zukünftigen Welten verbunden werden soll, sondern mit dem „Hier und Jetzt". Freilich wird sich zeigen, dass sich die Semantik der Erlösung nicht einfach ‚säkularisieren' lässt, dass man sie nicht einfach vom Kopf auf die Füße stellen kann, sondern dass eine solche Umstellung eine ganze Reihe höchst radikaler Inversionen nach sich zieht. Dies gilt keineswegs nur inhaltlich: Eine Revision der Tradition ist für Weiss vor allem eine Revision von deren formalen Möglichkeiten. An Dante interessiert ihn vor allem die literarische Form, sowohl die ‚große' und unzeitgemäße Gattung des Epos als auch dessen Dreiteilung. Damit macht er deutlich, dass Vorstellungen wie ‚Erlösung' in der europäischen Tradition nicht einfach als solche existieren und auch nicht einfach ubiquitäre Narrative sind, sondern an bestimmte Gattungsformen geknüpft sind – die ‚Erlösung' des Dramas ist eine andere als die des Romans, die des Bildes eine andere als die der Schrift. Weiss wird dabei vor allem das Zusammenspiel dieser verschiedenen Formen nutzen, um eine eigene Schreibweise zu entwickeln, in der sich die Semantik der ‚Erlösung' in höchst prägnanter Weise mit der des ‚Überlebens' verbindet. Um das zu zeigen, wird im folgenden (I) die zentrale und ambivalente Rolle Dantes in der Lagerliteratur herausgearbeitet, bevor (II) Weiss' *Divina-Commedia-Projekt* in seinen Grundzügen erläutert wird und (III) das daraus hervorgehende Stück *Die Ermittlung* untersucht wird. Ausgehend von (IV) Weiss' poetologischen Reflexionen zur Undarstellbarkeit wird schließlich (V) *Die Ästhetik des Widerstands* als Text gelesen, in dem ‚Erlösung' und ‚Überleben' nicht nur auf komplexe Weise aneinander geknüpft werden, sondern auch permanent in ihrer Fragilität ausgestellt werden.

I

Der Rekurs auf Dante ist von Anfang an prominent bei der Beschreibung der Konzentrationslager als moderne ‚Hölle', gerade weil er es auch erlaubt, die Fremdheit der Lagerwelt und die Schwierigkeiten ihrer Beschreibung zu reflektieren.[3] Klassisch etwa beschreibt Primo Levi das Lager als eine verkehrte Welt und als eine Welt von Untoten, die verschiedene Höllenkreise kennt; von der Ankunft in Auschwitz heißt es: „Das ist die Hölle. Heute, in unserer Zeit muß die Hölle so beschaffen sein, ein großer leerer Raum, und müde stehen wir darin [...], und uns erwartet etwas gewiß Schreckliches, und es geschieht nichts und noch immer geschieht nichts. Wie soll man da Gedanken fassen?"[4] Die Hölle ist nicht einfach nur schrecklich, sondern auch entleert: von Menschlichkeit, Logik und ‚Gedanken', deren Abwesenheit es eben nicht erlaubt, zu verstehen, wo man ist. Allerdings gelingt es Levi wenige Seiten später in seinem Bericht doch, einen ‚Gedanken' zu fassen, wenn auch bezeichnenderweise keinen eigenen – ihm fällt ein poetisches Zitat ein: „An diesem Ort ist alles verboten; nicht aus irgendwelchen unerfindlichen Gründen, sondern weil das Lager zu diesem Zweck geschaffen wurde. Wenn wir darin leben wollen, müssen wir das rasch und gut lernen: / ‚...Hier ist das heil'ge Antlitz keine Hilfe! / Ein andres Schwimmen ist's hier als im Serchio!'"[5] Das Zitat – es ist das erste poetische Zitat im Text überhaupt – stammt aus dem einundzwanzigsten Gesang von Dantes *Divina Commedia*, einem Text, der es für Levi nicht nur erlaubt, im Lager zu (über)leben, sondern der es auch beschreibbar und rudimentär verständlich macht. Es ist ein ‚Gedanke', den der Insasse fassen kann und an dem er selbst wieder Fassung gewinnt, und der in seinem Bericht immer wieder eine Rolle spielt. Später wird er am Gesang des Ulyss nicht nur sein Gedächtnis prüfen – also die zentrale Fähigkeit, um später Zeugnis abzulegen –, sondern auch etwas zu ‚verstehen'. Hier rezitiert er für einen Mithäft-

---

3 Vgl. dazu umfassend Thomas Taterka, *Dante Deutsch. Studien zur Lagerliteratur*, Berlin 1999.
4 Primo Levi, *Ist das ein Mensch?*, aus dem Italienischen v. Heinz Riedt, München 1991, S. 22.
5 Ebd., S. 31.

ling, wie Odysseus' Schiff im Sturm zerbirst: „wie eine andre Macht es wollte / bis über uns geschlossen ward das Meer" (*Inferno XVI*). Und der Vers enthält für ihn etwas „Gigantisches, was ich in der Intuition eines Augenblicks eben erst erkannt habe, vielleicht das Warum unseres Schicksals, unseres heutigen Hierseins ...".[6] Dante erlaubt es erneut zu sprechen und zu denken, auch wenn es etwas Fremdes und Unheimliches – „eine andere Macht" – ist, die gedacht wird.

Die Komplexität und Ambivalenz dieses Höllenvergleiches hatte bereits 1946 Hannah Arendt in einer Rezension unter dem Titel *The Image of Hell* betont. Die Verbrechen der Nationalsozialsten, so Arendt, übersteige das menschliche Vorstellungsvermögen sowohl hinsichtlich der „übernatürlichen Schlechtigkeit" der Täter als auch der radikalen Unschuld der Opfer, die zu Dingen gemacht worden sind: „In dieser ungeheuerlichen Gleichheit ohne Brüderlichkeit und Menschlichkeit [...] erblicken wir, wie in einem Spiegel, das Bild der Hölle".[7] Aber gerade weil dieses Bild so radikal sei, würden es die Menschen außerhalb des Lagers nicht glauben; und darum, so Arendt, reiche es auch nicht, die Greuel einfach zu beschreiben, man müsse sie vielmehr verstehen: „Von der Unschuld jenseits der Tugend und der Schuld jenseits des Lasters, von einer Hölle, in der alle Juden notwendigerweise engelsgleich und alle Deutschen notwendigerweise teuflisch waren, müssen wir in die Wirklichkeit der Politik zurückkehren. Die wirkliche Geschichte dieser von den Nazis konstruierten Hölle wird dringend für die Zukunft benötigt."[8] Der Anspruch, diese Geschichte zu erzählen, prägt dann Arendts *Elemente und Ursprünge totaler Herrschaft*, in dem das Bild der Hölle freilich keineswegs verschwindet. Die Geschichte habe gezeigt,

> daß man höllische Phantasien realisieren kann, ohne daß der Himmel einstürzt und die Erde sich auftut. Das einzige, was nicht realisierbar ist, ist zugleich dasjenige, was allein die traditionellen Höl-

---

6 Ebd., S. 139.
7 Hannah Arendt, „Das Bild der Hölle", in: dies., *Nach Auschwitz. Essays und Kommentare 1*, Berlin 1989, S. 49-62, hier S. 53f. Auch später wird Arendt betonen, dass die Lager „nur mit Bildern zu beschreiben [sind], die aus der Vorstellungswelt von einem Leben nach dem Tode stammen, nämlich von einem Leben, das individuellen Zwecken enthoben ist." (Dies., *Elemente und Ursprünge totaler Herrschaft*, München 1986, S. 653.)
8 Arendt, Das Bild der Hölle, S. 54.

lenvorstellungen menschlich erträglich machte: das Jüngste Gericht und die Vorstellung eines absoluten Maßstabs der Gerechtigkeit, verbunden mit der unendlichen Möglichkeit der Gnade. Denn nach menschlichem Ermessen gibt es kein Verbrechen und keine Sünde, die mit der Höllenstrafe und ihrer Ewigkeit kommensurabel wären.[9]

Das Lager erscheint hier erneut als ‚moderne Hölle', die gerade darum modern ist, weil sie absolut ist, weil ihr kein Ort des Gerichts (oder gar der Gnade) mehr gegenüber steht, weil sie eine menschlich realisierte Hölle ist, die keinen Himmel mehr kennt. Das bedeutet nicht nur, dass kein Gericht Recht sprechen kann über die Täter, es heißt auch, dass es aus dem Lager und im Lager keine Rettung mehr gibt, ja dass man das Lager als den Ort verstehen kann, der Rettung ausschließt: Im *Muselman* produziert das Lager dasjenige Leben, das nicht einmal mehr getötet werden kann, dem jegliche Transzendenz abgeht, das gleichermaßen unrettbar und unerlösbar ist. Will man also über Rettung und Erlösung im 20. Jahrhundert nachdenken, so sind die Lager die entscheidende Probe.

Auffällig an Arendts Texten ist dabei eine Ambivalenz, wenn es etwa heißt, das Bild der Hölle mit Engeln und Teufeln solle durch die „wirkliche Geschichte" ersetzt werden – und zwar, so die Fortsetzung des Satzes, durch „die wirkliche Geschichte dieser von den Nazis konstruierten Hölle". Die religiöse Semantik wird also aufgerufen, um negiert zu werden – und kehrt doch zurück. Das Lager als ‚moderne Hölle', diese Metapher heißt auf der einen Seite, dass sich das Lager in seiner Absolutheit von der christlichen Hölle unterscheidet, auf der anderen Seite ist es nicht nur immer noch eine Hölle, auch seine Absolutheit evoziert eine Art negative Transzendenz. Das Bild der Hölle lässt sich nicht ruhigstellen, es oszilliert, es kehrt immer wieder zurück. Es zeigt die Ambivalenz, die Figuren der Säkularisierung eigen ist, die immer aus der Spannung von Evokation und Distanzierung der religiösen Tradition leben.[10] Gerade darum ist es wichtig, welche Rolle solche Bilder und Vorstellungen in extremer Situation spielen.

---

9 Arendt, Elemente und Ursprünge, S. 686.
10 Vgl. Daniel Weidner, „Zur Rhetorik der Säkularisierung", in: *Deutsche Vierteljahrsschrift für Literaturwissenschaft und Geistesgeschichte* 78 (2004), H. 1, S. 95-132.

Die Rede von der ‚Erlösung' wie von der ‚Unerlösbarkeit' verweist wohl auch auf eine andere Ambivalenz: In der Vorstellung der ‚Erlösung' waren immer schon religiöse und rechtlich-politische, ja sogar ökonomische Momente vereint: ‚Erlösung' meint religionsgeschichtlich ursprünglich primär das ‚Auslösen' aus der Gefangenschaft, es ist eng verbunden mit der Vorstellung der Sühne als Wiederherstellung der religiösen ‚Reinheit' oder Dignität der betroffenen Person. Die ‚Unerlösbarkeit' der Lagerhäftlinge ist daher zugleich ihre ökonomische Wertlosigkeit und der Verlust ihrer Subjektivität – ein Verlust, für den sich keine Kompensation mehr denken lässt. Denn wenn die Erlösungsvorstellung der Moderne fremd geworden ist, so liegt das nicht einfach im Verlust des religiösen ‚Glaubens' oder in der besonders radikalen Gewalt in der Moderne, sondern auch an der modernen Vorstellung personaler Subjektivität, die eine sühnende Erlösung eines Subjekts durch ein anderes problematisch macht. Denn die mit Erlösung fast notwendig verbundene Idee der Sühne setzt Substituierbarkeit und Repräsentation voraus: Das Unheil, die Unreinheit oder die Schuld kann dargestellt und ausgeglichen werden. Individuelles Leiden ist für die Moderne aber unvertretbar und unsühnbar, vor allem wenn es unerklärlich ist. Das macht deutlich, dass die Frage nach der Erlösung auch epistemologische und poetologische Implikationen hat, die gerade in der Moderne, wo die Rede von der Erlösung nicht mehr ungebrochen bedeutet, produktiv werden können.

II

Auch Peter Weiss Arbeit an der *Divina Commedia* ergibt sich aus der Frage, nach der Darstellbarkeit der Schrecken der Moderne und der Rolle, welche die literarische Tradition dabei haben kann. Dante ist für ihn dabei weniger ein gegebenes kulturelles Erbe als eine literarische Möglichkeit – in einem Interview von 1965 macht er daher auch deutlich, wie begrenzt seine Vertrautheit mit dem Text ist:

> Es ist mir noch nicht geglückt, die ganze Komödie zu lesen. Nur den *Inferno*-Teil kenne ich, so wie ein heutiger Leser ein solches Werk eben kennt. [...] Vom *Purgatorio* überblicke ich nur die niedrigsten Gelände, dann verliert sich die Dichtung immer mehr ins Ungreifbare. [...] Zum Verständnis dieses Paradieses fehlen mir die theologischen und philosophischen Grundlagen. Ich lese hier und da einen Vers, ich habe Verständnis für die letzten Teile, in denen Dante im-

mer wieder erwähnt, daß es ihm die Stimme verschlägt, daß ihm die Worte zur Schilderung seines Zustandes fehlen. Es ist ein gutes Material für Gedankenübungen und Revidierungen.[11]

Dante ist also vor allem Material der eigenen künstlerischen Arbeit, und dementsprechend produziert Weiss auch verschiedene Arbeitstexte: eine 1965 veröffentlichte *Vorübung zum dreiteiligen Drama divina commedia* und eine Reihe erst postum veröffentlichter verschiedener Stücke, insbesondere Entwürfe zum *Inferno*. Anregend für Weiss ist dabei zum einen die große Form des enzyklopädischen Epos, weil sie es zu erlauben scheint, jene Stoffmassen zu disponieren, die ihm in dieser Zeit vorschweben: Weiss denkt an ein „Welttheater", das die Frage beantwortet: „Wie lassen sich die komplizierten Zusammenhänge, die unsere Gesellschaftsordnung ausmachen, in ihrer Totalität überhaupt darstellen?"[12] Zum anderen fasziniert Weiss das figurale Verfahren Dantes, durch das historische, aktuell-politische und subjektgeschichtliche Dimensionen in den Text eingelesen werden und Dante somit zum „Dichter der irdischen Welt" im Sinne Erich Auerbachs wird.[13] Während Weiss in der Anfangsphase noch mit einer Gegenüberstellung von Dante und Giotto als zwei Formen von Kunst arbeitet – „Bei Giotto alles vom Diesseitigen geprägt, / bei Dante vom Glauben an das Übernatürliche"[14] – betont er später zunehmend auch die Weltlichkeit Dantes; die Spannung von Wirklichkeit und Unwirklichkeit ebenso wie der Paragone verschiedener Künste wird allerdings untergründig auch weiterhin Weiss' Schreibprojekt bestimmen.

Weiss betont auch hier, dass er der *Divina Commedia* nur das entnehmen wolle, „was sich in ein irdisches Dasein versetzen läßt", und dass ihn das Jenseits nicht interessiere: „Es genügt, was hier auf der Erde von mir

---

11 Peter Weiss, „Gespräch über Dante" in: ders., Rapporte, S. 142-169, hier S. 142f. Zum gesamten Projekt vgl. Yannick Müllender, *Peter Weiss' Divina Commedia-Projekt (1964-1969): ‚... läßt sich dies noch beschreiben'. Prozesse der Selbstverständigung und der Gesellschaftskritik*, St. Ingbert 2007; zu den Dante-Bezügen allgemein bei Weiss vgl. Burkhard Lindner, „Anästhesie. Die dantesche Ästhetik des Widerstands und die Ermittlung", in: Ästhetik, Revolte, Widerstand. Zum literarischen Werk von Peter Weiss, hg. v. Jürgen Garbers, Lüneburg 1990, S. 114-128; sowie Jens Birkmeyer, *Bilder des Schreckens. Dantes Spuren und die Mythosrezeption in Peter Weiss' Roman Die Ästhetik des Widerstands*, Wiesbaden 1994.
12 Weiss, Gespräch über Dante, S. 163.
13 Vgl. Erich Auerbach, *Dante als Dichter der irdischen Welt*, Berlin/Leipzig 1929.
14 Weiss, Vorübung zum dreiteiligen Drama divina commedia, S. 128.

gefordert wird, und meine größte Anstrengung reicht kaum dazu aus, mir einige Bruchteile davon klarzumachen."[15] Die Leistung von Form und Figuration besteht für Weiss darin, dass sie Abstand schaffen: „Allein die Tatsache, daß einer sich äußert, daß einer die Kraft aufbringt, diese Gegenden zu beschreiben, setzt ein Abstandnehmen voraus, und ein Stück fiktiven Bodens, von dem aus die Aussage vorgenommen werden kann. Dieser fiktive Boden ist das künstlerische Mittel."[16] Abstand zu nehmen bedeutet eben, jenen Gedanken zu fassen, der Levi als Zitat aus der *Commedia* einfiel – der Rekurs auf Dante eröffnet die Möglichkeit der Darstellung auch dessen, was sich der Darstellung zunächst entzieht.

Diese Transformation der Danteschen *Commedia* ins Irdische ist freilich keine einfache Übertragung, sondern eine radikale Transformation, die geradezu eine Inversion zur Folge hat:

> das Grundmuster zeigte sich / wie folgt: Inferno / beherbergt alle die, die nach des früheren Dante Ansicht / zur unendlichen Strafe verurteilt wurden, die heute aber / hier weilten, zwischen uns, den Lebendigen, und unbestraft / ihre Taten weiterführen, und zufrieden leben / mit ihren Taten, unbescholten, von vielen bewundert. Alles / ist fest hier, geölt, gesichert, nichts wird bezweifelt, und jegliches Leiden / ist weit abgeschoben.[17]

Überraschenderweise entspricht Dantes Hölle in Weiss geplanter Aktualisierung gerade nicht dem Lager, sondern dem Alltag der Gegenwart. Für Weiss ist die Hölle nicht der Schrecken, sondern die Normalität; mit anderen Worten: Das Moderne der Hölle ist nicht, dass hier die Unschuldigen sitzen, sondern dass die, welche eigentlich bestraft werden müssten, straflos sind. Weiss vollzieht damit gerade keine platte Säkularisierung der Danteschen Welt, sondern verfremdet den Topos der ‚modernen Hölle' seinerseits literarisch; und erst in dieser Brechung wird das eigentliche Potential der literarischen Tradition deutlich – nämlich den Zivilisationsbruch zugleich beschreiben zu können und von ihm in Frage gestellt zu werden.[18]

Die Entwürfe zum Inferno-Drama aus dem Nachlass zeigen, wie diese Gestaltung ungefähr geplant war: Die Figur Dante wird hier in eine

---

15 Weiss, Gespräch über Dante, S. 143f.
16 Ebd., S. 145.
17 Weiss, Vorübung zum dreiteiligen Drama divina commedia, S. 137.
18 Dass Weiss keine „platte Säkularisierung" der Höllentopik betreibe, betont v.a. Lindner, Anästhesie, S. 117f.

Welt verschlagen, die wesentlich eine Welt der Verkennung, Schuldabwehr und gewendeten Aggression ist. So singt etwa der ‚Chor' von der Stadt Dis, in der das Stück spielt: „Hier gehts herein zur Stadt / in der das Leiden überwunden ist / und jegliche Verlorenheit vergessen / Hier gehts herein zur Stadt / in der es nichts mehr zu erhoffen gibt / denn alles was in dieser Stadt besteht / das ist vollkommen".[19] In diese Stadt, die einmal seine Heimat war, kehrt Dante aus der Fremde zurück, wird mit Ehren überhäuft, bleibt ihr aber fremd – hier gehen nicht zuletzt die Erfahrungen von Weiss während seiner Deutschland-Besuche ein: „Ich sah wie die Bewohner lachend / über die gepflegten Plätze gingen / auf denen gestern noch / die Scheiterhaufen brannten".[20] In Dis zählt nur noch das Lebendige, die Toten sind vergessen und die Lebenden, auch der Dichter, werden durch permanentes Maskenspiel getäuscht und abgelenkt; Dantes Hinweise, dass es auch noch eine andere Welt gebe, wird nur mit Gelächter quittiert. Schon anfänglich stellt Vergil fest: „Falsch ist die grosse Kunst mit der er sich bemühte / schreckliche Strafen in das Jenseits zu verweisen", der Chor antwortet ihm: „Es gibt nur einen Platz für alle unsre Taten / und der ist hier hier sind wir unbestraft am Werk".[21] Im weiteren Verlauf wird Dante immer wieder deutlich gemacht, dass er zur selben Stadt gehört, dass er unter ihr Gesetz falle und mitspielen müsse. Als im letzten Gesang der misshandelte Dichter auf die Bühne geschleppt wird, um dort als Dichter gekrönt zu werden, konstatiert der ‚Chef', die Impressario-Gestalt: „Ich stelle wieder einmal mit Genugtuung fest / dass unsre Bühne fähig ist / jedwedes Spiel / das ich im Augenblick ersinne /ohne Verzögerung vorzustellen".[22] Zwar schließt das Stück mit der Lossagung Dantes – und ist insofern auch ein Läuterungsdrama des Autors –, aber auf diese antwortet wiederum „Grölendes Gelächter" der Bewohner von Dis.

„Es ist das Wesen der Hölle", kommentiert Weiss, „daß es dort keine Einsicht gibt. Ihr Schmerz führt zu keinem Ergebnis und kann deshalb als nicht vorhanden angesehen werden."[23] Infernalisch ist also nicht das Leiden, sondern die Unmöglichkeit seiner Anerkennung, und wo keine Erkenntnis ist, kann auch keine Erlösung sein. Allerdings würden wir Erlösung im Danteschen Modell auf einem anderen Schauplatz

---

19 Peter Weiss, *Inferno. Stück und Materialien*, hg. v. Christoph Weiß, Frankfurt am Main 2003, S. 21.
20 Ebd., S. 23.
21 Ebd., S. 13.
22 Ebd., S. 118.
23 Weiss, Gespräch über Dante, S. 166.

erwarten, nämlich im Paradies. Aber auch dort ist die Transposition der gesamten Struktur wirksam: Wenn für Dante das Paradies der Ort der Glückseligkeit jener ist, die auf Erden gelitten haben, so trifft der moderne Wanderer andere Gegenden:

> Und er wird die völlige Verödung / vorfinden, die himmlischen Räumlichkeiten werden nichts sein / als Leere, und nichts kann dargestellt werden in dieser Leere, denn / der Alighieri von heute müßte das Spiel mit Illusionen aufgeben, keinen Toten kann er erwecken, er besitzt nichts als die Wirklichkeit / von Worten, die jetzt noch aussprechbar sind, und es ist seine Aufgabe, / diese Worte zu finden, und sie leben zu lassen, in der absoluten Leere.[24]

Auch das Paradies ist radikal weltlich, aber auch radikal verkehrt. Waren im Weiss'schen Inferno die Schuldigen glücklich, so sind im Paradies die Unschuldigen unglücklich – und ihre Unschuld entzieht sich der Darstellung ebenso wie ihr Unglück. Die Unsagbarkeitstopik, die bei Dante mit der himmlischen Welt verbunden ist, bezieht sich hier auf die Welt der Opfer und die Schrecken der Gegenwart – die nicht mehr erlöst werden können.

III

Weiss führt das *Divina-Commedia-Projekt* niemals zu Ende: Die Arbeit am Inferno Projekt wird unterbrochen und bleibt trotz wiederholten Fortsetzungsversuchen unabgeschlossen. Stattdessen wird der *Paradiso*-Teil zum 1965 uraufgeführten Drama *Die Ermittlung* ausgearbeitet, einem dokumentarischen Stück auf der Grundlage des Frankfurter Auschwitz-Prozesses. Dieser Text arbeitet sich an der Undarstellbarkeit und ‚Leere' des Paradieses ab, und zwar nicht nur durch seine dokumentarische Form, die den Autor tatsächlich zurücktreten lässt und auf alles verzichten lässt bis auf „die Wirklichkeit von Worten", nämlich die zitierten Zeugenaussagen. Die Transposition hat darüber hinaus auch hier weitreichende Folgen, die insbesondere die Form der Darstellung betreffen: Indem Weiss das Lager durch den Prozess dramatisiert, entleert er zugleich die Form des Dramas, das hier kein Urteil spricht, sondern jeder Gerechtigkeit Hohn spricht. Weil Drama und

---

24 Weiss, Vorübung zum dreiteiligen Drama divina commedia, S. 138.

Gericht innerlich verbunden sind, entspricht der Unmöglichkeit des Gerichts über Auschwitz – die schon bei Arendt das eigentlich moderne, wenn man will: ‚Absolute' der modernen Hölle ausmachte – eine Unmöglichkeit eines Dramas über Auschwitz und damit der radikalen Infragestellung des Dramas als Form. Gerade weil Weiss damit einer nicht mehr mimetischen Ästhetik der Avantgarde folgt, könnte die Frage nach der Undarstellbarkeit der Shoah an der *Ermittlung* sehr viel gehaltvoller diskutiert werden, als das in der Regel geschieht.[25]

Auch *Die Ermittlung* rekurriert auf Dante, wenn auch die Dante-Bezüge viel weniger deutlich sind als im *Inferno*-Entwurf. Nachdem die Dante explizit erwähnende Einleitung kurz vor der Veröffentlichung gestrichen wurde, blieb die Einteilung in Gesänge, die Topographie des Abstiegs von der ‚Rampe' des ersten Gesanges über das ‚Zyklon B' bis zum ‚Feuerofen' sowie die rhythmisierte Sprache, die als verfremdeter epischer Ton fungiert. Im weiteren Sinne findet man im Text vielfach das Prinzip der Kontrafaktur, das für das *Divina Commedia-Projekt* insgesamt charakteristisch ist, indem religiöse Semantik zugleich aufgerufen und negiert wird, um die Normalität des Unnormalen im Lager zu beschreiben: „Die Unfähigen / die Trägen im Geiste / die Milden / die Verstörten und Unpraktischen / die Trauernden und die / die sich selbst bedauerten / wurden zertreten".[26] Deutlich ist bereits hier, wie die Unterbrechungen und Stauungen von Weiss' Sprachrhythmus es erlauben, auch die trockene Berichtsform mit Bedeutung aufzuladen.

Als transponierte ist das Paradies eine verkehrte Welt: „Es war das Normale / daß uns alles gestohlen worden war / Es war das Normale / das alle stahlen".[27] Es ist aber auch eine Welt der Sinnlosigkeit, die sich schon hier der dramatischen Sinngebung etwa als Tragödie oder Martyrium entzieht: „Wir nennen sie Helden / doch ihr Tod war sinnlos".[28] Im Lager werden Leben, Tod und auch Überleben kontingent und damit permanent, dementsprechend heißt es im „Gesang von der Mög-

---

25 Weiss' *Ermittlung* ist im Diskurs über Holocaust-Literatur fast immer aus (identitäts)politischen Gründen ignoriert worden, vgl. dazu Robert Cohen, „Identitätspolitik als politische Ästhetik. Peter Weiss' *Ermittlung* im amerikanischen Holocaust-Diskurs", in: *‚Niemand zeugt für den Zeugen'. Erinnerungskultur nach der Shoah*, hg. v. Ulrich Baer, Frankfurt am Main 2000, S. 156-172.
26 Peter Weiss, *Die Ermittlung. Oratorium in 11 Gesängen*, in: ders., *Stücke I*, Frankfurt am Main 1976, S. 257-449, hier S. 289.
27 Ebd., S. 288f.
28 Ebd., S. 336.

lichkeit des Überlebens" zum einen „Ich selbst / war nur durch Zufall / der Vergasung entgangen", zum anderen: „Ich kam aus dem Lager heraus / aber das Lager besteht weiter".[29] Es ist gleichermaßen eine sinnlose wie eine unerlösbare Welt, aber der Text verweigert sich doch der Hypostasierung dieses Sinnlosen, etwa wenn einer der Zeugen betont, dass das Lager unbegreiflich ist, aber begriffen werden muss:

> Wenn wir mit Menschen / die nicht im Lager gewesen sind / heute über unsere Erfahrungen sprechen / ergibt sich für diese Menschen / immer etwas Unvorstellbares / Und doch sind es die gleichen Menschen / wie sie dort Häftlinge und Bewacher waren / Indem wir in solch großer Anzahl / in das Lager kamen / und indem uns andere in großer Anzahl / dorthin brachten / müßte der Vorgang auch heute noch / begreifbar sein.[30]

Dieses Aufeinanderprallen von Begreiflichem und Unbegreiflichen wird theatral wirklich durch die Darstellung als Prozess, der selbst als Konfrontation zwischen dem ‚rationalen' Verfahren des Rechts – inklusive der allzu durchschaubaren juristischen Finten der Verteidiger – und den Stimmen der Zeugen, die in all ihrer Schwäche vor dem Gesetz stehen. So wird etwa das Stocken einer Zeugin beim Bericht über die Qualen, die ihr im Rahmen medizinischer ‚Versuche' angetan wurden, von der Verteidigung als Gedächtnisschwäche ausgelegt: „Wir sind der Ansicht / daß die Zeugin auf Grund ihres Gesundheitszustandes / nicht in der Lage ist / dem Gericht glaubwürdige Antworten zu geben".[31] Die Stimmen der Zeugen sind also selber in höchstem Maße gefährdet, die Würde der Opfer ist höchst fragil und wird permanent in Frage gestellt. Zugleich wird die Rede von extremen Grausamkeiten immer gebrochen durch die bürokratische Sprache der ‚Zuständigkeiten', ‚Sachverhalte' und ‚Maßnahmen', die in ihrer Abstraktion auch das Theater des Absurden überbietet, in dessen Tradition sich Weiss' ältere Stücke stellten.[32]

---

29 Ebd., S. 323; S. 338.
30 Ebd., S. 335.
31 Ebd., S. 340. Zeugenschaft wird hier auch durch die permanente Reflexion über die ‚Grauzone' zwischen Tätern und Opfern problematisiert: „Um die Möglichkeit des Überlebens / zu erhalten / waren sie gezwungen / einen Anschein von Zusammenarbeit zu wecken" (ebd., S. 354).
32 Vgl. dazu Ernst Schumacher, „Die Ermittlung von Peter Weiss", in: Peter Weiss, *Die Ermittlung*, Frankfurt am Main 1991, S. 211-233. Vor allem Art-

Die Darstellung als Gerichtsprozess scheint zunächst eine Maßnahme der Distanzierung und Verfremdung zu sein, die auf die Undarstellbarkeit des Lagers reagiert und zugleich dem Zuschauer ein Urteil ermöglichen könnte. Tatsächlich untergräbt sie aber die Darstellung selbst: Selbst wenn der Prozess jene Instanz wäre, welche die Verbrechen der Lager verurteilen könnte und damit auch das Lager ‚verständlich' machen würde, so erweist sich diese Instanz im Verlauf des Stücks als zunehmend unmöglich. Der Gerichtsprozess ist auch eines der zentralen Paradigmen des Dramas überhaupt, und wenn kein Prozess stattfinden kann, so findet auch kein Drama statt. Schon Lessing hatte das Theater als „Supplement der Gesetze" bezeichnet,[33] für Schiller wirkt es als „Verstärkung für Religion und Gesetze",[34] weil es eben einen *anderen* Prozess inszeniert, weil die poetische Gerechtigkeit der Bühne ein moralisches Urteil spreche, welches das bürgerliche, rein politische Gesetz nicht fällen könne. Es ersetzt damit die Funktion der Religion und jenes anderen Gerichts, des Jüngsten Gericht, das für Dantes Erlösungsvorstellung zentral war, es wird somit gewissermaßen zum heilgeschichtlichen Korrektiv einer säkularen, autonomen Politik. Aber genau diese Funktion ist im 20. Jahrhundert nicht mehr möglich, wie die Weiss'sche Inversion des Welttheaters deutlich macht: Das Theater ersetzt nicht mehr den Prozess, sondern verschmilzt mit ihm, es ist aber kein Prozess mehr, der Recht spricht, sondern der selbst nur noch Theater ist.

Die Entleerung des Rechts, die auch eine Entleerung des Theaters ist, wird in der Ermittlung immer wieder betont. Sie ist die Erfahrung der Zeugen im Lager: „Die Frage / was recht und was unrecht / bestand nicht mehr".[35] Aber auch die Täter berufen sich auf sie, um ihre Handlungsunfähigkeit zu begründen: „Vor welchem Gerichtshof / hätte ich Klage erheben können / über die Menge der Getöteten".[36] Vor allem

---

auds Konzept des Theaters der Grausamkeit und der grausamen Phantasie war wichtig für Weiss: „Aber Auschwitz ‚vernichtete' auch seine krankhaften Phantasien, indem es sie ‚versachlichte'." (Ebd., S. 227.)

33 Gotthold Ephraim Lessing, *Hamburgische Dramaturgie*, in: ders., *Werke*, in Zusammenarbeit mit Karl Eibl hg. v. Herbert G. Göpfert, 8 Bde., München 1970-1979, Bd. 4: Dramaturgische Schriften, S. 263.
34 Friedrich Schiller, *Was kann eine gute stehende Schaubühne eigentlich wirken?*, in: ders.: *Sämtliche Werke in 5 Bänden*, hg. v. Peter-André Alt, Albert Meier und Wolfgang Riedel, München 2004, Bd. 5: *Erzählungen. Theoretische Schriften*, S. 818-831, hier S. 822.
35 Weiss, Die Ermittlung, S. 300.
36 Ebd., S. 441.

wird der Gerichtshof selbst als Spiel dargestellt, das allenfalls von den Zeugen ernst genommen wird, während die Verteidiger den Prozess immer wieder unterbrechen und die Angeklagten sich niemals mit ihrer ‚Rolle' identifizieren und immer wieder betonen, dass sie weder ‚verantwortlich' noch ‚zuständig' waren – wobei schon die Ersetzung der moralischen ‚Verantwortung' durch die bürokratische ‚Zuständigkeit' die Hilflosigkeit des Rechts zeigt. Nirgendwo wird der farcenhafte Charakter des Prozesses deutlicher als an den Stellen, wo die berichteten Grausamkeiten immer wieder mit „Gelächter" quittiert werden: Es ist nicht das erlösende christliche Lachen angesichts der Endlichkeit allen Leidens, sondern das infernalische, welches das Paradies nicht kennt. ‚Erlösung' wäre nur denkbar, wenn es einen zweiten Schauplatz gäbe; aber auch Theater kann nur dann spielen, wenn das theatrale Spiel die Welt nicht einfach wiederholt, sondern korrigiert oder wenigstens kommentiert. In der *Ermittlung* löst sich die dargestellte Wirklichkeit auf, zugleich löst sich auch die Darstellung auf. In der Prozessführung wird Theater zur Grauzone, in der Rettung – und sei es ästhetische – unmöglich wird: Wo Endlösung war, kann Erlösung nicht mehr sein.

IV

So scheint das *Divina-Commedia-Projekt* in eine ästhetische Aporie zu führen. Kein Erlösungsbedarf im *Inferno*, keine Möglichkeit der Erlösung im *Paradiso*. Aber genau diese Aporie macht Weiss zum Produktionszentrum seines weiteren Schreibens, das einen spezifisch poetischen Umgang mit der ‚Erlösung' ebenso wie mit dem ‚Überleben' im Angesicht der Endlösung entwickelt. Dafür sind vier Verschiebungen zentral, die Weiss an der Ausgangskonzeption einer Reformulierung des Welttheater-Projekts vornimmt; sie betreffen die eigene Subjektivität, die Frage der Undarstellbarkeit, die Beziehung von Inferno und Paradies und schließlich auch das Medium der Darstellung: Weiss wechselt vom Drama zur Prosa und beginnt, an dem großen Roman *Die Ästhetik des Widerstands* zu arbeiten.

Erstens stellt sich Weiss selbst an den Ort der Aporie und verstärkt damit die auch vorher immer wieder aufscheinende Selbstfiguration als Überlebender, die sich etwa in den autobiographischen Zügen der Dante-Gestalt im *Inferno*-Drama zeigt. In einem 1964 geschriebenen Text *Meine Ortschaft* wendet Weiss die objektive Problematik der Undarstellbarkeit modernen Schreckens ins Subjektive, indem er Ausschwitz zu seinem Ort des Schreibens erklärt. Keine der Orte seiner Herkunft oder seiner Aufenthalte sei wesentlich und bestimmend für ihn: „Nur diese eine Ortschaft, von der ich seit langem wußte, doch die ich erst spät sah, liegt gänzlich für sich. Es ist eine Ortschaft, für die ich bestimmt war und der ich entkam. Ich habe selbst nichts in dieser Ortschaft erfahren. Ich habe keine andere Beziehung zu ihr, als daß mein Name auf den Listen derer stand, die dorthin für immer übersiedelt werden sollten."[37] Weiss nimmt die Position eines Überlebenden ein – aber das begründet keine Identität und vermittelt auch keine besonderen Fähigkeiten und kein besonderes Wissen, sondern ist zunächst nur ein Ort, und zwar ein Ort des Mangels. Der Großteil des Textes besteht dann aus der Beschreibung dieses Ortes. Weiss beschreibt, wie er Auschwitz besucht und angesichts der „äußersten Stille" dieses Ortes weder eine Botschaft noch einen Auftrag von den Toten hört: „Nichts ist übriggeblieben als die totale Sinnlosigkeit ihres Todes".[38] Sich an diesen Ort zu stellen, bedeutet daher auch, dass sich dieser Ort permanent entzieht und das Ich im Schweigen versinkt: „Ein Lebender ist gekommen, und vor diesem Lebenden erschließt sich, was hier geschah. Der Lebende, der hierherkommt, aus einer andern Welt, besitzt nichts als seine Kenntnisse von Ziffern, von niedergeschriebenen Berichten, von Zeugenaussagen, sie sind Teil seines Lebens, er trägt daran, doch fassen kann er nur, was ihm selbst widerfährt."[39] Die Aufgabe ist also, jene „Berichte" und „Zeugenaussagen" und das, was einem selbst „widerfährt", das eigene Erleben und Überleben, in ein Verhältnis zu setzen.

Zweitens versucht Weiss, diesen Entzug, die Frage von Sprache und Stummheit, die ihn schon immer beschäftigte, noch einmal anders zu durchdenken und medial zu konkretisieren. In gewisser Hinsicht greift er dabei auf den ersten Anfang des *Divinia-Commedia-Projekts* zurück, auf die Konfrontation von Dante und Giotto, auf den Paragone von Malerei und Dichtung, der in der neueren Poetik kanonisch in Lessings *Laokoon* verhandelt worden ist. Seine Rede *Laokoon oder über die Grenzen der Sprache* entwickelt Weiss zunächst subjektgeschichtlich: Als Schriftsteller im Exil sei er aus der Sprache vertrieben worden, ihm sei Sprechen und Schreiben gleichermaßen problematisch und er müsste seine eigene Sprache erst finden: „Herausgerissen aus seiner alten Sprache, noch nicht heimisch in einer neuen, konnte er alles, was er nicht

---
37 Peter Weiss, „Meine Ortschaft", in: ders., Rapporte, S. 113-124, hier S. 114.
38 Ebd., S. 123.
39 Ebd., S. 124.

auszusprechen vermochte, im Bild zu einem verständlichen Ereignis zusammendrängen."[40] Die Spannung zwischen verlorener Sprache und gefundenem Bild treibt das Schreiben an, sie führt zu Versuchen der Bildbeschreibung, die das Verlorene, erst im Bild Verständliche, wiederzugewinnen versucht. Weiss entwickelt das am Bilde Laokoons, das ja nicht nur seit Lessing paradigmatisch für den unterschiedlichen Ausdruck von Wort und Bild steht, sondern auch für ein Bild des Schmerzes und des Todes. In ihm findet Weiss einen Unterschied:

> Laokoon und sein jüngster Sohn setzen keinen Beschauer mehr voraus. Sie bilden nur noch ein Moment über ihren eigenen Untergang. Nie mehr geben sie einen Laut von sich. Der ältere Sohn aber gehört noch einer belebten Welt an, er bricht sich aus dem Statuarischen hinaus, um denen, die ihm vielleicht zur Hilfe kommen, Bericht zu erstatten.[41]

Typisch für Weiss verschmilzt der beschreibende Blick mit den Figuren: In der Beschreibung denkt er sich in das Bild ein, in welchem er selbst zum Zeugen oder zum Tätigen wird: Er selbst wird zum ältesten Sohn und sinnt auf einen Ausweg und sucht „jede Möglichkeit, die Fesselung zu lockern".[42] In der Beschreibung wird damit das scheinbar Feste, Unbewegliche, Erstarrte aufgelockert durch einen kritischen Blick, der zwischen den Söhnen unterscheiden kann. Im Vollzug der Beschreibung stehen Bild und Wort also nicht mehr in wechselseitiger Konkurrenz und ergänzen sich auch nicht einfach, sondern sie öffnen sich gegenseitig: Das Bild zeigt, was (noch) nicht sagbar ist, die Worte machen sagbar, was im Bild (fast) verstummt. Das ermöglicht jenen „Bericht" an diejenigen die „vielleicht" zur Hilfe kommen, einen Bericht, der gerade aus der Gefahr und dem permanenten Angrenzen an die Undarstellbarkeit hervorgeht: „hinter jedem Wort hing die Gefahr des Verstummens".[43] Indem das Verhältnis von Sprechen und Schweigen zugleich als das des verlorenen Wortes zum stummen Bild gedacht werden, wird die Aporie der Undarstellbarkeit anders bearbeitbar.

Schließlich versucht Weiss drittens die Aporie der doppelten Unerlöstheit – der Erlösungsunbedürftigkeit der Gegenwart und der

---

40 Peter Weiss, „Laokoon oder Über die Grenzen der Sprache", in: ders., Rapporte, S. 170-187, hier S. 180.
41 Ebd., S. 180f.
42 Ebd., S. 183.
43 Ebd., S. 187.

Unerlösbarkeit des Vergangenen – dialektisch zu behandeln, d.h. die Gegensätze aufeinander zu beziehen. Schon im Rahmen des *Divina-Commedia-Projekts* entwarf Weiss neben Inferno und Paradies ein Drittes:

> Purgatorio dann / ist die Gegend des Zweifelns, des Irrens, der mißglückten Bemühungen, die Gegend des Wankelmuts und des ewigen Zwiespalts, doch immerhin / gibt es hier die Bewegung, es gibt den Gedanken an eine Veränderung /der Lage.[44]

Im Rahmen des Welttheater-Projekts wären, wie es an anderer Stelle heißt, im ersten Teil die Ursachen, im dritten die Folgen, im Zwischenstück die „Ahnung der Alternative" zu entwickeln,[45] eine Ahnung, die freilich alles andere als eine Gewissheit ist. Sie wäre noch keine Rettung oder gar Erlösung, aber sie gibt eine Richtung vor, der Weiss' späteres Schreiben folgt. Zwar gibt es keine eigentlichen Entwürfe zu einer Fegefeuer-Dichtung, aber noch kurz vor seinem Tod soll sich Weiss immer wieder mit dem Gedanken getragen haben, an einem solchen Text über die „Welt der Paradoxe" zu arbeiten, in der Inferno und Paradies aufeinander prallen.[46]

V

Nach einer kurzen Wiederaufnahme des *Divina-Commedia-Projekts* im Herbst 1969, in der Weiss bereits vom Drama zur Prosa wechselt, beginnt er seit 1971 an einem neuen Projekt zu arbeiten, das die Poetik des Überlebenden mit einer Ästhetik der Erlösung – der Befreiung der Kunst aus ihrer Erstarrung – verbinden wird: Es ist der große Roman *Die Ästhetik des Widerstands,* in dem die verschiedenen Diskurse der Rettung, ja die literarische und künstlerische Tradition als solche noch

---

44 Weiss, Vorübung zum dreiteiligen Drama divina commedia, S. 137. Im *Inferno*-Stück warnt Vergil Dante: „Mit jedem Zögern trittst du schon heraus / aus unserm Reich / Irgendwo gibt es den Zwischenzustand / den eine unbekannte Ordnung Purgatorio nennt / Schrecklich muss es da sein / da solls nur Wankelmut und Zweifel geben" (Weiss, Inferno, S. 62).
45 Weiss, Vorübungen zum dreiteiligen Drama divina commedia, S. 139.
46 Vgl. dazu Müllender, Peter Weiss' Divina Commedia-Projekt, S. 294ff. Vgl. auch eine der frühesten Aufzeichnungen aus den Notizbüchern: „Purgatorio: Die Welt der Paradoxe", in: Weiss, Notizbücher 1960-1971, S. 263.

einmal durchgearbeitet werden und zugleich die Position des schreibenden Subjekts noch deutlicher profiliert wird. Die Unmöglichkeit und zugleich die Notwendigkeit, nach der katastrophischen Geschichte des zwanzigsten Jahrhunderts von ‚Rettung' zu sprechen, lässt sich wohl kaum irgendwo deutlicher ablesen als an diesem Text. Wie in der *Laokoon-Rede* geht es Weiss auch in seinem großen Roman immer wieder darum, in Kunstwerken ein befreiendes Moment zu entdecken, indem er sie aus ihren immer ideologischen Kontexten herauslöst, wie es im Zusammenhang der berühmten Beschreibung des Pergamonaltars am Anfang des ersten Bandes heißt:

> Wollen wir uns der Kunst, der Literatur annehmen, so müssen wir sie gegen den Strich behandeln, das heißt, wir müssen alle Vorrechte, die damit verbunden sind, ausschalten und unsere eigenen Ansprüche in sie hineinlegen. Um zu uns selbst zu kommen, sagten Heilmann, haben wir uns nicht nur die Kultur, sondern auch die gesamte Forschung neu zu schaffen, indem wir sie in Beziehung setzen zu dem, was uns betrifft.[47]

Dieses Projekt einer ‚rettenden Kritik' im Sinne Walter Benjamins beschränkt sich hier nicht mehr auf einen Text, die Dantesche *Commedia*, sondern auf das gesamte kulturelle Erbe: Nur wenn es gelingt, dies Erbe zu retten, das heißt: neu lesbar zu machen, ist auch eine Rettung in der Gegenwart möglich. Oft handelt es sich dabei um Bilder, weil die Beschreibung der Bilder genau jenen Prozess der kritischen Verlebendigung figuriert, weil die Differenz von Wort und Bild es erlaubt, immer wieder das Verhältnis von Abbildbarem und Nicht-Abbildbarem durchzuspielen, und weil in der Beschreibung der Blick umgekehrt werden kann, so dass der Betrachter selbst zum Gemeinten erklärt werden kann.[48] Nicht weniger wichtig ist, dass diese ‚Rettung' jetzt in einem Gespräch geschieht, hier in den Unterhaltungen, die der namenlose Ich-Erzähler der Ästhetik des Widerstands mit seinen Freunden Heilmann und Coppi führt. Damit wird nicht nur ausgedrückt, dass die Rettung der Vergangenheit nicht als Leistung des ein-

---

47 Peter Weiss, *Die Ästhetik des Widerstands*, Frankfurt am Main 1983, Bd. 1, S. 41.
48 Allgemein zu den Bildern in der Ästhetik des Widerstands vgl. bes. Alexander Honold, „Das Gedächtnis der Bilder. Zur Ästhetik der Memoria bei Peter Weiss", in: *Die Bilderwelt des Peter Weiss*, hg. v. dems. und Ulrich Schreiber, Hamburg 1995, S. 100-113.

zelnen Subjekts möglich ist, sondern als politisches Handeln im Kollektiv. Die permanente Vermittlung der Handlung durch das Gespräch betont auch, dass die Rettung der Vergangenheit nur zusammen mit der Geschichte dieser Rettung erzählt werden kann: Die charakteristische Zweizeitigkeit der Erzählung der *Ästhetik des Widerstands*, in der die historische und kulturelle Erinnerung immer wieder mit der politischen Gegenwart überblendet wird, resultiert aus dieser doppelten Optik auf die Rettung der Geschichte und die Geschichte des Überlebens. Im Fall der zitierten Szene am Pergamonaltar geschieht das in dem Moment, in dem die Beschreibung von Gewalt und Unterdrückung auf dem Altarfries durch das Auftauchen einer SA-Kolonne gewissermaßen in die Wirklichkeit überführt wird.

In gewisser Hinsicht knüpft diese indirekte Darstellung noch an das große Epos und an Dantes *Divina Commedia* an, die ja ebenfalls über weite Strecken aus der Unterhaltung Dantes und Vergils besteht. Die *Commedia* spielt dann auch in den ästhetischen Debatten des Textes eine wichtige Rolle, denn Heilmann, Coppi und der Erzähler lesen und diskutieren auch diesen Text gemeinsam: „Von den ersten Zeilen an entstand der Eindruck, daß das, was hier geschildert werden sollte, sich mit Worten und Bildern eigentlich nicht ausdrücken ließ".[49] Dante habe sich selbst mit den Schrecken seiner Zeit und mit dem eigenen Tod auseinandergesetzt, die er figural in seine fiktionale Welt übersetzt habe. Sein Schreiben zeige, „daß das Anrühren des Todesgedankens, das Leben mit dem Tod und mit den Toten in sich, wohl den Trieb hervorrufen konnte zum Kunstwerk, daß aber das fertige Produkt für Lebende bestimmt war und deshalb auch nach allen Regeln des lebendigen Aufnehmens und Reflektierens ausgeführt sein mußte".[50] Dante wird zum Vorbild der eigenen kritischen Arbeit und zum Antidot gegen die Verzweiflung und Ermüdung, gegen die „schreckliche Lähmung der meisten anderen [...], denen durch brutales Herrschaftswesen die Initiative, die Anregung und Vorbildung zum Lesen vorenthalten waren".[51] Er wird zugleich zum Paradigma ästhetischer Objektivation, die gleichermaßen Bedingung für das Überleben wie

---

49 Weiss, Die Ästhetik des Widerstands, Bd. 1, S. 80. Die Lektüre der Freunde entspricht dabei Weiss' eigener Lektüre, vgl. dazu Klaus R. Scherpe, „Die Ästhetik des Widerstands als *Divina Commedia*. Peter Weiss' künstlerische Vergegenständlichung der Geschichte", in: *Peter Weiss. Werk und Wirkung*, hg. v. Rudolf Wolff, Bonn 1987, S. 88-99.
50 Weiss, Die Ästhetik des Widerstands, Bd. 1, S. 81.
51 Ebd.

für die Rettung der Vergangenheit ist und gewissermaßen den Unterschied von Laokoon zu seinem ältesten Sohn darstellt; ein Verfahren, das Weiss auch als „Anästhesie" bezeichnet.

Die Anästhesie gehöre auch zur äußerst beteiligten, Stellung beziehenden Kunst, denn ohne deren Hilfe würden wir entweder vom Mitgefühl für die Qualen andrer oder vom Leiden am selbsterfahrnen Unheil überwältigt werden und könnten unser Verstummen, unsre Schreckenslähmung nicht umwandeln in jene Aggressivität, die notwendig ist, um die Ursachen des Alpdrucks zu beseitigen.[52]

Wieder leistet Dante hier das „Abstandnehmen" und schafft ein „Stück fiktiven Bodens", von dem aus überhaupt gesprochen werden kann,[53] eine Fiktion, die für die *Ästhetik des Widerstands* insgesamt konstitutiv ist. Allerdings sind Lähmung und Verstummen durch die ästhetische Form niemals vollkommen gebannt. Es ist vielmehr entscheidend für den Roman, das er seine eigene Gefährdung permanent miterzählt und damit seine eigene Objektivation beständig in Frage stellt. Am deutlichsten wird das am Anfang des Dritten Bandes, als der Erzähler, inzwischen im schwedischen Exil, seiner Familie wieder begegnet. Sein Vater erzählt die Geschichte ihrer Flucht, „während meine Mutter durch Bilder trieb, die ihr nicht einmal einen Laut der Bestürzung zu entlocken vermochten, so weit entfernt war sie von der Erinnerung an Gewohntes".[54] Die Mutter ist vollkommen im Bereich der Bilder – und damit auch verstummt. Sie kann damit an dem an sich schon prekären Versuch der Rettung der Vergangenheit nicht teilhaben: Das kollektive Projekt fällt hier auf das Subjekt zurück.

Diese Erfahrung bleibt dem Text nicht äußerlich, weil durch die Erzählkonstruktion des indirekten Berichts und durch Weiss „halluzinatorischen Realismus" systematisch unklar bleibt, wem jene Bilder eigentlich zuzuordnen sind bzw. wer hier eigentlich spricht.[55] Eröffnet

---

52 Ebd., S. 83, vgl. dazu auch Lindner, Anästhesie.
53 Weiss, Gespräch über Dante, S. 145.
54 Weiss, Die Ästhetik des Widerstands, Bd. 3, S. 16.
55 „Halluzinatorischer Realismus: das ist der Versuch, Vergangenes in dokumentarischer Faktizität *und* ästhetischer Wirklichkeitssteigerung gegenwärtig zu machen." (Burkhardt Lindner, „Halluzinatorischer Realismus. Die Ästhetik des Widerstands, die *Notizbücher* und die Todeszonen der Kunst", in: *Die Ästhetik des Widerstands*, hg. v. Alexander Stephan, Frankfurt am Main 1983, S. 164-204, hier S. 183.

wird der dritte Band mit einer Passage, die sich erst im Nachhinein als alptraumhafte Erinnerung der Mutter erweisen wird:

> Sie kniete im Schnee, aber es war ihr nicht kalt. Vielleicht war es auch weißer, weicher Sand. Immer tiefer griffen die Hände hinein, blendend war das Licht, obgleich der Himmel verhängt war […]. Vor ihr knieten andre, sie sah die Rücken, in graue, zerfetzte Tücher gehüllt […]. Völlige Stille herrschte. Sie waren wie Kinder, die einen Wallgraben gruben, es waren auch Kinder unter den vor ihr knienden Frauen. Einige hatten sich in der Wärme der Kleidungsstücke entledigt, die Haut an den Schultern und Hüften glänzte auf, wenn sie den Körper beugten und streckten, und so ging es fort, niemand hielt inne. Das Gesicht meiner Mutter war leer und stumpf, ihr Mund war halb geöffnet, ihre Augen starrten vor sich hin und erkannten mich nicht.[56]

Anders als die ersten beiden Bände beginnt dieser nicht mehr mit der Beschreibung eines Kunstwerkes, sondern von etwas ‚Wirklichem', das zugleich ganz präsent und ganz unwirklich ist. Es ist eine Szene, welche die Mutter auf dem Weg durch das besetze Polen erlebt hat, in dem die Vernichtung der Juden beginnt und sie bereits im Graben des Erschießungskommandos steht, aus dem der Vater sie nur durch das Vorzeigen seines Eisernen Kreuzes wird retten können. Es ist ein Schreckensbild, ein bedrohliches Bild – „Meine Mutter wusste, dieses Graben könnte nicht ewig weitergehen, aber sie hielt das, was kommen würde, noch von sich ab"[57] – und ein stummes Bild, das schließlich auch die Mutter verstummen lassen wird. Wie die anderen Bilder wird es nahtlos in die Erzählzeit überführt, also von der Erinnerung an damals zum Nicht-Erkennen des Sohnes in der Gegenwart. Aber die Überblendung hat hier nichts Heilsames, sondern drückt eher den Zwang des Bildes aus, das auch nach ihrer ‚Rettung' im Exil die Mutter verfolgt: „etwas Übermächtiges kam näher und würde gleich über sie herfallen, und gleichzeitig war es ohne Ende, es war wie das Knien im Sand, wie das Gedränge im Kerker, das Liegen im Straßengraben, es geschah alles zugleich, sie war dadrinnen, und ein herauskommen gab es nicht".[58]
Die Bilder der Vergangenheit sind mithin keinesfalls so einfach beherrschbar durch Anschauung und Übung, wie es die offizielle Ästhe-

---

56 Weiss, Die Ästhetik des Widerstands, Bd. 3, S. 7.
57 Ebd.
58 Ebd., S. 15.

tik vielleicht glauben machen könnte. Denn es sind Traumbilder, die immer unkontrollierbar sind, und es sind Bilder der Überlebenden, deren radikale Schwäche der Text nicht aufheben kann, gerade weil er ja auch die Geschichte des Überlebens ist. Die Geschichte der Mutter eröffnet nicht zufällig den dritten Band, sie fällt zusammen mit den ersten Nachrichten über die Vernichtungslager, die im schwedischen Exil ankommen, aber nicht gehört werden, weil nur ein „Verrückter" solche Dinge berichten könne und die Nachrichten daher nicht als „seriös" zu bewerten seien.[59] Zugleich wird hier, in Bezug auf die Familiengeschichte, am deutlichsten, wie Weiss seine eigene Geschichte in den Roman einliest und diese damit fiktional zur eigenen Sache macht.[60]

Aber auch poetologisch sind diese Bilder zentral, weil sie in besonders deutlicher Weise den Zusammenhang der verschiedenen Ebenen des Erzählens zeigen. So berichtet etwa der Vater, er könne „nicht mehr unterscheiden, ob es ihre oder seine Gedanken waren", es waren „Bilder, sagte mein Vater, von denen sich nicht sagen lasse, ob er sie erdacht oder ob sie von meiner Mutter ausgesandt worden seien".[61] Und der namenlose Schrecken dieser Bilder trifft auch den Erzähler selbst: „Die Erfahrungen meiner Mutter [...] waren wohl noch in mir vorhanden, begannen aber schon, sich aufzulösen. Obgleich sie zu unserer Wirklichkeit gehörten, gerieten sie doch immer wieder an eine Sperre, hinter der es, selbst ließe sie sich beseitigen, nur Ohnmacht gab."[62]

Der radikalisierte Schrecken führt zu einer Präzisierung oder auch Verschärfung der ästhetischen Diskussion, wenn der Erzähler nun feststellt, „daß uns in einem Kunstwerk mehr als der Aufschwung dieses Versinken im Unbenennbaren ergreift"; als er seine Mutter daher beim Sterben begleitet, ist ihm „jegliche Form, mit der sich das, was sich jetzt ereignete, mitteilen ließe, undenkbar geworden".[63] Die ästheti-

---
59 Ebd., S. 122.
60 Vgl. zu dieser Beziehung auf sich selbst etwa folgende Notiz: „Ich arbeite an diesem Buch genau so, wie dort mein Ich sich mit Literatur u Kunst befasst, ständig unterbrochen, ohne Kontinuität, immer ankämpfend gegen Störungen – unter Bedingungen, die jeder produktiven Tätigkeit entgegengesetzt sind – im Grund erscheint das schreiben wie eine Unmöglichkeit – kaum vorstellbar, daß überhaupt etwas entstehen kann. Wenn doch – aus welchen Reserven?" (Peter Weiss, *Notizbücher 1971-1980*, 2 Bde., Frankfurt am Main 1981, S. 602).
61 Weiss, Ästhetik des Widerstands, Bd. 3, S.130.
62 Ebd., S. 123.
63 Ebd., S. 131f.

sche Rettung ebenso wie die rettende Ästhetik sind daher radikal problematisch, die Rettung ist immer auch schon ein Versinken, die Erlösung immer auch schon ein Auflösen. Die Kehrseite der Benjaminschen Hoffnung, die radikale Melancholie, lässt sich niemals abschütteln und bleibt daher auch das Komplement der Darstellung, wie der Erzähler selbst noch einmal programmatisch am Ende des Textes hervorhebt: „Wenn ich beschreiben würde, was mir widerfahren war unter ihnen, würden sie dieses Schattenhafte behalten. Mit dem Schreiben würde ich versuchen, sie mir vertraut zu machen. Doch etwas Unheimliches würden sie behalten."[64]

V

Im Divina-Commedia-Projekt stand Dante und mit ihm die literarische Tradition für die Leistung der künstlerischen Form, für „ein Stück fiktiven Bodens, von dem aus die Aussage vorgenommen werden kann". Wenn die Dantesche *Commedia* den Tod zu einem Gegenstand der Erfahrung machte, kann eine Ästhetik, die einen kollektiven Tod darzustellen hat, immer wieder auf Dante zurückgreifen, muss sich aber zugleich klar werden, dass dieser Boden immer neu zu erringen ist. Insofern bleibt die *Commedia* das „ästhetische Analogon" der *Ästhetik des Widerstands*, die eben auf der permanenten Suche nach einer Form ist, die Auflösung und Erlösung, Rettung und Verlust verbindet und in Beziehung setzt, ohne das fiktive dieser Form zu verraten.[65]

Der Rekurs auf Dante ist dabei allerdings nicht einfach eine Übertragung, Profanierung oder Umkehrung der *Commedia,* sondern geht mit einer radikalen Transformation ihrer Topographie ebenso wie ihrer poetischen Mittel und ästhetischen Subjektivität einher. Zwar bleibt für Weiss die Epos-Form zentral, in der verschiedene Personen durch die Stimme eines Ich-Erzählers sprechen, aber dieses Ich ist nicht mehr souverän, es wird nicht mehr durch eine Konversion oder durch einen Aufstiegsweg in die Lage gesetzt, zu berichten – es irrt herum, hat keine

---

64 Ebd., S. 265. Die Visionen der Mutter werden auch im Benjaminschen Bild des Engels der Geschichte beschrieben: „Wiedersehen mit der Mutter. Sie starrt blind vor sich hin. Augen aufgerissen, Mund steht offen. Antlitz der Fassungslosigkeit. Sie sieht eine einzige ungeheure Katastrophe – noch keine Worte dafür (doch dahinter eine Kette von Begebenheiten)" Weiss, Notizbücher 1971-1980, S. 596.
65 Scherpe, Die Ästhetik des Widerstands als Divina Commedia, S. 95.

Übersicht und keinen Ort außer den negativen, ein Überlebender zu sein. Es ist gerade die eigene radikale Gefährdung, die das überhaupt erzählbar macht, was eigentlich nicht beschrieben werden kann. Das Subjekt, das hier erzählt, ist zugleich Überlebender und bricht auf zur Rettung des Verlorenen – eine paradoxe Position, die poetisch in der Verschmelzung der Erzählstimmen und dem permanenten Umkreisen unnennbarer Bilder umgesetzt wird.

Dieses Unternehmen offenbart eine doppelte Aporie, die das Reden von der ‚modernen Hölle' prägt: Nach Auschwitz kann man nicht mehr von ‚Erlösung' sprechen – die Diskurse der Rettung und erst recht der Erlösung sind radikal beschädigt. Aber gerade in dieser Beschädigung werden sie nicht nur unentbehrlich, sondern suchen die Gegenwart heim: Nach Auschwitz kann man *nicht mehr nicht* von ‚Erlösung' sprechen. Das zeigt ja schon das Insistieren des Höllentopos in der Lagerliteratur, der die Negation der Rettung letztlich nur mit Bildern negativer Erlösung behaupten konnte. Weiss' Schreiben zeigt, dass es bei dieser vagen Evokation nicht bleiben kann, dass die ‚Hölle' nach Auschwitz eben etwas anderes ist als eine bloße Metapher – sie ist vielmehr zugleich eine leere Redensart und eine Realität, eine Realität freilich, die selbst unwirklichen, visionären Charakter hat. Gerade dieser Überschuss über die normale Rede, aber auch über ein allgemeines, vages Verständnis einer ‚rettenden' Kraft von Sprache und Dichtung treibt seine Texte an und wird in ihnen verhandelt.

SILVIA HENKE

Wer's glaubt
Figuren der Erlösung in Kunstwerken der Gegenwart

I. Audienz

Im Sommer 2011 versprach eine großangelegte Kunstperformance der serbischen Künstlerin Marina Abramovic im *Museum of Modern Art*, auch New Yorker Kunsttempel genannt, Erlösung. Die Künstlerin saß in rotem Gewand, in einer Art Refiguration der heiligen päpstlichen Audienz, sieben Stunden täglich während drei Monaten unbeweglich auf einem Stuhl, ohne zu essen, zu trinken, zu sprechen, sich zu bewegen und gewährte dem einzelnen Zuschauer für einen kurzen Moment „Audienz". 750'000 Besucher kamen und standen bis zu acht Stunden

Abb. 1. Marina Abramovic, *The Artist is present*, New York, Museum of Modern Art, 2012.[1]

---

1 Marina Abramaovic, *The Artist is present*, New York 2012 (105 Min. Regie: Matthew Akers) und Klaus Biesebach, *The Artist is present*, New York 2010 (Ausstellungskatalog).

in der Schlange vor dem *Moma,* um der Künstlerin für einen Moment gegenüber zu sitzen. Die ganze Performance wurde als Livestream übertragen und später als Filmdokumentation in die Kinos und den Vertrieb gebracht.

Es ist mithin eines der wirksamsten Kunstereignisse der letzten Jahre, das auf vielen Ebenen besprochen wurde, weil es auf mehreren Ebenen spielt. Was ich hier heraushebenn möchte, ist zweierlei: Zum einen den Umstand, dass, obschon die Folie der Audienz gewählt wurde, kaum ein Besucher das Wort an Marina Abramovic richtete – das belegen der Livestream wie die Dokumentation. Es ging um etwas Stummes – wie vor einem Bild – zu dem man bekanntlich nicht spricht. Die Gesichter der Zuschauer und Zuschauerinnen „sprechen" von Momenten des Glücks, der Faszination, der Erlösung, die keine Sprache brauchte oder keine Sprache zuließ. Im Raum herrschte Stille, die nur von den Anweisungen der Sicherheitskräfte des Museums unterbrochen wurde. Es stellte sich also etwas ein, was Museen mit Kirchen verbindet: ein sakrales, ein heiliges Moment, etwas Unaussprechliches, das sich zwischen der Künstlerin als Werk und ihrem Betrachter ereignete. Abramovic steigerte sich in dieser Performance nämlich gleichermaßen zum ‚echten' Bild ihrer selber – zur Ikone. Dieses erlösende Moment vor einem (Heiligen)Bild ist natürlich auch suspekt, denkt man als kritischer und aufgeklärter Mensch doch sofort an Hokuspokus, etwas Störendes, Unüberprüfbares, das sich hier ereignet hat und das im Verdacht steht, falsche Gefühle mobilisiert zu haben. Immerhin ist Marina Abramovic keine echte Heilige. Aber solche Missverständnisse sind weder in der zeitgenössischen Kunst noch im Religiösen ganz ausgeschlossen. Insbesondere dann, wenn Kunst sich dorthin zurückbewegt, wo ihre Ursprünge liegen: ins Kultische und Religiöse. Das ist die zweite Ebene, die hier und im Hinblick auf weitere künstlerische Werke der Gegenwart diskutiert werden soll, nämlich die Beziehung zwischen Kunst und Religion, die sie gewollt oder ungewollt eingehen. Aufs Hören, Sehen und Sprechen kommt es dabei an, und auch aufs Unerhörte.

II. Kruzifix

Viele Arbeiten der zeitgenössischen Kunst haben im Verlauf des 20. Jahrhunderts und spätestens seit Beuys mit der Überführung des Rituals in die Performance religiöse Formen aufgesogen, die immer auch getragen waren von – in der Regel männlich personifizierten – Erlösungsphantasien. In der schon vielfach konstatierten *Unbestimmtheit* des Verhältnisses von Kunst und Religion,³ möchte ich hier ein Segment herausfiltern: Es sollen Arbeiten thematisiert werden, die im Christentum angesiedelt sind und deshalb von einer *bestimmten* Heils- und Erlösungsgeschichte zehren. Und: Die ausgewählten Arbeiten sollen nicht thematisiert werden, um, wie es in der (eher protestantischen) Kunstwissenschaft Konsens ist, die Kunst von der Religion und der Theologie zu befreien, indem sie einfach anstelle von Religion gesetzt wird.⁴ Unter den möglichen kunst- und kulturtheoretischen Deutungstypen zum Verhältnis von Kunst und Religion geht es mir um eine Verhältnisbestimmung, die auf die Vergleichbarkeit von religiöser und ästhetischer Erfahrung setzt und in diese Vergleichbarkeit der Erfahrungen die Möglichkeit einschließt dass sie ähnlich, aber doch verschieden sind. Anderes, vieles, was das Verhältnis von Kunst und Religion auch betrifft, muss also ausgeklammert bleiben.⁵

Spricht man von Korrespondenzen zwischen ästhetischer und religiöser Erfahrung, dann ist der Begriff des ‚religiösen Charmes der Kunst', der auf Ulrich Barth zurückgeht, nicht unpassend; er wurde jüngst in einem Tagungsband vielstimmig – theologisch, philosophisch und kunstwissenschaftlich – diskutiert.⁶ Nach Barth geht es beim religiösen Charme nicht nur um den Umschlag von ästhetischer Immanenz in Transzendenz, sondern ebenso um Fragen von Sinn und Sinnentzug,

---

2 Die Arbeit ist inspiriert von einer Zeile in John Lennons Song *God* auf seinem ersten Soloalbum von 1970: „God is a concept by which we measure our pain".
3 Christian Albrecht bezeichnet sie in seinem umfangreichen Forschungsbericht zum Thema als „eingespielte Unbestimmtheit", die sich erst durch die Festlegung eines bestimmten Begriffs von Kunst und einer bestimmten Dimension des Religiösen einigermaßen präzis theoretisch erfassen lässt. Christian Albrecht, „Kunst und Religion. Ein Forschungsüberblick", in: *International Journal of Practical Theology* 8 (2004), H. 2, S. 252.
4 Seit Werner Hofman gilt die Moderne mit ihrer Errungenschaft der Autonomie der Kunst als diskursbestimmende Frage für das Verhältnis von Kunst und Religion. Werner Hofmann, „Die Geburt der Moderne aus dem Geist der Religion", in: *Luther und die Folgen für die Kunst*, hg. v. dems., München 1983, S. 23-71.
5 Um die Bandbreite der Zugänge und Motive zum Verhältnis von Kunst und Religion aufzuzeigen, sei unter vielen anderen nur auf drei aktuelle Publikationen hingewiesen: *Der religiöse Charme der Kunst*, hg. v. Thomas Erne und Peter Schütz, Paderborn 2012; Silvia Henke, Nika Spalinger und Isabel Zürcher, *Kunst und Religion im Zeitalter des Postsäkularen. Ein kritischer Reader*, Bielefeld 2012 und Wolfgang Ullrich, *An die Kunst glauben*, Berlin 2011.
6 Vgl. Thomas Erne und Peter Schütz, „Charme zwischen Kunst und Religion", in: dies., Der religiöse Charme der Kunst, S. 11-16 und passim.

Abb. 2. Charles Moser, *Schmerzensmann / line of John*, Nivellierlatte aus der Geodäsie, Bronzefigur (Kruzifix) mit abgeschlagenen Händen und Fußloch, Drahtseil 2013.[2]

die etwa durch die Kategorien ‚Unterbrechung' und ‚Widerfahrnis' gefasst werden als religionsaffine ästhetische Momente.[7] Da es auch hier nicht nur um eine ästhetische Transzendenz der Kunst im allgemeinen gehen soll, sondern um Werke, die selber religiöse Motive entfalten, soll hier kurz ein Bild als Beispiel für diese mögliche Verhältnisbestimmung eingebracht werden.

Der kopfstehende Schmerzensmann an der Messlatte, der sich erst beim Umdrehen des Bildes als Gekreuzigter zeigt, ist zunächst vor allem eins: zu klein. Von weitem wirkt er wie ein Insekt. Das kleine Kreuz ist bekannt in der christlichen Gebrauchskunst, der kleine Gekreuzigte, ohne Kreuz, notabene, ist befremdlich. An welcher Latte hängt er? An einer Messlatte, aber was misst sie? Den Grad seiner Schmerzen, den seiner Erlösung, den seines Gestorben-Seins oder einfach nur seine Größe? Wie hat die Figur gleich beide Hände verloren? Wenn man so vor einem Bild zu sprechen beginnt, was man in der Regel ja nicht tut, könnte die Rede lange weitergehen und sie kommt

---

7 Ulrich Barth, *Religion in der Moderne*, Tübingen 2003, S. 235-262.

zu keinem Schluss. Ein Teil des Befremdens kommt aus der Größe der Figur, ein anderer aus ihrem Kopfstand. Man möchte sie umdrehen, ihr die Welt zurechtrücken, Himmel und Erde ordnen. Man erinnert sich dazu vielleicht an Büchners *Lenz* und Celans berühmten Satz der negativen Transzendenz: „wer auf dem Kopf geht, meine Damen und Herren, hat den Himmel als Abgrund unter sich."[8] Das gleiche mag für jemanden gelten, der kopfunter aufgehängt wird. Dennoch ist es ja kein Folterbild. Es scheint ein Leichtes, die Figur vom Messband abzunehmen; sie trägt nicht einmal ein Kreuz, sondern hängt mit nur einem Nagel am Gängelband der wissenschaftlichen Messung.[9] Die religiöse Erfahrung wird nun bei allem Befremden nicht davon ablassen, diese insektenähnliche hilflose Figur auf ihre theologischen Voraussetzungen hin zu verstehen oder auch zu problematisieren. Eine der theologischen Bedeutungsfolien des Bildes wäre der *Glaube* an die Auferstehung, eine andere die Idee eines schwachen und hilflosen Menschengottes. Die ästhetische Erfahrung, die nicht davon absehen kann, dass das Auge mehr sieht, als es hört, wird nicht ganz auf diese Rede vor dem Bild lauschen können. Der Blick wird sich vielleicht irgendwann im Detail der fehlenden Hände festhaken und dort die Frage des theologischen Sinns vergessen. Wäre die Konsequenz mithin, die Verhältnisse zwischen Kunst und Religion einfach umzudrehen und statt an Gott an die Kunst zu glauben, wie es Wolfgang Ullrich jüngst postuliert hat?[10] Soll es nicht einerlei sein, ob man ins Museum oder in die Kirche geht, ob man das Kruzifix als Heiligenfigur oder als Kunstobjekt betrachtet?

Wenn man nach Analogien und Unterschieden zwischen ästhetischer und religiöser Erfahrung sucht, dann könnte der Glaube als Differenzierungskategorie nützlich sein, insofern er für die religiöse Erfahrung doch grundlegend ist. Die Frage des Glaubens, so die Vermutung hier, ist möglicherweise überhaupt der wunde Punkt im Verhältnis von Kunst und Religion. Sie stellt sich aber zuerst außerhalb der Kunst und verlangt einen kleinen Umweg.

---

8 Paul Celan, „Der Meridian (1960)", in: *Büchner-Preis-Reden 1951-1971*, mit e. Vorw. v. Ernst Johann, Stuttgart 1972, S. 88-102, S. 95.
9 Die Fotografie bildete auch das Sujet für eine Ausstellungskarte im Schweizerischen Paraplegikerzentrum Nottwil: *PAINthings. Künstlerische Produktion am Schmerzhorizont* 2013.
10 Vgl. Ullrich, An die Kunst glauben.

III. Exkurs: Glaube

Man kommt, wenn man sich auf das Verhältnis von Kunst und Religion einlässt, nicht um die Frage der eigenen biographisch (konfessionell) und disziplinär geformten Motivation herum. Offensichtlich gibt es einen Rest in den Bildern und Figuren, die sich nicht einfach der ästhetischen Erfahrung übergeben lassen. Das Christentum hat diesen Rest immer schon als Ausgangspunkt gehabt und dafür die religiöse „Gebrauchskunst" erfunden. Ein Kruzifix, ein Schutzengel, ein Rosenkranz, ein Heiligenbild sind darin nicht primär Sache der Kunst, sondern der Anbetung und des Glaubens. Nun wurde der Glaube an die religiöse Bestimmung des Kunstwerks (in der Folge Luthers) nicht nur aus der Kunst eliminiert, sondern auch aus der Philosophie. Diese große lange Geschichte kann ich hier nur mit einem Seitenblick streifen, zum Beispiel auf Hegels Bemerkung, dass die Bilder vom Herrn und der Madonna, mögen sie noch so schön sein, uns die Knie nicht mehr beugen lassen.[11] Mit seiner offenen Seite zu einem ungesicherten Wissen muss der Glaube deshalb vor allem als Disponiertheit des *Wissen schaffenden* Subjekts vorsichtig extrapoliert werden. Zumindest muss nach einem *Anschluss* religiöser Texte an das Feld der Kunst- und Kulturwissenschaft gefragt werden, eventuell sogar nach einer Öffnung zu den Formen religiöser Rede, wie es etwa Bruno Latour versucht hat.[12] Ich möchte hier drei Möglichkeiten nennen, sich unter kulturwissenschaftlichen Voraussetzungen auf den Glauben zu beziehen, um dann auf meine These zurückzukommen, dass das, was sich *zwischen* Kunst und Religion ereignet, auch mit dem Glauben zu tun hat.

Die erste betrifft die Abwertung, Schwächung oder Erschöpfung des Glaubens in seiner Fähigkeit, religiöse Praktiken zu organisieren – zum Beispiel Beten oder in die Kirche gehen –, wie sie Michel de Certeau in seinem Buch *L'Invention du quotidien: arts de faire* im Kapitel „Manières de croire" diagnostiziert hat.[13] Damit hat sich eine Trennung zwischen dem Glauben als einer rein privaten, unaussprechlichen Befindlichkeit und dem Glauben, der im gemeinschaftlichen Raum als Ritual oder Handlung ausgeübt wird, vollzogen. In der Politik wie in der Re-

---

11 Georg Wilhelm Friedrich Hegel, *Vorlesungen über die Ästhetik I*, Frankfurt am Main 1970, S. 142.
12 Bruno Latour, *Jubilieren. Über religiöse Rede*, Frankfurt am Main 2011.
13 Michel de Certeau, *L'invention du quotidien*, Paris 1990; im Folgenden zitiert nach der deutschen Fassung: „Arten und Weisen des Glaubens", in: ders., *Kunst des Handelns,* übers. v. Roland Vouillé, Berlin 1988, S. 315-354.

ligion könne man heute irgendwo dabei sein, irgendwie überzeugt sein, ohne zu glauben im Sinne einer manifesten Praktik. In de Certeaus Diagnose erscheint der Glaube mithin als etwas Verlorenes, etwas Abgewertetes, er wurde ‚verschmutzt wie die Luft'. In dieser verschmutzten Form lässt er sich an irgendwelche Surrogate binden, in denen er vermeintlich weiterlebt.[14] Die Liste dieser Surrogate lässt sich heute, über zwanzig Jahre nach de Certeaus Text, sofort aufsetzen und bündeln unter dem Begriff der ‚religiösen Wellness'.[15] Ob Yoga, Tantra, Urschrei, Technospiritualität, esoterische Zirkel oder Sport: alles kann das Erbe des alten Glaubens antreten. Die neo- oder parareligiösen Aktivitäten haben gegenüber der alten Religion den Vorteil, dass sie ohne moralische Belastung oder Autorität auskommen und dass sie mit einem Erlösungsbegriff operieren, der sich problemlos übersetzen lässt ins Diesseits. Die Begründer der Wellness-Lehre definieren Wellness als „Zustand größter persönlicher Zufriedenheit".[16] Diese persönliche Zufriedenheit ist nicht mehr dasselbe wie Gesundheit, die ja oft als Glück oder Geschenk taxiert wird. Wellness besteht dagegen aus gezielter, kontrollierter Vermeidung von Schmerz und Krankheit. Eine weitere Diagnose de Certeaus lässt sich daran anschließen: Parallel zur Verschmutzung des Glaubens wurden anstelle der alten Autoritäten feine technische und administrative Kontrollinstanzen etabliert, die sich ‚krebsartig' ausweiten. Sie kompensieren das, was den neuen weltlichen oder geistigen Mächten fehlt, nämlich Glaubwürdigkeit.[17] Betrachtet man die Zunahme der technologischen Kontrollsysteme in allen Bereichen der Gesellschaft in den letzten dreißig Jahren, dann muss man de Certeaus These bestätigen, dass nicht nur Wissenschaft oder kritisches Denken die Widersacher des Glaubens sind, sondern Kontrolle. Kontrolle kennen wir heute auf fast allen Ebenen der Institutionen und auch Bildungssysteme als *Controlling*, die große Anstrengung zur Vermeidung von Leerlauf, Ineffizienz, Unberechenbarkeit, Unsichtbarkeit. Wenn also die alten christlichen Werte, wie etwa die bewährte paulinische Formel „Glaube, Liebe, Hoffnung" abgelöst sind durch fundamentalistische Strategien der Transparenz, der Effizienz,

---

14 Ebd., S. 317.
15 Vgl. *Religiöse Wellness. Seelenheil heute*, hg. v. Hans-Martin Gutmann und Catherin Gutjahr, München 2005.
16 Vgl. Monica Greco, „Wellness", in: *Glossar der Gegenwart*, hg. v. Ulrich Bröckling, Susanne Krasmann und Thomas Lemke, Frankfurt am Main 2004, S. 293-299.
17 De Certeau, Arten und Weisen des Glaubens, S. 318.

des Managements, dann genügt es, Religion als Lifestyle zu pflegen. Neben dieser traurigen Diagnose über den Verlust religiöser Praktiken und Glaubensbekenntnisse gibt es innerhalb der Kulturwissenschaft einige gewichtige Vorschläge zur Rettung des Glaubens durch die These seiner Kulturalisierung.[18] Im Versuch über die religiöse Rede von Bruno Latour geht es zum Beispiel darum, den Glauben als heißes Eisen ganz fallen zu lassen, die Opposition von Glauben und Ratio als Komödie zu bezeichnen und ihn in die Arbeit der wissenschaftlichen Referenzierung zu überführen.[19] Ob, wann und wo diese Rettung des Glaubens gelingt, ist eine Frage, die außerhalb der (persönlichen) religiösen Rede des Wissenschaftstheoretikers wenig geklärt scheint. Einer, der den Verbleib des Glaubens in den Übersetzungsleistungen zwischen religiösem und wissenschaftlichem Text für die Gesellschaft klar und sehr prominent in den Blick genommen hat, ist Jürgen Habermas mit seiner Friedenspreisrede von 2001 unter dem Titel *Glauben und Wissen*.[20] Habermas hat in dieser Rede ein Konzept formuliert, das seither als Umriss einer postsäkularen Gesellschaft gelten kann und das ich der kulturkritischen Diagnose de Certeaus an die Seite stellen möchte. Anders als de Certeau, der in seiner Kritik an der Umwertung religiöser Werte in Formeln des Neoliberalismus den „reinen Glauben" im Hintergrund als die bessere Welt errichtet, besagt das Konzept des Post-Säkularen nicht, dass die Säkularisierung gestoppt werden könne. Habermas hält zwar am Zustand der Säkularisierung fest, verweist jedoch mit Nachdruck auf die irrtümliche Vorstellung eines „Nullsummenspiels" im Zusammenhang von Glauben und Wissen: die Gleichung, dass Glauben ohne Verlust zu Wissen werden könne oder umgekehrt, gehe nicht auf. Daraus zieht Habermas zwei weitgehende Konsequenzen, die eine gesellschaftlich-politischer Natur, die andere philosophisch-hermeneutischer: Die politische Konsequenz ist, dass in der postsäkularen Gesellschaft mit ihrem Religionspluralismus religiöse und säkulare Werte gemeinsam und zugleich in Erscheinung treten können, unabhängig davon, in welcher Zahl, welcher Konfession und in welcher Form. Bedingung dafür ist, dass religiöses Denken sich

---

18 Zum Beispiel im Sinne einer ‚aufgeschlossenen Metaphysik' – um einen Terminus von Jean-Luc Nancy zu gebrauchen, der diese Entwicklung der neueren französischen Philosophie zusammenfasst. Jean-Luc Nancy, *Dekonstruktion des Christentums*, Berlin/Zürich 2008, S. 14-17.
19 Latour, Jubilieren, S. 99.
20 Jürgen Habermas, *Glauben und Wissen. Friedenspreis des Deutschen Buchhandels 2001*, Frankfurt am Main 2001.

selbst kritisch darlegen lässt und dass säkulares Denken die Allgegenwärtigkeit des Religiösen in seinen multiplen Erscheinungen im Prozess der Säkularisierung mitdenkt. Die philosophisch-hermeneutische Konsequenz seiner Rede ist für meinen Zusammenhang wichtiger: Es geht um die Feststellung, dass sich religiöse Semantik nicht ohne Restbestände in säkulare Sprache übersetzen lässt. „Das Sakrale ist nicht gänzlich säkular zu versprachlichen".[21] Habermas schließt hier also indirekt an de Certeau an, wenn er von Restanzen des alten Glaubens spricht, die auch im Text der säkularen Kultur nicht einfach aufzulösen sind. Was also wären diese Restbestände, in welcher Form kann man ihnen gerecht werden? In welchen Formen taucht die Koexistenz von Glauben und Wissen, von Heiligem und Profanem, von Immanenz und Transzendenz überhaupt auf? Es scheint, dass zeitgenössische Kunst, (ebenso wie Film und Literatur) mit ihrer Herausforderung, religiöse und ästhetische Erfahrung aufeinander zu beziehen, hier mehr Antwort geben kann als Wissenschaft und Politik.

IV. Engel

Die Videoarbeit *Angel* wurde 1997 an der Londoner Tubestation „Angel" gedreht. Der „Engel", ‚gespielt' vom Künstler Mark Wallinger, befindet sich ‚schwebend' zwischen den beiden Bahnen der hohen Rolltreppe, er ist am Gehen, schwingt seinen Blindenstab zum Rhythmus der gesprochenen Sätze. Wallinger nimmt das Wort Gottes hier sehr genau, denn er wiederholt es in der Gestalt des Engels wörtlich. Es sind immer dieselben Verse, der Anfang von allem, nämlich die ersten Verse des Johannesevangeliums: „In the beginning was the word and the word was in god and god was the word". Es geht also um eine Überlagerung von profaner und sakraler Gegenwart und die Frage der Übersetzung dieser beiden Systeme; das ästhetische Mittel dafür ist die Allegorie. In dieser zeigt sich der „Engel" nicht als Engel, sondern als Blinder (er heißt „Blind Faith"), und er ist damit nicht nur Botschafter göttlicher Heilspläne, sondern auch Leser Benjamins: ein Flaneur, der sich unter die Menge mischt. An diesem Flaneur oder *man of the crowd*,

---

21 Jürgen Habermas, „Die rationale Struktur der Versprachlichung des Sakralen", in: ders., *Theorie des kommunikativen Handelns*, Bd. 2: *Zur Kritik der funktionalistischen Vernunft*, Frankfurt am Main 2004, S. 123.

Abb. 3. Mark Wallinger, *Angel* (Video mit Ton, 5', 1997).[22]

---

22 *Mark Wallinger. On the occasion of the exhibition ‚Mark Wallinger', Kunstverein Braunschweig, 1 September-11 November 2007, and Aargauer Kunsthaus Aarau, 31 August-16 November 2008*, hg. v. Madeleine Schuppli und Janneke de Vries, Zürich 2008, S. 77.

der verbunden wird mit der Untergrund-Mechanik des Großstadtlebens, auf einer Rolltreppe, die immer in Bewegung und doch statisch ist, sind die Benjaminschen Referenzen kaum übersehbar, weder inhaltlich noch formal.[23] Wallinger brauchte für diese „Dialektik im Stillstand"[24] als religiöse Bestimmung des Kunstwerks einen technischen Trick: Der Film läuft nämlich rückwärts. Damit werden die Vektoren der Vertikalen vertauscht. Jene, die nach oben fahren – nach religiöser Ikonographie die Erlösten, die zu Gott fahren – blicken nach unten, kehren der Zukunft den Rücken zu, genau so wie die ‚Verdammten', die blind dem ‚Underground' oder Abgrund entgegengleiten. Der Engel, weil er nach unten geht, steigt langsam auf, aber seine Botschaft bleibt unverständlich. Wallinger hat dazu den Bibelvers rückwärts auswendig sprechen gelernt. Beim Rückwärtsabspielen des Films wird der Text wieder vorwärts gedreht, ist aber durch die Verdrehung schwer verständlich wie ein langsam unleserlich gewordener Text. Begleitet wird er durch Händels Musik aus „Zadok der Priester". Latour spricht in Bezug auf die religiöse Rede von ihrer notwendigen Enttäuschung und hält fest, dass – nähme man alle Botschaften zusammen, die Engel verkünden in der Bibel – der Informationsgehalt klein wäre. Er folgert daraus, dass die Engel gar keine Botschaften überbringen, sondern das Leben derer verändern, an die sie sich wenden.[25] Das ließe sich auch auf Wallingers Engel beziehen. Seine Geschichte findet kein Gehör mehr, niemand ändert seine Richtung. Der ‚blinde Glaube' scheint der einzige, der die Worte ernst nimmt. Es ist theologisch schlüssig gedacht, dass der Glaube mit Sehen und Hören zu tun habe, mit einer bestimmten Privilegierung des Gehörs.[26] Blickt man auf die Form der Allegorie und ihren Zusammenschluss von Bild und Text, dann kann dies vertieft werden: Der geschriebene Text als ursprüngliches Medium der christlichen Religion seit Luther, ein Text, der in keiner Verkörperung ganz übersetzbar ist, wird durch Wallinger buchstabentreu wiederholt und erinnert an den Ursprung von Religion,

---

23 Walter Benjamin, *Charles Baudelaire. Ein Lyriker im Zeitalter des Hochkapitalismus*, in: ders., *Gesammelte Schriften*, hg. v. Rolf Tiedemann und Hermann Schweppenhäuser, 7 Bde., Frankfurt am Main 1972-1991, Bd. I.2, S. 508-690, S. 537-569.
24 „Zweideutigkeit ist die bildliche Erscheinung der Dialektik, das Gesetz der Dialektik im Stillstand." Benjamin, *Das Passagen-Werk*, in: ders., Gesammelte Schriften, Bd. V.1, S. 55.
25 Latour, Jubilieren, S. 49.
26 Stellvertretend dafür im NT die Episode mit Thomas, der als Sehen-Wollender der Ungläubige bleibt (Joh. 20,29).

auch wenn er nur durch einem medialen Trick gerettet wird. Die Figur der Allegorie, weil sie die restlose visuelle Übersetzung von Sinn in Bilder nicht erlaubt, bleibt als Sinnbild immer verbunden mit dem Text, dem sie entrissen ist. Auch wenn der Ursprungstext verdreht ist, bleibt er der Angelpunkt. Und hier muss die Allegorie vom Gleichnis unterschieden werden. Jean-Luc Nancy entwirft in einer kleinen Schrift zur Verwandtschaft zwischen der religiösen Rede und der zeitgenössischen Kunst eine Theorie des Gleichnisses, die einen bestimmten Rezeptionsmodus beinhaltet. Im Gleichnis, so Nancy, ist mehr als wir sehen und hören, aber wir sehen und hören es nur, wenn wir wollen.[27] Das Geheimnis des Gleichnisses kann also durch das Wollen, das Begehren, den Glauben erreicht werden, mag die ästhetische Ebene noch so viel ‚Widerfahrnis' enthalten. Sucht man nun nach Korrespondenzen von religiöser und ästhetischer Erfahrung, ist wohl der Unterschied zwischen Gleichnis und Allegorie nicht unerheblich: Was nämlich die Allegorie im Feld der bildenden Künste weit über den Barock hinausweisend verrichtet, ist, so Benjamin ausdrücklich, einen *Zwiespalt* einzuführen zwischen theologischer und künstlerischer Intention. Die Allegorie, weil sie ihre „kritische Zersetzung gewissermaßen in sich trägt", verweist auf eine Wahrheit, die gerade auch im Religiösen, widersprüchlich bleibt.[28] Somit ist die Allegorie letztlich eine traurige Figur. Und hier drängt sich nochmals eine Unterscheidung von konfessionellen Grenzen auf, die sowohl für ‚das Religiöse' wie für die Ästhetik seiner Formulierung eine Rolle spielen: Die ‚Allegorie' kann im jüdisch-protestantischen Sinn (mit Benjamin und Wallinger) tatsächlich beinahe ganz entziffert werden. Zumindest fordert sie auf, verstanden zu werden. Blind zu glauben, um in Wallingers Metaphorik zu bleiben, ist nämlich nur ein Privileg der künstlerischen Allegorie, nicht aber ihrer hermeneutischen Aneignung. Das Problem bleibt also der Text und seine unerhörte Botschaft, nicht das Bild. Damit ließe sich eine Bewegung abschließen, in der Glauben und die Aufforderung zu verstehen sich sehr nahe kommen. Der schöpferische Kern der theologischen Lehre, den Benjamin ihr beimisst und der sich nur im Wider-

---

27 Jean-Luc Nancy, *Noli me tangere*, Berlin/Zürich 2006, S. 11.
28 Damit verwende ich Benjamins Begriff der Allegorie aus dem Trauerspielbuch in: Walter Benjamin, *Ursprung des deutschen Trauerspiels*, in: ders., Gesammelte Schriften, Bd. I.1, S. 352. Die Definition des Allegorischen steht hier nur begrifflich, nicht logisch, jener von Nancy entgegen, der die Allegorie als Zurechtstutzung des Gleichnisses von diesem deutlich absetzt; vgl. Nancy, Noli me tangere, S. 12.

streit mit dem Künstlerischen zeigt,[29] wird aber nicht aufgelöst, weil ihn die Allegorie in sich einschließt.

V. Maria

Zum Abschluss ein längerer Blick in eine eher im Katholischen anzusiedelnde Videoarbeit, deren Struktur weniger die Allegorie als das Gleichnis ist.

Wer von Rettung im religiösen Sinn spricht, ist schnell an eine Figur verwiesen, die in der katholischen Kirche und ihrer Volksreligion über Jahrhunderte als Retterin und Beschützerin verankert war: die Marienfigur. Abertausende von Votivbildern und Votivgaben auf der ganzen Welt bezeugen in katholischen Kirchen ihr „Rettungswesen". Keine Worte sind überliefert, keine Botschaften, alles hat sich über das Bild der Figur vermittelt und dabei eine eigene Wissenschaft zu ihrer Deutung, die Marialogie, hervorgebracht. Diese lange Geschichte kann hier selbstverständlich nicht referiert, sondern nur an einem Zipfel verhandelt werden, am Zipfel ihres Mantels gewissermaßen. Wieder ist der Schauplatz London, wo die Künstlerin Judith Albert den tiefblauen Mantel der Muttergottes in Form eines Samttuchs auf einen profanen Gehsteig der Smithy Street im multireligiösen Eastend fließen lässt. Den Gesang des Marienliedes, nach dem die Arbeit benannt ist, hören wir nicht, das Tuch mischt sich in die Geräusche der Straße. Da die Arbeit nach einem der bekanntesten Marienlieder benannt ist, mit dem sie sogar gleichnishaft zusammenfällt, soll wenigstens der erste Vers des Bittgesangs genannt werden: „Maria, breit' den Mantel aus, mach' Schirm und Schild für uns daraus; lass uns darunter sicher steh'n, bis alle Stürm vorüber geh'n. Patronin voller Güte, uns allezeit behüte".[30]

Judith Alberts Arbeit greift also mit vollen Händen in eine volksreligiöse Tradition, deren Kommunikationsstruktur weniger an religiöse Texte als an Brauchtum, genauer: an Glaubens- und Gebrauchskunst geknüpft ist. Maria selber hat nicht viel gesprochen, ihre wichtigsten Worte sind ihre schlichte Antwort in der Verkündigungsszene, mit der sie bezeugt: Es gibt Engel und wer will, kann sie hören. Die Marienfigur, die innerweltlichen Trost und Rettung verspricht, hat für die christliche Bildwelt und Gebrauchskunst eine umso hervorragendere

---

[29] Benjamin, Ursprung des deutschen Trauerspiels, S. 356.
[30] Mariengesang aus den vier Marienliedern (unbekannt, um 1640).

Abb. 4. Judith Albert, *Maria breit' den Mantel aus* (Video mit Ton, 5', 2011).[31]

Bedeutung. Ihr Mantel, so die byzantinischen und mittelalterlichen Legenden, schützte Könige, Feldherren und Seefahrer genau so wie Bettler, Ehebrecher und Räuber.[32] Der Mantel hatte im Rahmen religiöser Erfahrung also immer ‚echte' apotropäische Wirkung. Das ist der Grund, weshalb der Protestantismus auf religiöse Gebrauchskunst verzichtet und die profanen Bildbereiche der Kunst für eine innerweltliche Religiosität durchlässig gemacht hat.[33] Umgekehrt kann man sagen: Weil der Katholizismus nie ganz auf die Gebrauchskunst und die *vera icon* verzichtet hat, ist er im Bildnerischen immer freier geblieben und gleichzeitig gebunden an außerweltliche Religiosität. Wir müssen diesen Mantel nicht „verstehen", es gibt nichts zu hören; dennoch ist seine Wirkung, seine Schönheit evident. Vor dem Hintergrund dieses „Glaubens" entfaltet sich die Bildlichkeit frei. Judith Albert inszeniert den Marienmantel als Metonymie für die alte und reiche Tradition der

---

31 Henke, Spalinger und Zürcher, Kunst und Religion, S. 266.
32 Sämtliche Rettungs- und Schutzfunktionen durch alle Etappen des Christentums hat Klaus Schreiner gesammelt in seiner umfangreichen und äußerst detaillierten Darstellung *Maria. Jungfrau, Mutter, Herrscherin*, München 1994, S. 338-340.
33 Vgl. Albrecht, Kunst und Religion, S. 260: „Luther hat die Kunst segmentiert und zu individueller Aneignung befreit – aber das lag auf der Linie eines Religionsverständnisses, das das letzte Wort über die Religion ebenfalls dem einzelnen überließ..."

Marienverehrung, die sich gleichzeitig auflöst, zu fliehen scheint – wer kennt schon noch die Mariengesänge? Der Mantel, in dem die Menschen über Jahrhunderte Trost und Schutz fanden, flattert in der Videoarbeit langsam auf die Straße, aber er ist so lang, dass er wie ein Strom nicht aufhört zu gleiten und sich an die religiöse Vorstellung anpasst, dass der Mantel *wie* die Güte der Muttergottes *wie* das Lied überall hin fließen kann. Anders als in Wallingers Allegorie, die in der Neuanordnung der Vektoren von Sehen, Hören und Glauben auch eine durchaus religionskritische Dimension entfaltet, bleibt das metonymische Gleichnis in dieser ‚Marienarbeit' an die unwahrscheinliche visuelle Botschaft gebunden: Der Mantel der Maria ist unerschöpflich, er soll allen gehören. Dennoch wird die religiöse Tradition als eine sich auflösende gezeigt, die einem Fragen entlockt. Woher kommt in der säkularen Welt Trost, woher kommt Schutz, woher der Glaube an Wunder und Rettung, der über Jahrhunderte an die Marienfigur geknüpft war? Und irgendwann stellt sich auch die (kritische) Frage, warum dieser allmächtige Mantel den eigenen Sohn nicht vor den jüdischen und römischen Schergen bewahren konnte. Es geht mir also keineswegs darum, im Vergleich von Allegorie und Gleichnis protestantischen Mangel gegen katholische Fülle auszuspielen. Viel eher könnte man sagen: Beide Arbeiten enthalten Fülle und Mangel zugleich, denn sie enthalten eine wunderbare oder einfach Wunder-Geschichte.[34] Diese sind beide nicht gebrauchsfertig für die religiöse Praxis, sie verlangen Aneignung und Erzählung.

VI. Nachsatz

Künstlerische Arbeiten schaffen nicht nur Identifikation mit dem Religiösen, sondern auch Distanz. Das unterscheidet jede künstlerische Arbeit von einem einfachen Glaubensträger der religiösen Gebrauchskunst. Aber durch die Wahl präziser analoger Symbole können sie eine

---

34 Für die Struktur des Wunders zwischen Immanenz und Transzendenz, zwischen Erscheinen und Unverfügbarkeit, zwischen Suggestion und Kontrolle vgl. *Das Unverfügbare. Wunder. Wissen, Bildung*, hg. v. Karl-Josef Pazzini, Andrea Sabisch und Daniel Tyradellis, Zürich/Berlin 2013, insbes. den Beitrag von Pazzini, S. 93-104, sowie *Wunder. Kunst, Wissenschaft und Religion vom 4. Jahrhundert bis zur Gegenwart. Katalog zur Ausstellung der Deichtorhallen Hamburg, 23. September 2011 bis 5. Februar 2012; 4. März bis 1. Juli 2012, Kunsthalle Krems*, hg. v. Daniel Tyradellis, Beate Hentschel und Dirk Luckow, Köln 2011.

utopische Stoßrichtung in sich tragen, deren Potential sie aus einer Ästhetik des Unwahrscheinlichen schöpfen: ‚Es wäre schön, wenn es so wäre' ist ja immer auch der Beginn des Glaubens. Es ist, in Form des Gleichnisses, auch realisiertes Wunschdenken: Ja, der Mantel soll nicht aufhören zu fließen. Wenn man sagt, dass das, was zwischen Kunst und Religion steht, die Sprache und die Deutung ist, also die Sprache der Kunsttheorie, der Philosophie oder Theologie, dann gilt es hier wohl aufzupassen: Über Bilder oder nach Georges Didi-Huberman *Vor einem Bild* zu sprechen heißt nämlich nicht immer, den Bildern die Fremdheit austreiben, in der Hoffnung, sie mögen sich der Ratio der eigenen Rede anverwandeln. Es bleibt immer die Frage, *wie* man spricht, ob man sich der Theologie und Kunstgeschichte als ‚hermeneutischer Geländer' bedient[35] oder ob man sich auch unvoreingenommen affizieren lässt und der Sprache traut, die aus diesem Affekt zu einer eigenen Rhetorizität kommt, also auch zu etwas Eigengesetzlichem oder Wunderbarem. Denn weder die Kunstgeschichte noch der Glaube oder die Theologie sind Behälter, deren wir uns bedienen können. Nur wenn wir mehr sehen und sagen wollen, als zu sehen ist und als geschrieben steht, passiert etwas. Ob der Glaube damit gerettet ist, mag offen bleiben. Aber es gilt wohl für künstlerische Werke wie fürs Sprechen über dieselben die Möglichkeit zu bewahren, auf die Lücken der Rationalität und des Gegebenen aufmerksam zu machen und weiterhin von allen Wundern zu erzählen.

---

35 Für den Zusammenhang von Kunst, Religion und Sprache mit ihren Interferenzen vgl. Philipp Stoelger, „Zwischen Kunst und Religion, Sprachprobleme vor einem Bild", in: Der religiöse Charme von Kunst, S. 107-139. Anhand Georges Didi-Hubermans Lektüre der „Blutbilder" Cranachs (*Vor einem Bild*, München 2000, S. 211-216) zieht Stoelger sehr differenziert nach (Zwischen Religion und Kunst, S. 136-138), wie das Sagen erst die Augen öffnet, die Grenzverletzungen der Kunst aber Bedingung sind für die Öffnung der Rede.

4. ERLÖSUNG VON RETTUNG UND ERLÖSUNG

Eva Geulen

Zum ‚Überleben' bei Agamben

Auch ohne starke Säkularisierungsthese wird man intuitiv und zu Recht vermuten, dass sich der theologische Grundbegriff der Erlösung, den Adorno für seine Philosophie noch emphatisch in Anspruch genommen hatte,[1] zwischenzeitlich weitgehend zurückgezogen hat, andere Parallel- oder Gegenbegriffe seine Funktionen übernommen und seine Stelle besetzt haben. Wenn zu diesem Prozess allerdings auch die gegenwärtige Konjunktur religiös neutralisierter Messianismen gehört,[2] dann kann von schlichter Ablösung oder Ersetzung eines Begriffs durch einen anderen freilich nicht die Rede sein. Das widerspräche ja auch dem Charakter eines Basisnarrativs. Gleichwohl stellt sich die Frage, wie lange man einen sich wandelnden Begriff noch als denselben wiedererkennen darf oder muss. Das ist nicht nur das Problem der Säkularisierungsthese,[3] sondern einer jeden Begriffs- und Ideengeschichte.[4] Diese Klippe lässt sich mit dem Konzept des Basisnarrativs vorerst umschiffen. Denn qua Narrativ entlasten Basisnarrative einerseits von der Verpflichtung auf fixe Inhalte zugunsten formaler Strukturen; auf zeitliche Entfaltung angewiesen sind Narrative schon Prototypen des Wandels, den Begriffsgeschichten an einem als statisch angenommenen Gegenstand zu entwickeln gezwungen sind. Qua Basis stellen Basisnarrative andererseits ein Kontinuum sicher, in dem

---

1 Vgl. u.a. das Schlussstück der „Minima Moralia", in dem die Philosophie angehalten wird, „alle Dinge so zu betrachten, wie sie vom Standpunkt der Erlösung aus sich darstellten". Theodor W. Adorno, „Minima Moralia. Reflexionen aus dem beschädigten Leben", in: ders., *Gesammelte Schriften*, hg. v. Rolf Tiedemann, 20 Bde., Frankfurt am Main 2003, Bd. IV, S. 283.
2 Vgl. die Debatten seit Erscheinen von Jacques Derridas *Marx' Gespenster*, Frankfurt am Main 1995; zur Kritik an Agambens Messianismus vgl. Vivian Liska, *Agambens leerer Messianismus*, Wien 2008.
3 Vgl. Hans Blumenberg, *Legitimität der Neuzeit*, Frankfurt am Main 1988, erster Teil: Säkularisierung – Kritik einer Kategorie des geschichtlichen Unrechts, S. 11-134.
4 Bis heute einschlägig ist hier Foucaults an Nietzsche anknüpfender Versuch in: „Nietzsche, die Genealogie, die Historie", in: ders., *Von der Subversion des Wissens*, hg. v. Walter Seitter, Berlin 1982, S. 83-109. Für jüngste Neuansätze im Bereich der Begriffsgeschichte nach Koselleck vgl. das Forschungsprojekt des Zentrums für Literaturforschung in Berlin.

man sich jenseits konventioneller Großerzählungen flexibel bewegen kann. Obwohl die Vorstellung von Basisnarrativen also zunächst aussichtsreich anmutet, fordert sie doch jene Kritik heraus, die Hans Blumenberg an gängigen Begriffen des Mythos übte (und es könnte sich beim Basisnarrativ sehr wohl um eine Nachfolgeformation des Mythos-Begriffs, mithin um einen ‚modernen Mythos' handeln). Gegen die Vorstellung eines mythischen Grundmotivs wandte Blumenberg ein, dass die Qualität mythischer Prägnanz spätes Resultat eines optimierenden Rezeptionsprozesses sei: „Der Grundmythos ist nicht das Vorgegebene, sondern das am Ende sichtbar Bleibende".[5] Was heute im vorliegenden Band und andernorts als Basisnarrativ identifiziert wird,[6] war also unter Umständen nicht immer ein solches, nicht basal und vielleicht auch kein Narrativ. In dieser Perspektive rücken die problematischen Aspekte der Konzeption ins Licht. Da die im Zeichen von Basisnarrativen freigesetzten Materialien bestimmten Fragen und Unterscheidungen nicht länger zugänglich sind, entfällt eine historische Dimension. Im vorliegenden Falle verschwinden beispielsweise die vordem entscheidenden Differenzen zwischen einer Rettung, die auch Erlösung sein konnte, und einer Erlösung, die stets mehr war als Rettung.[7] Anders als die semantisch immer schon flexiblere, hinsichtlich ihrer Gegenstände, Anlässe und Funktionen gewissermaßen gleichgültigere Rettung, blieb Erlösung auf eine transzendente Instanz angewiesen und betraf überdies nie nur Einzelne, sondern Kollektive wie das Volk Israel, die Christenheit oder eine erlöste Menschheit. Rettung kann diese Bedeutungen ebenfalls aufweisen, für Erlösung sind sie jedoch zwingend. Ob die Amalgamierung von Rettung und Erlösung objektiv, etwa aufgrund vergleichbarer narrativer Struktur, berechtigt ist, sei dahingestellt. Mir scheinen die Differenzen (derzeit noch) zu massiv, um Rettung und Erlösung umstandslos als Äquivalente zu verhandeln. Gleichsam unterhalb der Schwelle, an der sich theologische Begriffe von Basisnarrativen noch (oder nicht mehr) unter-

---

5 Hans Blumenberg, *Arbeit am Mythos*, Frankfurt am Main 1979, S. 192.
6 Angesichts des um sich greifenden Gebrauchs liegt der Umkehrschluss nahe, den Albrecht Koschorke soeben angesichts einer vielfach bedrängten Literaturwissenschaft gezogen hat, nämlich die Narration zur Basis zu erklären. Vgl. Albrecht Koschorke, *Wahrheit und Erfindung. Grundzüge einer allgemeinen Erzähltheorie*, Frankfurt am Main 2012.
7 Vgl. *Historisches Wörterbuch der Philosophie*, hg. v. Joachim Ritter, Karlfried Gründer und Gottfried Gabriel, 13 Bde., Darmstadt 1971-2007, Bd. 2, S. 717-719 und Bd. 8, S. 932-941.

scheiden lassen, ist mit dem Überleben ein soteriologisch zunächst unverdächtiger, modern aber außerordentlich prominenter Begriff angesiedelt, der auch und gerade in der jüngeren Theoriebildung erneut zum Zuge kommt.[8] Wie Rettung und Erlösung gehört auch das Überleben zum Traditionsbestand der westlichen Moderne. Weder Hobbes noch Spinoza, weder Darwin noch seine evolutionskritischen Gegner, weder Marx noch Freud – von Elias Canettis Apotheose des Begriffs nicht zu reden – mochten auf das Überleben als Begründungs- und Legitimationsmotiv verzichten. Im Vergleich mit Rettung und insbesondere mit Erlösung fehlte dem Überleben, mindestens dem sprichwörtlich nackten Überleben, aber lange eine transzendente Dimension. Dem Wunder und Wundersamen beispielsweise, die bei Rettungen häufig im Spiel sind, ist es weit weniger zugänglich.[9] Von dieser Abstinenz ist bei Agambens außerordentlich emphatischen Reflexionen zum Überleben nicht mehr viel zu merken. Unter direktem Bezug auf den Holocaust und im Anschluss an Überlegungen von Primo Levi, Maurice Blanchot und Robert Antelme u.a. erscheint das Überleben bei Agamben als Fundament einer neuen Ethik. Zur besseren Orientierung und Einschätzung dieses Projektes sind einige kursorische Bemerkungen zu anderen Theoretikern des Überlebens in der zweiten Hälfte des 20. Jahrhunderts voranzuschicken.

Bei Hannah Arendt, die neben Foucault für Agambens Verständnis von Biopolitik bekanntlich eine wichtige Rolle spielt[10], folgt die neuzeitliche Nobilierung des Überlebens einer vorangegangenen Epoche, in der es nicht auf das Über-, sondern auf das Nachleben ankam. Arendt zufolge zeichnete sich die Antike durch das Bemühen um ein dauerndes Nachleben im Ruhm aus, für das man gelebt haben musste und das dennoch jedes gelebte Leben qualitativ überbot. Erst als das Christentum – und verschärfend der Protestantismus – mit dem ewigen Leben

---

8 Vgl. Falko Schmieder, „Überleben – Geschichte und Aktualität eines neuen Grundbegriffs", in: Überleben. Historische und aktuelle Konstellationen, hg. v. dems., München 2011, S. 9-29. Dem Band ging 2009 eine Konferenz voran, zu der ich freundlicherweise geladen war und auf deren Anlass einige der hier angestellten Überlegungen zurückgehen. Zu einer Publikation konnte ich mich damals nicht entschließen, weil meine Skepsis gegenüber dem Überleben als einem neuen Paradigma der Kulturwissenschaften (so der Tagungstitel) überwog.
9 Zur Begriffsgeschichte vgl. Schmieder, Überleben.
10 Vgl. Giorgio Agamben, *Homo sacer. Die souveräne Macht und das nackte Leben*, Frankfurt am Main 2002, S. 13-17.

einen transzendenten Bereich isolierte und ihn der Vergänglichkeit dieser Welt radikal gegenüberstellte, entstand jenes Vakuum, das mit dem Leben selbst, seiner Produktion und Reproduktion, gefüllt werden konnte.[11] Zu einer so flexiblen wie tragenden Kategorie kann das Überleben für Arendt folglich erst dort werden, wo das Leben zum Gegenstand (bio)politischen Handelns geworden ist. Dabei muss das Überleben nicht, wie bei Arendt der Fall, notwendig privativ gedacht werden, sondern kann durchaus auch, zu ‚provoziertem Leben' überhöht (so u.a. bei Gottfried Benn im Anschluss an Nietzsche) als bereichernde Intensivierung erfahren und verstanden werden.

Diese Ambivalenz im Begriff des Überlebens hat vor einigen Jahren noch einmal einer, der jetzt nicht mehr lebt, in dem vollen Bewusstsein entfaltet, solches letztmalig zu tun. In dem 2005 auf Deutsch erschienenen Bändchen „Leben ist Überleben" schreitet Jaques Derrida im Gespräch mit Jean Birnbaum die Semantiken des Überlebens, das auch eine leitmotivische Konstante seines eigenen Werks bildet, noch einmal prüfend und beschwörend ab. Einerseits erscheinen wir da „strukturell als Überlebende",[12] sofern wir durch die Spur und das Supplement geprägt seien. Andererseits gilt jedoch auch: „Überleben ist nicht einfach das, was übrigbleibt, es ist das Leben in seiner größtmöglichen Intensität".[13] Derridas Reflexionen bezeugen paradox das anachronistische Überleben der vormodernen Epoche ruhmreichen Nachlebens im Überlebensbegriff, denn die Äußerungen sind auch die verzweifelte Bitte eines Noch-Lebenden um ein Nachleben, dessen Gestalt unverfügbar ist:

> Ich habe (...) *das doppelte Gefühl*, daß man einerseits – um es etwas scherzhaft und unbescheiden zu sagen – noch gar nicht begonnen hat, mich zu lesen (...), daß dies alles im Grunde aber erst viel später eine Chance haben wird, zu erscheinen; gleichzeitig habe ich andererseits das Gefühl, daß zwei Wochen oder einen Monat nach meinem Tod *nichts mehr bleiben wird*.[14]

Derrida stellt dieser Bemerkung eine medienkritische Beobachtung voran, die bereits ins Zentrum dessen führen könnte, was dem Überleben gegenwärtig wieder so große Aufmerksamkeit einbringt:

---

11 Vgl. Hannah Arendt, *The Human Condition*, Chicago 1958.
12 Jaques Derrida, *Leben ist Überleben*, Wien 2005, S. 62.
13 Ebd., S. 63.
14 Ebd., S. 41f.

> Man glaubte zu wissen, daß dieses oder jenes Werk aufgrund seiner Qualitäten, ein, zwei, ja, wie im Falle Platons, sogar fünfundzwanzig Jahrhunderte überleben könne oder nicht. Verschwinden und später wiedergeboren werden könne. Heute jedoch verwandeln beschleunigte Archivierungsweisen, aber auch Abnutzung und Zerstörung die Struktur und die Zeitlichkeit, die Dauer des Erbes. Die Frage des Überlebens nimmt für das Denken nunmehr völlig unvorhersehbare Formen an.[15]

Derridas Diagnose lässt sich mühelos ergänzen und erweitern: dass das Überleben aller angesichts von Klima- und Umweltwandel überhaupt in Frage steht, dass die moderne Medizin es einigen ermöglicht, zu überleben, ohne zu leben, während andere ohne Überlebenschancen geboren werden und leben müssen. So nahe derartige medien- und globalisierungstheoretische Zeitdiagnostik liegt, so problematisch ist sie doch, weil sie dem unabsehbar gewordenen Begriff des Überlebens über die Dringlichkeits- und Bedrohungsrhetorik zu einer unter Umständen trügerischen Selbstverständlichkeit, Aktualität und Evidenz verhilft. Dass wir dagegen schon länger mit dem Überleben leben und rechnen, lehrt ein Blick in die Archive. Zwei Jahre vor Arendts *The Human Condition* erschien 1956 Günther Anders' *Die Antiquiertheit des Menschen*. Was Derrida 2005 über beschleunigte Abnutzung schreibt, steht in ähnlicher Form schon dort. Auch wenn man dessen konsumkritischer These nachgeht, dass wir heute in einer Welt leben, in der es nur noch Verbrauch und kein Ge-brauchen mehr gibt,[16] kann man unsicher werden, was Agambens vergleichbare Ausführungen in dem Bändchen *Profanierungen* dem eigentlich Neues hinzuzufügen haben. – Diese Hinweise auf Arendt, Derrida und Anders bedeuten keineswegs, dass zum Überleben alles bereits gesagt sei, aber sie erinnern daran, dass Vorgeschichten gerade dann zu berücksichtigen sind, wenn sich bestimmte Themen oder Fragen mit scheinbar unabweisbarer Dringlichkeit akut (neu) stellen.

Den Charakter aktueller Dringlichkeit teilen alle einschlägigen Begriffe Agambens. In dieser Hinsicht gehorcht seine Profilierung des Überlebens denselben Regeln wie die archaische Rechtsfigur des ‚homo sacer' oder ‚das nackte Leben'. Obwohl sie im Werk, nicht zuletzt aufgrund hoher Redundanzen, wie klassische Begriffe funktionieren, sug-

---

15 Ebd.
16 Vgl. Günther Anders, *Die Antiquiertheit des Menschen. Über die Seele des Menschen im Zeitalter der zweiten industriellen Revolution*, München 1956.

gerieren sie im Unterschied zu jenen unmittelbare Anschaulichkeit. Sie scheinen vor Augen zu stellen, wovon die Rede ist.[17] Die ‚Zone', ‚das Lager' oder ‚die Schwelle' benennen konkrete Räume. Andere, wie das ‚nackte Leben' oder das ‚Überleben' evozieren unmittelbar Bilder nackter Menschen: Hungernde, Flüchtlinge, Gefangene. Ihre Anschaulichkeit macht sie nur schwer als Begriffe durchschaubar. Das bezeichnet das Problem ihrer gegenwärtigen Rezeption, die einem Konkretionsversprechen aufsitzt, das diese Begriffe provozieren und als Begriffe enttäuschen müssen.

Wo Agamben seine Verfahrensweise und Darstellungstechnik als ein Operieren mit Paradigmen bezeichnet hat, wird dieses Dilemma ausformuliert. Als partikulare Beispiele sind Paradigmen für Agamben von dem ausgeschlossen, was sie beispielhaft aufzeigen bzw. repräsentieren. Aus logischen Gründen, die Agamben im Zusammenhang mit seiner Deutung der Schmitt'schen Ausnahme schon in seinem Buch über den *homo sacer* entfaltet hat,[18] sind Beispiele von dem ausgenommen, was sie zeigen. Kraft seiner Funktion als Beispiel hat das Paradigma nicht teil an dem, wofür es beispielhaft steht. Sind ‚nacktes Leben' oder ‚*homo sacer*' Paradigmen in diesem Sinne, dann ist die Kluft zwischen ihrer konzeptionellen Operativität und ihren Konkretionsqualitäten konstitutiv. Diese Schizophrenie oder Nicht-Identität ist programmatisch und wird ostentativ herausgestellt. Agambens sich sozusagen selbst blockierenden Quasi-Begriffe stehen im Dienst eines prinzipiellen Anliegens, das auch sein Überlebenstheorem bestimmt. Vorläufig darf man es als die Rehabilitation des ontologischen Primats bezeichnen.[19] Ich möchte dieses Projekt am Begriff des Überlebens in drei Schritten zur Diskussion stellen: Zunächst (1) anhand seiner Analyse des messianischen Rests, der schon in den Ausführungen zum Überleben in *Das Archiv und der Zeuge* eine Rolle spielt, aber ergiebiger in seinem theologischen Umfeld im Rahmen von Agambens Paulus-Exegese in *Die Zeit, die bleibt* zu rekonstruieren ist; sodann (2) anhand einschlägiger Passagen zum Überleben in *Das Archiv und der Zeuge*, um schließlich (3) zu untersuchen, was vom Überleben denn nach Agambens jüngster, die Souveränitätsproblematik scheinbar verabschieden-

---

17 Vgl. Deleuzes Begriffspersonen.
18 Giorgio Agamben, „Was ist ein Paradigma?", in: ders., *Signatura rerum. Zur Methode*, Frankfurt am Main 2009, S. 9-39.
19 Zu Chancen und Problemen einer Rehabilitation (linker) Ontologie vgl. Carsten Strathausen, *A Leftist Ontology. Beyond Relativism and Identity Politics*, Minnesota 2009.

der Hinwendung zur Ökonomie vom Überleben als Grundmotiv einer neuen Ethik übrig geblieben ist.

1. Der messianische Rest[20]

Es geht, wie stets bei Agamben, erst einmal um eine Textstelle, die enigmatische Prophezeiung aus *Jesaja 10.22*, wonach nur ein Rest Israels die angekündigte Zerstörung überleben und gerettet werden wird. Mit diesem dunklen Rest, auf den sich Paulus im Römerbrief seinerseits enigmatisch zurückbezieht, hat Agamben viel vor: „Wenn ich ein unmittelbar aktuelles politisches Vermächtnis in den Briefen des Paulus angeben müßte, so glaube ich, daß sein Konzept des Rests nicht fehlen dürfte. Es erlaubt im Besonderen, unsere antiquierten und vielleicht unverzichtbaren Begriffe von Volk und Demokratie aus einer neuen Perspektive heraus zu überdenken".[21] Unter pointierter Anspielung auf Marx' bekanntes Diktum vom Proletariat wird dieser Rest als „das einzige reale politische Subjekt"[22] bezeichnet.

Agamben entwickelt sein Verständnis der paulinischen Theorie des Rests im dritten Kapitel seines Paulus-Buches, das dem Wort *aphorismos* aus dem Präskript des Römerbriefes gewidmet ist und ‚ausgesondert' (lat. *segregatus*) bedeutet. Dass Paulus sich selbst als ausgesondert bezeichnet, befremdet zunächst, denn als Verkünder des Endes aller Trennungen, Aussonderungen und Unterschiede begründet er den Universalismus des Christentums. Allerdings war Paulus vor der Zeit seiner Bekehrung tatsächlich ein Ausgesonderter des auserwählten Volks. Als Pharisäer gehörte er einer Gruppe von Juden an, die sich abspalteten, um die Regeln der priesterlichen Reinheit besonders skrupulös zu befolgen. Agambens Deutung stellt es nun so dar, dass Paulus mit seiner Selbstbeschreibung als ausgesondert im Eingang des Römerbriefes seine Vergangenheit als Pharisäer ironisch aufnimmt, um diese ehemalige Aussonderung im Namen einer anderen Aussonderung zu kreuzen. Als Resultat einer zweiten Aussonderung der Aussonderung bzw. der Teilung der Teilung entstünde dann jener Rest, auf den es ihm ankommt. Aber was heißt Teilung der Teilung, und welcher Art ist der

---
20 Der folgende Abschnitt ebenso wie der letzte gehen auf für die zweite Auflage von *Agamben zur Einführung* (Hamburg 2009) verfasste Texte zurück.
21 Giorgio Agamben, *Die Zeit, die bleibt. Ein Kommentar zum Römerbrief*, Frankfurt am Main 2006, S. 70.
22 Ebd.

Rest, den sie produziert, der, gemäß *Jesaja*, die angedrohte Katastrophe überleben wird, und der, gemäß Agamben, unsere politische Rettung soll sein können? Mit nomistischen Teilungen wie beispielsweise Juden vs. Nichtjuden, Beschnittene vs. Nichtbeschnittene, kann man die ganze Menschheit in zwei Gruppen aufteilen, ohne dass ein Rest übrig bleibt. Diese Unterscheidung soll nicht negiert oder aufgehoben, sondern von einer weiteren geteilt werden, wie sie Paulus mit der zusätzlichen Unterscheidung von *sarx* und *pneuma* einführt. Ins Erkenntnistheoretische übersetzt geht es also darum,

> die zweipolige Einteilung Juden/Nichtjuden zu überschreiten, um auf diesem Wege zu einer neuen Logik vorzudringen, einer Art intuitionistischen Logik wie etwa derjenigen, die Cusanus einführt (...), die über die Opposition A/Nicht-A hinausgeht und ein Drittes zuläßt, das die Form einer doppelten Negation annimmt: nicht Nicht-A.[23]

Die Identität der Mitglieder der von Paulus gestifteten Gemeinschaft bestünde dann in nichts anderem als der Unmöglichkeit, „mit sich selbst zusammenzufallen, sie sind eher so etwas wie ein Rest zwischen einem Volk und sich selbst, zwischen jener Identität und sich selbst".[24] Auf dem Hintergrund der Theorie des Rests ist jede Identität konstitutiv von sich selbst abgespalten und produziert einen restartigen, nicht in den Teilungen aufgehenden Überschuss, der sie von sich selbst trennt und spaltet.

Diesen Rest möchte Agamben an die Systemstelle des Volkes (bzw. des Proletariats) als Subjekt politischen Handelns versetzen. Dazu fühlt er sich berechtigt, weil Paulus sich mit seinen Ausführungen über den Rest, der „gemäß der Gnade zustande gekommen sei" (Röm 11, 5), auf jenen Topos aus den prophetischen Büchern zurückbezieht, in dem es um das auserwählte Volk Israels und den überlebenden Rest geht. Naheliegende Interpretationen, die entweder den Rest als zählbar übrig bleibende Menge deuten oder ihn mit dem auserwählten Volk insgesamt identifizieren, werden abgewiesen, um den Rest stattdessen als Ausweis der Unmöglichkeit der Identität dieses und, weitergehend, eines jeden Volkes zu begreifen. Unter dieser Voraussetzung ist der rätselhafte Rest dann gar nicht Gegenstand einer Rettung, sondern deren

---

23 Ebd., S. 63.
24 Ebd., S. 64.

Instrument, Motor einer „soteriologischen Maschine".²⁵ Wenn nur ein Rest gerettet wird und der Rest die Rettung bringen oder sein soll, dann setzt das voraus, dass das politische Subjekt seine konstitutive Gespaltenheit von sich selbst anerkennt. Exakt dieselbe Logik konstitutiver Gespaltenheit charakterisiert auch das Überleben, wie Agamben es in *Das Archiv und der Zeuge* entfaltet hat.

2. Überleben in *Das Archiv und der Zeuge*

Während der messianische Rest im Sinne der Teilung der Teilung verhältnismäßig eindeutig als Rettungsinstrument deutbar ist, gilt das vom Überleben in *Das Archiv und der Zeuge* aus mehreren Gründen nicht in derselben Weise. Zum einen geht es im Auschwitz-Buch, wiewohl dort fast ausschließlich fremde Texte zitiert werden, nicht um Texte und Begriffe, sondern um historische Fakten und um zwei Gruppen von Menschen, die Muselmänner genannten KZ-Häftlinge, die schon zu Lebzeiten nicht mehr als Menschen erkennbar waren und die nicht überlebt haben. Auf der anderen Seite geht es um Zeugen, wie Primo Levi, die überlebt haben. Agamben stellt die Kategorie des Überlebens auf diesem Hintergrund zunächst einmal als das furchtbare Ziel und letzten, äußersten Ehrgeiz der Biopolitik dar, die er zwar bekanntlich für so alt wie die Souveränität hält, deren eigentlicher Nexus und mit ihm die Tötungsintention von Biopolitik sich aber erst in den Vernichtungslagern gleichsam enthüllt haben soll. Foucaults bekanntes Diktum von der Biomacht als leben-machender Macht modifizierend, sieht Agamben im Überleben das Resultat einer äußersten biopolitischen Operation: „in einem menschlichen Körper die absolute Trennung von (…) Mensch und Nicht-Mensch zu erzeugen: das Überleben".²⁶ Realisiert wurde diese Operation im Muselmann und in dem, was man deren ‚Logik' zu nennen unwillkürlich zögert. Überleben ist hier folglich die Signatur einer absoluten, restlosen und deshalb auch unbezeugbaren Trennung zwischen dem, was noch Mensch und dem, was nicht mehr Mensch ist. Dass der Muselmann, der zu Lebzeiten nicht nur bloßes Leben, sondern schon bloßes Überleben ist, nicht überlebt, gehört ins biopolitische Kalkül. Aber aus der damit gegebenen und von Primo Levi auf eine, von Blanchot auf andere Weise vorformulierten Aporetik des Zeugnisses, entwickelt Agamben nun eine

---
25 Ebd., S. 69.
26 Giorgio Agamben, *Das Archiv und der Zeuge*, Frankfurt am Main 2003, S. 136.

Art rettender Gegenlogik des Überlebens nach dem Vorbild der Teilung der Teilung bei Paulus. Die Trennung von Mensch und Nicht-Mensch in einem Menschen wird durchkreuzt von der Teilung Muselmann und Überlebender, zwischen denen eine Lücke klafft, die das Zeugnis füllt, das damit strukturell die Position des überschüssigen Rests einnimmt. Zu zeugen wäre für den Muselmann, der nicht überlebt hat, aber der überlebende Zeuge kann nicht zeugen, weil er überlebt hat. Aus diesem von Primo Levi formulierten Paradox gewinnt Agamben die Essenz seiner Ethik:

> Nur weil es möglich war, im Menschen einen Muselmann zu isolieren, nur weil das menschliche Leben wesentlich zerstörbar und teilbar ist, kann der Zeuge den Muselmann überleben. Das Überleben des Nichtmenschlichen durch den Zeugen ist Funktion des Überlebens des Menschlichen durch den Muselmann. Was grenzenlos zerstört werden kann, ist das, was sich grenzenlos überleben kann.[27]

Und eine letzte Stelle:

> Genau deswegen, weil das Nicht-Menschliche und das Menschliche, der Muselmann und der Überlebende nicht zusammenfallen, weil zwischen ihnen eine untrennbare Teilung (nach dem Modell der Teilung der Teilung, E.G.) besteht, kann es Zeugnis geben.[28]

Agambens Theorie wurde bisher nur paraphrasierend wiedergegeben. Der kritische Einwand ist überfällig; man kann sich kurz fassen: Diese Argumentation hat die Struktur einer Theodizee, einer Rechtfertigung des Genozids um des Zeugnisses willen. Dieser Verdacht erhärtet sich vor dem Hintergrund der Unterschiede zwischen Agambens Interpretation des messianischen Rests und der Ambivalenz des Überlebens in seinem Buch über den Zeugen. Bei Jesaja und bei Paulus ist der Zusammenhang von Zerstörung und Rettung (theologisch) vorgegeben. Im Buch über den Zeugen muss Agamben ihn erst (auf dem Wege der Teilung der Teilung) herstellen. Dabei verfährt er nach Maßgabe einer uralten Logik – eines Basisnarrativs, wenn man will – demzufolge der Tiefpunkt, hier der Judenmord in den Lagern, auch der Moment des Umschlags in die Rettung ist. Man kann das Apokalyptik nennen, aber das Motiv geht auf Älteres zurück wie die magische Vorstellung, dass

---

27 Ebd., S. 132.
28 Ebd., S. 137.

der Speer, der die Wunde schlug, sie auch heilen muss und kann. Dieses Motiv findet sich in zahlreichen Variationen bei Heidegger, Adorno, Derrida oder Günther Anders. Aber keiner von ihnen ist auf den Gedanken gekommen, es dort anzusiedeln, wo es bei Agamben zum Einsatz kommt, in den Vernichtungslagern. Bei ihm ist es der Muselmann, der nicht nur die biopolitische Trennung von Mensch und Nicht-Mensch an einem noch lebenden Organismus vorstellt, sondern der zugleich die geheime Chiffre der Biopolitik offenbaren und dadurch die Schwelle einer neuen Ethik bezeichnen soll.[29]

3. Das Überleben des Überlebens in der Ökonomie

Bis zu den jüngsten, globalen Finanz-und Kreditkrisen, die selbst dogmatische Anhänger des freien Marktes nach Staat und Regulierung rufen lässt, hätte man meinen können, dass Agambens seit einigen Jahren verstärktes Interesse an der Ökonomie ein Korrektiv seiner souveränitätstheoretischen Interessen darstellt. Angesichts dessen, dass in vielen Ländern in schier unfassbarer Geschwindigkeit Gesetze erlassen wurden, die maroden Banken und Konzernen mit gigantischen Staatssummen zu Hilfe kommen, wird man eher von einer folgerichtigen Kontinuität seines Denkens ausgehen (und einmal mehr die seltsame Koinzidenz seiner Überlegungen mit zeitgenössischen Ereignissen anmerken müssen).

Dem von der Theologie abkünftigen politischen Paradigma der Souveränität möchte Agamben mit der Ökonomie in seinen jüngsten Texten ein zweites, ebenfalls theologischer Provenienz, zur Seite stellen. Während unser Politikbegriff von der Transzendenz des souveränen Gottes begrenzt wird, betrifft die theologische Ökonomie, dem griechischen Wort gemäß, den nicht-politischen Bereich häuslicher Verwaltung. In ihr, hat Agamben schon 2005 behauptet, „gründet die moderne Biopolitik bis hin zum derzeitigen Triumph der Ökonomie über jeden anderen Aspekt des gesellschaftlichen Lebens".[30] Im Ver-

---
29 Zur Kritik vgl. auch Astrid Deuber-Mankowsky, „Homo sacer, das bloße Leben und das Lager. Anmerkungen zu einem erneuten Versuch einer Kritik der Gewalt", in: *Die Philosophin. Forum für feministische Theorie und Philosophie 25* (2002), S. 95-114.
30 Giorgio Agamben, „Ökonomische Theologie. Genealogie eines Paradigmas", in: *Theologie und Politik. Walter Benjamin und ein Paradigma der Moderne*, hg. v. Bernd Witte und Mauro Ponzi, Berlin 2005, S. 20-31, hier S. 20. Diese The-

gleich zur bisherigen engen Verknüpfung von Souveränität und Biopolitik im Zeichen der Ausnahme stellt das eine zunächst überraschende Verschiebung bzw. Ergänzung dar. Denn das ausgeschlossene „nackte Leben", auf das sich die Biopolitik richtet, erscheint nun nicht mehr als die letzte, so fatale wie enthüllende, Konsequenz des Souveränitätsparadigmas, sondern Biopolitik wird mit der Ökonomie auf ein weiteres gleichberechtigtes Modell verpflichtet. Theologisch gesehen gehören Souveränität und Ökonomie aufs engste zusammen. Ihren gemeinsamen Fluchtpunkt bildet der Begriff des Regierens (einflusstechnisch gesehen also Michel Foucaults Vorlesungen zur Gouvernementalität).[31]

Während die Ökonomie spätestens seit Max Weber als Säkularisat religiöser Motive verstanden wurde, weist Agamben umgekehrt Ökonomie als genuin theologischen Begriff aus. Die in der Patristik tatsächlich sehr prominente *oikonomia* antwortet auf ein von Marcion und der Gnosis allen drei monotheistischen Religionen hinterlassenes Problem. Als die Gnostiker mit ihrer Lehre, dass der Schöpfergott nicht derselbe gewesen sein dürfe wie der Erlösergott, den Monotheismus in Frage stellten, reagierte die christliche Theologie auf diese Bedrängnis mit der Ökonomisierung der Transzendenz. Im Dreifaltigkeits-Dogma und in der Angelologie findet sie ihren Niederschlag. Gott-Vater, Sohn, Heiliger Geist und die Engel bilden gemeinsam die göttliche Hauswirtschaft. Neben dieser Bedeutung hat die theologische Ökonomie noch eine zweite, mit der eine andere beunruhigende Frage der Gnosis zurückgewiesen werden sollte, ob Gott nämlich schlechterdings nicht von dieser Welt ist oder ob er sie regiert. Bis zum 5. Jahrhundert ist *oikonomia* auch der Name des göttlichen Erlösungsplans für die Welt. Sie betrifft also sowohl das göttliche Leben und seine Organisation wie auch Organisation und Lenkung des menschlichen Lebens in heilsgeschichtlicher Perspektive. Aber dieser doppelten theologischen *oikonomia* ist es, so argumentiert Agamben, niemals ganz gelungen, die Spuren der Zäsur zu tilgen, die sie bedeutet: Mit der *oikonomia* hat sich in Gott dessen Handeln (seine Regierung) von seinem Sein (das nicht von dieser Welt ist) getrennt; unvermittelt und unvermittelbar steht das Sein (die Ontologie) der Praxis (des Handelns) gegenüber: „Dem Handeln (der Ökonomie, aber auch der Poli-

---

se weiter entfaltet hat Agamben in *Herrschaft und Herrlichkeit. Zur theologischen Genealogie von Ökonomie und Regierung. Homo sacer II.2*, Frankfurt am Main 2008.
31 Vgl. Michel Foucault, *Sécurité, territoire, population*, Paris 2004, sowie ders., *Le gouvernement de soi et des autres*, Paris 2008.

tik) fehlt jede Begründung im Sein: Dies ist die Schizophrenie, die die theologische Lehre der *oikonomia* der abendländischen Kultur hinterlassen hat".[32] Das Dilemma unserer gegenwärtigen Kultur ist demnach immer noch und immer wieder die Unvereinbarkeit von Sein und Handeln. Damit dürfte deutlich sein, wie eng Agambens gegenwärtiges Interesse an der Ökonomie mit seinem Projekt zusammenhängt, der Ontologie den politischen Primat zurückzuerstatten, den sie spätestens mit dem Christentum verlor, das die gnostisch drohende Spaltung innerreligiös mit der Trinitätslehre zu blockieren suchte und mit derselben bleibend installierte. Man darf vermuten, dass hier auch der Grund für die Schizophrenie des Paradigmenbegriffs und aller anderen Begriffe Agambens zu suchen ist.

Die lateinische Übersetzung der griechischen *oikonomia* lautet *dispositio*, und daher leitet sich der französische Begriff Dispositiv ab. Unter dem von Deleuze geborgten Titel „Was ist ein Dispositiv?" hat Agamben in lockerem Kontakt mit Foucault und mit Rückbezug auf die theologischen Hintergründe eine eigene Dispositiv-Lehre aufgestellt, in der die theologische Herkunft des Begriffs und die in ihr angelegte Spaltung von Sein und Handeln eine wichtige Rolle spielt. Agamben stellt die Lebewesen, also die Ontologie der Geschöpfe, der *oikonomia* der Dispositive gegenüber. Als Dispositiv gilt ihm schlechterdings alles, „was irgendwie dazu imstande ist, die Gesten, das Betragen, die Meinungen und die Reden der Lebewesen zu ergreifen, zu lenken, zu bestimmen, zu hemmen, zu formen, zu kontrollieren und zu sichern".[33] Dazu zählen nicht mehr nur die Institutionen, deren Genese und Strukturen Foucaults Interesse lange galt, wie etwa das Gefängnis, die Klinik, die Schule oder die Fabrik, sondern „auch der Federhalter, die Schrift, [...] die Mobiltelefone" und schließlich sogar die Sprache selbst als das „vielleicht älteste Dispositiv".[34]

Zwischen den Geschöpfen und den Dispositiven stehen die Subjekte, die „sozusagen [aus] dem Nahkampf zwischen den Lebewesen und den Dispositiven" hervorgehen.[35] Subjekte, soweit schließt Agamben an Bekanntes jüngerer Subjekttheorien an, sind nicht von vornherein gegeben, sondern entstehen durch Subjektivierungsprozesse. Das leisten Dispositive, die aber nicht primär den Zweck der Subjektkonstitution verfolgen, sondern vor allem den der Regierung, Lenkung,

---

32 Agamben, Ökonomische Theologie, S. 21.
33 Agamben, *Was ist ein Dispositiv?*, Berlin 2008, S. 26.
34 Ebd.
35 Ebd., S. 27.

Überwachung der so konstituierten Subjekte haben. Ihr kontingenter Nebeneffekt ist die Produktion von Widerstandsmöglichkeiten der regierten Subjekte, die auch sagen können: So oder so wollen wir nicht regiert werden! Das geschah jüngst in den arabischen Ländern und auf andere Weise in der Occupy-Bewegung.

Den Kreis der Subjektivierungsprozesse in Gang setzenden Dispositive glaubt Agamben erweitern zu müssen, weil sich die kapitalistische Gegenwart durch eine ungeheure Anhäufung von Dispositiven auszeichne. Aber die Dispositive hätten sich nicht nur ins Uferlose vermehrt, sondern Agamben unterstellt auch, dass sie im Laufe dieser Entwicklungen eine ihrer vormaligen Eigenschaften eingebüßt hätten. Die neuen Dispositive (wie das Mobiltelefon) dienen allein und ausschließlich der Desubjektivierung. „Die zeitgenössischen Gesellschaften verhalten sich also wie träge Körper, die von gigantischen Prozessen der Desubjektivierung durchlaufen werden, denen jedoch keine wirkliche Subjektivierung mehr entspricht".[36] *Oikonomia* regiert heute als ein Regierunghandeln, das sich nur selbst reproduziert.

Eine Strategie, von der Agamben meint, dass wir sie „in unserem Nahkampf mit den Dispositiven verfolgen müssen",[37] lautet: Profanierung.[38] Während das Opfer das Dispositiv ist, durch welches Gegenstände ihrem menschlich-profanen Gebrauch entzogen werden und wodurch deren Übergang in die Sphäre des Heiligen reguliert wird, setzt Agamben auf die Umkehrung dieses Prozesses durch die Profanierung der Dinge, die wir gegenwärtig gar nicht mehr gebrauchen, sondern nur noch konsumieren können. Profanierung nennt er das „Gegendispositiv" zum Opfer. Im römischen Verständnis ist das Opfer der Ritus, in dem etwas „dem allgemeinen Gebrauch" entzogen „und in einen abgesonderten Bereich versetzt" wird.[39] Was durch Riten abgesondert wird, kann aber „durch einen Ritus wieder dem profanen Bereich zurückgegeben werden".[40] Wie soll das aber möglich sein? Und wird es nicht gerade dadurch unmöglich, dass sich die jüngsten Dispositive dadurch auszeichnen, gar keine Subjekte mehr hervorzubringen? Anders formuliert: Ohne eine Entfremdungstheorie sind Opferriten von gegenläufigen Profanierungen schwer zu unterscheiden. In den Essays aus „Profanierungen" kann Agamben immerhin auf das Spielen als

---

36 Ebd., S. 39.
37 Ebd., S. 33.
38 Vgl. auch Giorgio Agamben, *Profanierungen*, Frankfurt am Main 2005.
39 Agamben, Was ist ein Dispositiv?, S. 34.
40 Ebd.

eine andere Art des Ge-Brauchens verweisen.⁴¹ Sein Text über das Dispositiv schließt dagegen vergleichsweise rätselhaft. Um die Frage nach der Profanierung der Dispositive nicht schon zu beantworten, sondern allererst richtig zu stellen, müssten jene, welche „sie sich zu eigen machen [...], jenes Unregierbare zum Vorschein zu bringen, das zugleich Anfang und Fluchtpunkt jeder Politik ist".⁴² Hinter oder vor den zweischneidigen und mehrdeutigen Subjektivierungs- und Desubjektivierungsprozessen, hinter oder vor der Dialektik des Subjekts zwischen Macht und Widerstand, hätte man demnach ein Unverfügbares anzunehmen, das allererst die Dispositive auf den Plan ruft. Jenseits aller Aporetik zeigt sich in Agambens düsterem Universum unverhofft der Silberstreif eines frommen Glaubens an eine unverfügbare, unregierbare, gewiss auch unbestimmbare, aber ihrerseits bestimmende Instanz. Wahlweise kann man sie Mensch nennen, oder Rest, oder Zeugnis, Leben oder Überleben. In jedem Fall bleibt sich ihre Epistemologie, etwas weniger anspruchsvoll, bleibt sich das Schema ihrer Generierung und Handhabung bei Agamben vorhersehbar gleich. Es handelt sich jeweils um Paradigmen im eingangs erläuterten Sinne privilegierter und solchermaßen isolierter Beispiele. Ihrer aus systematischen Gründen zur Aporie verurteilten Suggestivität könnte man sich dadurch entziehen, dass man davon absieht, sie zum Paradigma zu erheben und sie, zum Beispiel, stattdessen mit Texten von Günther Anders, Hannah Arendt oder Jacques Derrida zusammenliest, um dann zu entscheiden, ob deren Überlegungen zum Überleben bei Agamben ein theoretisches Nachleben führen; oder ob mit seiner Theoretisierung des Überlebens in *Das Archiv und der Zeuge* eine Schwelle überschritten wurde, die im Namen eines ontologischen Primats hinter moderne Unterscheidungen und Entwicklungen im Überlebensbegriff zurückfällt in eine unkenntlich gemachte Soteriologie, die das Rettende wachsen sieht, nicht dort, wo und weil Gefahr ist, sondern am rettungslos diesseitigen historischen Ereignis. Wenn das (bloße) Leben der Güter höchstes nicht ist,⁴³ dann sollte auch das Überleben es nicht sein. Diese Konsequenz

---

41 Vgl. Giorgio Agamben, *Höchste Armut. Ordensregeln und Lebensform*, Frankfurt am Main 2012.
42 Ebd., S. 41.
43 Vgl. Friedrich Schiller, *Die Braut von Messina*, in: Schillers Werke. Nationalausgabe, im Auftrag des Goethe- und Schiller-Archivs, des Schiller-Nationalmuseums und der Deutschen Akademie hg. v. Julius Petersen und Gerhard Fricke, Bd. 10: *Die Braut von Messina. Wilhelm Tell. Die Huldigung der Künste*, hg. v. Siegfried Seidel, Weimar 1980.

aus Benjamins Essay *Zur Kritik der Gewalt*, der Agamben zu seinen Nachforschungen über den Ursprung des Dogmas von der Heiligkeit des Lebens angeregt hatte,[44] scheint er in seinen Ausführungen zum Überleben vergessen zu haben:

> Der Mensch fällt eben um keinen Preis zusammen mit dem bloßen Leben des Menschen, so wenig mit dem bloßen Leben in ihm wie mit irgendwelchen andern seiner Zustände und Eigenschaften, ja nicht einmal mit der Einzigkeit seiner leiblichen Person. So heilig der Mensch ist (oder auch dasjenige Leben in ihm, welches identisch in Erdenleben, Tod und Fortleben liegt) so wenig ist es sein leibliches, durch Mitmenschen verletzliches Leben.[45]

---

[44] Vgl. Agamben, Homo sacer, S. 77f.
[45] Walter Benjamin, „Zur Kritik der Gewalt", in: ders., *Gesammelte Schriften*, hg. v. Rolf Tiedemann und Hermann Schweppenhäuser, 7 Bde., Frankfurt am Main 1972-1991, Bd. II.1, S. 179-203, hier S. 201f.

Ralf Simon

Krypta und Erlösung (Arno Schmidt)

> Der Mensch ist innen hohl; und das Übel id
> Welt wächst beständig
> – zur Schande aller Schöpfer\Erlöser.[1]

I. Erlösung als Aufhören

Ein alter hermeneutischer Grundsatz besagt, dass man die Antwort auf eine Frage finden könne, wenn man rekonstruiert, auf welche Problemlage die gestellte Frage reagiert. Insbesondere, wenn nach der Erlösung gefragt wird, tut man gut daran, erst einmal nicht zu antworten, sondern die Frage verstehen zu wollen. Die *intentio obliqua* führt hier, wenn man ihr *Zeit lässt*, eher weiter, als der Versuch, Erlösung als eine positive Größe behandeln zu wollen, der man begriffliche Bestimmungen, Erzählungen oder Bilder zuschreiben kann. *Erlösung* ist eine auch theologische Kategorie; sie führt viele Konnotationen mit sich und ist offenkundig an metaphysische Großkonzepte gebunden. Rekonstruktion hieße hier, dass eine großangelegte Recherche dieser Konzepte zu betreiben sei, um überhaupt zu verstehen, auf welche Frage Erlösung die Antwort sein soll.

Die in diesem Aufsatz vorgelegten Überlegungen gehen einen anderen Weg, indem sie Erlösung sehr einfach verstehen: als *Aufhören*, als eine *mit der Zeit geschehende* Auflösung. Vielleicht ist Erlösung gar keine spektakuläre Angelegenheit. Adorno mutmaßte an einer Stelle in der Ästhetischen Theorie, dass der messianische Zustand „in allem sei wie der gewohnte und nur um ein Winziges anders."[2] Die minimale Variante des Erlösungsbegriffs bestünde in der Vermutung, dass nur etwas aufhört, ein Leiden, ein Ungenügen, eine Negativität. Erlösung wäre nichts Neues oder gar Anderes, keine apokalyptische Qualität, sondern eine kleine Verschiebung, vielleicht ein *Nachlassen* des lastenden Drucks, der von traumatischer Vergangenheit ausgeht, welche onto- wie phylogenetisch unserer Konstitution eingeschrieben ist.

---

[1] Arno Schmidt, *Abend mit Goldrand*, in: ders., *Bargfelder Ausgabe*. Werkgruppe IV: *Das Spätwerk*, Bd. 3, Zürich 1993, S. 130 [AmG].
[2] Theodor W. Adorno, *Ästhetische Theorie*, Frankfurt am Main 1981, S. 208.

Wenn in dem Wunsch nach Erlösung nichts anderes stecken sollte, als das Bedürfnis nach einem *Ledigwerden* von mit der Selbstkonstitution gegebenen Schulderfahrungen, dann wäre nicht nach einem Erlöser zu suchen, sondern schlicht nach den Bedingungen dafür, *dass es aufhört*. Was *es* ist, das da aufhören soll, damit alles um ein Winziges anders wäre, dies zu beschreiben soll Gegenstand der folgenden Überlegungen sein. Es geht also ums *Aufhören*, und das ist eine schwierigere Angelegenheit, als es zunächst den Anschein hat. Arno Schmidts große letzte Bücher schreiben das Aufhören so beredt und so umfangreich, dass man vor lauter Lesen kaum denken kann, dass es nur um eine Auflösung geht, die, gelänge sie, Erlösung wäre.

II. Krieg/Krypta, strukturell

Die vielleicht irritierendste und erschütterndste Eigenschaft der Krypta ist ihre Vererbbarkeit. In Israel wird das Phänomen beobachtet, dass Kinder der zweiten und dritten Nachfolgegeneration der überlebenden Holocaustopfer Traumatisierungen austragen, die sie offenkundig über eine Sequenz von *intergenerationellen Weitergaben* übernommen haben.[3] Nach einigen Generationen tauchen die psychischen Probleme auf, die die direkten Überlebenden, die am Aufbau des Staates Israel nach 1945 beteiligt waren, ihrerseits offenkundig recht erfolgreich verdrängen konnten. Es scheint so etwas wie über Generationen reichende Familientraumata zu geben. Die Dinge sind freilich kompliziert, schon die Aussage, dass *etwas* weitergegeben wird, ist in der ontologisierenden Formulierung falsch. Man wird eher davon reden müssen, dass eine bestimmte Vermeidung, ein Ausweichen, ein *Hohlraum in der Sprache* erzeugt wird und von Generation zu Generation wandert: „[...] nicht die Gestorbenen sind es, die uns heimsuchen, sondern die Lücken, die aufgrund von Geheimnissen anderer in uns zurückgeblieben sind."[4] Die *Krypta* ist für denjenigen ein verborgenes Grab, dessen vergebliche Trauerarbeit einen *unbetrauerbaren Tod* zum Gegenstand hatte. Aber für denjenigen, der die Krypta vererbt bekommen hat, existiert nicht einmal mehr ein unmöglicher Gegenstand. Für diese Person ist die Krypta *nicht etwas*, sondern vielmehr eine Art von Loch, eine

---

3 Ilany Kogan, *Der stumme Schrei der Kinder. Die zweite Generation der Holocaust-Opfer*, Gießen 2009.
4 Nicolas Abraham, „Aufzeichnungen über das Phantom. Ergänzung zu Freuds Metapsychologie", in: *Psyche* 45 (1991), H. 8, S. 691-698, hier S. 692.

nicht thematisierbare, aber als geheimes Kraftzentrum wirkende *negative Macht*,[5] die für die vollkommen überraschenden wie rätselhaften familialen Déjà-vus verantwortlich zeichnet, ohne dass in den Familiengeschichten explizite semantische Spuren nachweisbar wären. Vielleicht ist die Krypta die versteckteste Form des Schicksals der Wiederholung. Sie ist in der Sprache als ihr Unsprachliches verborgen, aber sie besteht wiederum nur aus Sprache, sie ist ihr *in sich hineingebogener Hohlkörper*, „eine Lücke im Aussprechbaren".[6]

Um die angedeutete und nur kurz zitierte Theoriegeschichte zu rekapitulieren: Nach Freud[7] besteht Trauerarbeit in einem komplexen Prozess, bei dem der Tote im Trauernden gleichsam wiedererweckt wird, um dann Schritt für Schritt einverleibt zu werden. Der Trauernde ruft sich die geliebte Person zurück, um sich ihre guten Eigenschaften anzueignen und sie weiterzutragen. Es geht also um eine Wiederbelebung und darauf folgend um eine erneute Tötung, die durchaus Züge eines symbolischen Kannibalismus trägt. Trauerarbeit kann misslingen, und sie wird mitunter pathogen, wenn die Wiederbelebung stattgefunden hat, aber die Kraft zur Vertilgung fehlt. Der Trauernde geht mit einem Gespenst um. Nun gibt es das Anspringen der Trauerarbeit auch angesichts von Szenarien, bei denen sie nicht erfolgreich sein kann. Beim Tod von Neugeborenen sind keine personalen Eigenschaften vorhanden, die man sich zueignen könnte. Bei Genoziden, Katastrophen und Kriegen sind es zu viele Tode, um je in einer Trauerarbeit bewältigt werden zu können. Es entstehen, wenn die Trauerarbeit dennoch ihr Werk aufnimmt, *unbetrauerbare Tode*,[8] also nicht einmal Gespenster. Abraham und Torok[9] sprechen hier von einer *Krypta*, einem im Unbewussten versenkten und verschlossenen Ort, ein Unbewusstes des Unbewussten.[10] Die Krypta kann *nicht da sein*, sie ist nur spürbar

---

5 Der Begriff der negativen Macht ist schwer zu denken. Fragen eher als Lösungen – also vielleicht eine durchaus angemessene Rede dazu – finden sich bei: François Jullien, *Schattenseiten. Vom Bösen oder Negativen*, Zürich/Berlin 2005.
6 Abraham, Aufzeichnungen über das Phantom, S. 695.
7 Sigmund Freud, „Trauer und Melancholie", in: ders., *Studienausgabe*, hg. v. Alexander Mitscherlich, Angela Richards und James Strachey, 11 Bde., Frankfurt am Main 1969ff., Band III: *Psychologie des Unbewußten*, S. 193-212.
8 Laurence A. Rickels, *Der unbetrauerbare Tod*, Wien 1989.
9 Nicolas Abraham und Maria Torok, *Kryptonymie. Das Verbarium des Wolfsmanns*, Frankfurt am Main/Berlin/Wien 1979.
10 Im Fall der weitergegebenen Krypta spricht Abraham davon, dass ein Unbewusstes vom Unbewussten eines anderen besessen ist (Abraham, Aufzeichnungen über das Phantom, S. 694).

in ihrer negativen Energie, aber sie entzieht sich der Symbolisierung. Gleichwohl ist ihre starke Kraft vorhanden, sie wirkt, wie zu sehen ist, über Generationen hinweg und lässt den Holocaust Jahrzehnte später im zweiten oder dritten Glied der familialen Kette hervortreten, ohne dass den Akteuren *etwas* zugestoßen wäre. Sie unterliegen einer Lücke, einem Nichts, einem negativen Sog, einer prinzipiellen Sprachlosigkeit, von der niemand Zeugnis ablegen kann. Die Krypta ist der Name für eine jeweils nicht formulierbare Paradoxie, die aus der Anweisung besteht, auf die unbetrauerbaren Tode nicht verzichten zu können, sie zugleich aber nicht annehmen zu wollen. Indem dieses Paradox der Psyche eingeschrieben wird, gerät der Melancholiker zum Doppel seiner Negativität. Er kann nicht sterben und nicht leben, er hat für diese Paradoxie keine Sprache, obwohl er ihr permanenter Ausdruck ist. Die Krypta ist stabil. Sie ist das Ergebnis einer unvermeidbaren Trauerarbeit, die als solche undurchführbar ist: eine Sprache der Psyche, die gleichsam unbeobachtet in Gang gesetzt wird, aber dann nur *im Modus der Sprachlosigkeit spricht.*

Hier verzweigen sich die Wege. Nachzudenken ist über die *Logik der intergenerationellen Weitergabe der Krypta*[11] oder über den Prozess des Teleskoping.[12] Nachzudenken ist zweitens über die Literaturgeschichte als *Weitergabe mimetischer Krypten*, das Theorem explizierend, dass die literarische Sprache das bevorzugte Medium einer eigentlichen Kryptonymie sein kann, so dass also das Projekt einer literaturwissenschaftlich formulierbaren kulturellen Kryptonymie entsteht. Nachzudenken ist drittens über die Poetik einer *kryptonymischen Sprache*;[13] Arno Schmidts *Etymsprache* ist als eine solche zu lesen. Vor allem aber ist der Frage nachzugehen, ob die Krypta, das Verschlossenste, geöffnet werden kann. Ist die negative Macht, deren Kälte die Krypta umgibt, aufzulösen? Oder weniger anspruchsvoll gefragt: Hört die kryptonymische Energie irgendwann einfach auf, wenn sie nicht mit neuer Nahrung versorgt wird? Kommt sie zum Erliegen? Nichts anderes als dies ist die Frage nach der Erlösung.

---

11 *Transgenerationale Weitergabe kriegsbelasteter Kindheiten. Interdisziplinäre Studien zur Nachhaltigkeit historischer Erfahrungen über vier Generationen*, hg. v. Harmut Radebold, Werner Bohleber und Jürgen Zinnecker, Weinheim/München 2008.
12 Haydée Faimberg, *Teleskoping. Die intergenerationelle Weitergabe narzisstischer Bindungen*, Frankfurt am Main 2009.
13 Derrida spricht hier von ‚Winkelwörtern', von ‚lebendig begrabenen Wörtern'; vgl. Jacques Derrida, „FORS", in: Abraham/Torok, Kryptonymie, S. 5-58.

III. Mimetische Krypta:
Eine spekulative Variante der Literaturgeschichte

In der deutschen Geschichte der Neuzeit gibt es für den von mir eröffneten Zusammenhang eine Art von Nullpunktszenario. Der Dreißigjährige Krieg dauerte genau so lang, wie man gemeinhin die Erfahrungseinheit einer Generation veranschlagt. Eine komplette kulturelle Sequenz hatte die Erfahrung der Zerstörung aller Sicherheiten in sich aufzunehmen. So schrecklich der Zweite Weltkrieg gewesen ist, seine relative Kürze hat die Möglichkeit einer Anknüpfung an Erfahrungssubstanzen jenseits des Krieges möglich sein lassen. Der Dreißigjährige Krieg hat jedoch für den deutschen Sprachraum eine vollständige Totalisierung der Kriegserfahrung zur Folge gehabt, eine umfassende Unterbrechung kultureller wie individueller Kontinuitäten, also eine tiefgehende Traumatisierung der kollektiven wie individuellen Körper und ihrer sowohl expliziten als auch ihrer in Hohlräume eingeschlossenen Sprachen.[14]

Für eine gewisse Zeit, etwa drei bis vier Generationen nach dem Dreißigjährigen Krieg, bleibt die Literatur flach, konventionell, im Korsett der Regelpoetiken gefangen, mit der einen sprechenden Ausnahme des Picaroromans. Mit dem Siebenjährigen Krieg (1756-1763) finden wir eine Steigerung an Komplexität, einen kompletten Umbau des Literaturbegriffs vor. Ich möchte hier keinesfalls eine Andeutung auf eine am Ende gar monokausal verstandene Herleitung aus kollektiven Traumata versuchen, sondern vielmehr nur den *spekulativen Gedanken* vorbringen, dass um 1760 herum die Öffnung jener Krypta erfolgt, die im Dreißigjährigen Krieg etabliert wurde. Es öffnet sich die Krypta durch die neue Kriegserfahrung, sie versorgt sich mit neuer Traumaenergie, aber sie gibt sich auch zu einem gewissen Teil preis. Was erzählt uns Lessings Komödie *Minna von Barnhelm* vom Dreißigjährigen Krieg, indem sie vom Ende des Siebenjährigen Krieges handelt? Welche Öffnung einer Gewaltgeschichte wird im *Nathan der Weise* gestaltet? Und dann, weitergehend in der Literaturgeschichte: Wie

---

14 Die Rekonstruktion von Gewalterfahrungen und Langzeittraumatisierungen im und nach dem Dreißigjährigen Krieg ist in vielfacher Weise ein Problem: quellenkritisch, methodologisch, hermeneutisch etc. Einen sehr guten, umfassend recherchierten Überblick gibt der Aufsatz: Maren Lorenz, „Tiefe Wunden. Gewalterfahrung in den Kriegen der Frühen Neuzeit", in: *Gesellschaft – Gewalt – Vertrauen. Jan Philipp Reemtsma zum 60. Geburtstag*, hg. v. Ulrich Bielefeld, Heinz Bude und Bernd Greiner, Hamburg 2012, S. 332-354.

wandert die kollektive Krypta zu den Napoleonischen Kriegen und also zu einer Poetik des Krieges bei Kleist, E.T.A. Hoffmann und vor allem zum größten Text über Krieg und Partisanenkampf, zu Ludwig Tiecks *Aufruhr in den Cevennen?* Der Deutsch-Französische Krieg 1870/71 und Wilhelm Raabes vielfältige Literatur des Schlachtfeldes, der Bezug von Döblins *Wallenstein* auf den Ersten Weltkrieg und derjenige von Arno Schmidt auf den Zweiten Weltkrieg: Dies verweist auf eine *Literaturgeschichte des Krieges*, die nicht mehr die säuberlich in Abständen von 30 Jahren gegliederten Literaturepochen vom Sturm und Drang bis ins 20. Jahrhundert skandiert, sondern jenen untergründigen Rhythmus, nach dem die Krypta des Dreißigjährigen Krieges in der deutschen Geschichte genug Gelegenheit hat, sich immer wieder erneut der Erfahrung des Schlachtfeldes zu öffnen, um im Moment der Öffnung die Literatur des Schlachtfeldes notwendig zu machen. Es wäre eine andere Literaturgeschichte und es wäre ein anderer Begriff von literarischer Mimesis.

Es ist an dieser Stelle eine methodologische Überlegung unausweichlich. Das hier angedeutete *Konzept einer kollektiven Krypta* soll so nicht-substantialistisch verstanden werden, wie es möglich ist. Die Gefahr liegt nahe, dass erneut eine Variante der Schicksalsgeschichte der deutschen Seele behauptet werde, wenn man *referenzlose Kollektivtraumata* behauptet. Die Thesenlagen in der mit der Krypta beschäftigten psychoanalytischen Praxis besitzen mit ihrem Theorem der intergenerationellen Weitergabe in der Regel die *materielle Basis einer jeweiligen Familiengeschichte*, während die Behauptung einer kryptonymischen Mimesis auf der Basis einer letztendlich nationalen Kollektiverfahrung eine solche Referenz nicht in Anspruch nehmen kann. Gleichwohl ist der Bezug der Literatur auf den Kollektivspeicher ‚Vaterland/Muttersprache' mehr als evident. Eine Leugnung aus Gründen methodisch heikler Gesamtzusammenhänge befördert hier nur die fortgesetzte Blindheit. In diesem Sinne sei das knapp angedeutete Konzept einer anderen Literaturgeschichte in der Tat als *spekulativer* Rahmen bezeichnet, während wiederum die ins Einzelne gehende Analyse ihre spezifische Rechtfertigung wird finden müssen.

Der Ausweg aus der Gefahr einer substantialistischen Ontologie der Kollektivkrypta liegt in der Einsicht in die durch die *Textrhetoriken* betriebenen Erzeugung dieser Krypta. Das *Phantasma einer kollektiven Krypta* wird de facto immer nur von jeweiligen individuellen Krypten *produziert*. Offenkundig brauchen die literarischen Krypten eine über ihre Individualität hinausgehende Referenz, um nicht in der zu engen monadischen Struktur ihrer selbst gefangen zu bleiben. Raabes kryptonymische Poetik z.b. entwirft den ihr notwendigen Echoraum einer kollektiven Krypta, wenn in *Im Siegeskranze* die Geschichte einer traumatisierenden Vergewaltigung auf das nationale Kriegsgeschehen projiziert wird.[15] Eine derart erzeugte kollektive Krypta schließt nichts auf, sie löst kein Problem – im Gegenteil: sie vergrößert es. Aber die selbsttherapeutische Annahme einer kollektiven Krypta *tröstet*. Sie erweckt die Hoffnung, Leid wäre in dieser Dimension teilbar, weil der Sog der Krypta nicht allein im Individuum verschlossen bleibt, sondern vielmehr Individuen diskursiv fabriziert, darin aber eben auch verbindet.

Folgt man diesem Gedanken, dann ginge es darum, über eine Literaturgeschichte der produzierten Phantasmen von kollektiven Krypten anlässlich vorliegender individueller nachzudenken. Es läge somit nicht die ontologische Vermutung einer tatsächlich kollektiven Kryptonymie vor, sondern der jeweils zu führende Nachweis, dass bestimmte Texte eine solche *Ontologie rhetorisch produzieren*. Vielleicht, so die Mutmaßung, müssen literarisch erzeugte Kryptonymien, im Unterschied zu den noch verborgeneren tatsächlichen Pathologien, notwendig, nämlich der Verallgemeinerung des ästhetischen Formalismus folgend, eine solche kollektivsymbolische Erweiterung vornehmen.

Folgt man dieser methodisch induzierten Wendung der Perspektive, dann zeigt sich, dass Aussagen, die die erneute Aufladung einer Krypta durch neue negative Energie behaupten, die literarische Ebene der *thematischen* Behauptungen reproduzieren, während Aussagen, die die jeweilige Poiesis einer kollektiven durch eine individuelle Krypta formulieren, die Ebene der *poetologischen* Genese aufrufen. Diese ist reflektiert, jene naiv; diese argumentiert auf einer Ebene zweiter Beobachtung, jene auf der Objektebene. Dennoch wird man beide Formulierungen weiterhin benutzen müssen, weil erst ihre Kombination den kompletten semantischen Raum dieses Diskurses abzudecken vermag. Obwohl man von der jeweiligen *Konstruktion* einer kollektiven Krypta ausgehen möchte, arbeiten doch die meisten Texte mit dem Phantasma eines wirklichen Vorhandenseins.

---

15 Vgl. dazu Ralf Simon, „Geschichtsverlauf und Subjektgenese. Zu einem Deutungsmuster romantischer Geschichtsphilosophie und der realistischen Korrektur bei Raabe (*Im Siegeskranze, Horacker*)", in: *Realism and Romanticism in German Literature*, hg. v. Dirk Göttsche und Nicholas Saul, Bielefeld 2013, S. 395-428.

Die für die Literaturwissenschaft entscheidende Vermutung lautet, dass Begriffe wie Trauma oder Krypta vollständig als mimetische Verfahrensweisen denkbar sind. Der ‚Fall Wilkomirski' hat meiner Einschätzung nach vor allem gezeigt, dass eine Selbstviktimisierung bis hin zur Formierung einer vollständigen und lückenlosen Traumatisierung möglich ist.[16] Man wird mit der These arbeiten müssen, dass ästhetische Mimesis in der Lage ist, eine zum ‚Fall Wilkomirski' vergleichbar dichte Textur zu entwerfen. So wie in ‚Wilkomirski' eine Deckerinnerung die Verallgemeinerung einer individuellen zu einer kollektiven Opfergeschichte vollzog – ein wahrscheinlich nicht bewusst kontrollierter Prozess –, kann ästhetische Mimesis an fiktivem Personal und hinsichtlich kryptonymischer Sprache die *Konstruktion* einer Krypta durchführen. Wenn nach Adorno der mimetische Impuls dort am objektivsten ist, wo er auf die ideosynkratischste Weise die falsche Welt darstellt,[17] dann liegt die Macht der Poiesis darin, selbst noch eine *Rhetorik der an sich geschlossenen Krypta* formieren zu können. Wenn man Texte wie die von Arno Schmidt liest, dann besteht die stärkste Option darin, ihnen die vollständige Macht zuzutrauen, eine *verschlossene Krypta* erzeugen zu können, ohne dies in den Gegensatz zur ästhetischen Konstruktion zu bringen. Die Differenz von verfahrenstechnischer Bewusstheit des Ästhetischen und der Nichtobjektivierbarkeit der Krypta löst sich hier auf. Adorno spricht bei diesen Gelegenheiten gerne vom Rätselcharakter des Kunstwerks.

---

16 1995 veröffentliche Binjamin Wilkomirski beim Jüdischen Verlag/Suhrkamp seine Kindheitsmemoiren unter dem Titel *Bruchstücke*. Die detaillierte Beschreibung der Vernichtungslager hat dem Buch eine große mediale Aufmerksamkeit beschert, es wurde als einer der wichtigen Berichte der Lagerliteratur bezeichnet. Ab 1998 wurde das Buch als vollständige Fiktion entlarvt. Der Autor, dessen bürgerlicher Name Bruno Dössekker ist, wurde in seiner Kindheit misshandelt und hat sich in einem komplexen Verarbeitungsprozess eine fiktive Holocaustbiografie als Deckerinnerung seiner eigenen Kindheitsgeschichte zugelegt. Vgl. zur Debatte insbes. *Das Wilkomirski-Syndrom. Eingebildete Erinnerungen oder Von der Sehnsucht, Opfer zu sein*, hg. v. Irene Diekmann und Julius H. Schoeps, Zürich 2002.
17 Adorno, Ästhetische Theorie, S. 60: „Denn das idiosynkratische, zunächst bewußtlose und kaum theoretisch sich selbst transparente Verhalten ist Sediment kollektiver Reaktionsweisen. [...] Daß Kunst heute sich zu reflektieren habe, besagt, daß sie ihrer Idiosynkrasien sich bewußt werde, sie artikuliere."

Die umfangreiche Inanspruchnahme des Traumabegriffs in der Literaturwissenschaft[18] hat scharfe Gegenreaktionen hervorgerufen. Wulf Kansteiner[19] und Harald Weilnböck[20] bemängeln, dass ein ästhetisierter Traumabegriff letztendlich gegenaufklärerisch ist, weil er, statt die Therapierbarkeit von Traumata zu emphatisieren, deren textkonstitutive Funktion betont und also hermeneutisch an der Nichtauflösbarkeit von Traumatisierungen interessiert ist. Dies führe manch einen Literaturwissenschaftler so weit, Traumatisierungen zu sakralisieren und sie zu existentiellen Voraussetzungen authentischer Texte und authentischer Lektüren zu machen.[21] Diesen offenkundigen Gefahren lässt sich aus dem Weg gehen, wenn man die genuine Rhetorizität betont, welche literarische Texte mit der Macht ausstatten, ihre mimetischen Impulse eben nicht in einen neuen ‚Fall Wilkomirski' münden, sondern sie als genuine Poiesis und also auch als Fiktion lesbar werden zu lassen.

Aus dem Kontext dieser Debatte heraus sei betont, dass ich in den vorliegenden Überlegungen nicht von Trauma, sondern von Krypta spreche. Traumata sind therapierbar, ob Krypten es sind, ist fraglich. Eben deshalb kann – vielleicht: muss – von Erlösung gesprochen werden. Insofern zielt meine Fragestellung gegenüber der von gewissen Literaturwissenschaftlern betriebenen existentialistischen Ontologisierung des Traumatischen genau auf das Gegenteil, nämlich auf die elementare Frage nach der Erlösung.

---

18 Vgl. dazu die Sammelrezension von Harald Weilnböck, *Psychotraumatologie. Über ein neues Paradigma für Psychotherapie und Kulturwissenschaften*. Online unter: http://www.literaturkritik.de/public/rezension.php?rez%20id=4264 (Zugriff am 3.2.2013).

19 Wulf Kansteiner, „Menschheitstrauma, Holocausttrauma, kulturelles Trauma. Eine kritische Genealogie der philosophischen, psychologischen und kulturwissenschaftlichen Traumaforschung seit 1945", in: *Handbuch der Kulturwissenschaften*, hg. v. Friedrich Jaeger und Jörn Rüsen, Bd. 3: Themen und Tendenzen, Stuttgart 2004, S. 109-138.

20 Harald Weilnböck, „‚Das Trauma muss dem Gedächtnis unverfügbar bleiben'. Trauma-Ontologie und anderer Miss-/Brauch von Traumakonzepten in geisteswissenschaftlichen Diskursen", in: *Mittelweg 36*, Jg. 16 (2007), H. 2, S. 2-64.

21 Vor allem Weilnböck weist intensiv auf diesen sehr heiklen Punkt hin. Sein in der Sache treffender, in der gewählten Form aber vollkommen missglückter Text analysiert Positionen von Weinberg, Bronfen, Braese, Sebald u.a., um deren hermeneutisch motivierte Ontologisierung des Traumabegriffs aufzuzeigen. – Das wohl intensivste Argument dieser Kritik an literaturwissenschaftlichen Traumabegriffen ist, dass die hermeneutisch betriebene Authentifizierung und Sakralisierung der traumatischen Wunde letztendlich den Interessen der Täter an Nichtaufklärung nachkommt.

Kann die Krypta geöffnet werden? Die primäre Vermutung ist zunächst, dass die Krypta sich in jedem Krieg mit neuer Traumaenergie versorgt (oder, wie nunmehr gesagt werden müsste: mit jedem neuen Krieg alle anderen Kriege miterfindet). Ihre Öffnung, die in den Texten, die dem thematisch vorhandenen oder dem *semantischen Schlachtfeld*[22] gewidmet sind, zeigt sich als *poetologische Figur der Vermeidung* und impliziert zugleich ihre erneute Schließung. Die Krypta lebt in der *Latenz* des mimetischen Impulses (oder: als dort lebend wird sie konstruiert). Nur unter dieser Bedingung lässt sich von einer Literaturgeschichte des Schlachtfeldes und des Krieges, von einer *kryptonymischen Basis der Mimesis* sprechen, von einem anderen Ort der literarischen Energie. Wenn aber von Erlösung die Rede ist, dann ist die Frage danach gestellt, ob es Bedingungen gibt, unter denen eine kollektive Krypta sich auflöst (Erlösung als Auflösung).

Kollektive Krypten – falls es sie ‚gibt' – lassen sich nicht therapieren, aber vielleicht *verlieren sie sich mit der Zeit*. Welche Modelle sind hier zu denken? Ist der messianische Zustand vor allem dadurch ausgezeichnet, dass ihm die Energie des Negativen schlichtweg abhandenkommt? Und angenommen, die mimetische Basis der Literatur hätte mit dem Krieg und der Krypta entschieden zu tun: Würde mit der Zeit des Friedens die Literatur verblassen oder ganz anders werden, so wie sich Walter Benjamin die Sprache des messianischen Zustandes als integrale Prosa und also auch als Verlöschen intensiver Formen dachte?[23]

---

22 Semantisches Schlachtfeld: In diesem Aufsatz, der in Vielem eher eine riskante Suchbewegung ist, erscheint das Schlachtfeld zwar auch thematisch (Raabe, *Das Odfeld*; Tieck, *Der Aufruhr in den Cevennen*; vgl. auch Ralf Simon, „Schlachtfeld, Stimmen (E.T.A. Hoffmann)", in: *Die Topographie Europas in der romantischen Imagination*. hg. v. Florence Pennone, Ralf Simon und Markus Winkler, Freiburg (Schweiz) 2009, S. 179-197). Aber die eigentliche Idee ist, dass das Schlachtfeld eine mimetische Dimension meint und Textordnungen nachhaltig durcheinander bringt. Arno Schmidts Texte sind in diesem Sinne Schlachtfelder, obwohl kaum eines bei ihm vorkommt. Wollte man für diese Unordnung der Texte bei gleichzeitig höchster Verdichtung einen Namen nennen, so wäre es der der *Prosa* (vgl. Ralf Simon, *Die Idee der Prosa. Zur Ästhetikgeschichte von Baumgarten bis Hegel mit einem Schwerpunkt bei Jean Paul*, München 2013).

23 „Die messianische Welt ist die Welt allseitiger integraler Aktualität. Erst in ihr gibt es eine Universalgeschichte. Aber nicht als geschriebene, sondern als die festlich begangene. Dieses Fest ist gereinigt von aller Feier. Es kennt keinerlei Festgesänge. Seine Sprache ist integrale Prosa, die die Fesseln der Schrift gesprengt hat und von allen Menschen verstanden wird (wie die Sprache der Vögel von Sonntagskindern). – Die Idee der Prosa fällt mit der messianischen Idee

Alle diese Gedanken sind spekulativ. Sie seien als solche ausdrücklich markiert. Aber sie werden in der Literatur verhandelt. Wenn, nach Adornos Formulierung, die Kunst nach dem Sturz der Metaphysik, der sie Dasein und Gehalt verdankt, überlebt,[24] dann eben deshalb, weil sie sich unterm Apriori des Scheins die Spekulation erlauben kann. Der ästhetischen Theorie obliegt es, das derart Gestaltete zu denken.

IV. Trauma, individuell: Die Krypta wird erneut geladen

Analytisch weniger spekulativ lässt sich von der Krypta reden, wenn Geschichten von Individuen zur Debatte stehen. Sie stehen in der psychoanalytischen Praxis zur Disposition und sie tun dies in jenen Wissenschaften vom Individuellen, die sich der Exegese kulturell verdichteter Artefakte widmen. Da die Krypta ein *durch Sprache erzeugter Negativraum des Sprachlichen* ist, ist hier also auch die Literaturwissenschaft gefragt, und vielleicht ist sie es vor allem. Der Kerngedanke anspruchsvoller Poetiken besteht oft darin, durch das Sagen etwas zu formulieren, was nicht gesagt werden kann. Diese Figur hat zweifelsohne eine starke strukturelle Analogie zur Krypta. Man kann vermuten, es sei mehr als nur Analogie.

Zweifelsohne ist es möglich, die Werke von Autoren kryptonymisch lesen. Rickels hat dies mit Gottfried Keller getan.[25] Während in der psychoanalytischen Praxis Verfahren existieren, individuelle Traumata selbst im Zustand der Kryptonymisierung therapieren zu können,[26] wird man bei der Literatur mehrfach zurückhaltend sein. Man wird weder die personale Identität des Autors in seiner gegebenenfalls traumatisierten Konkretheit als den hermeneutischen Schlüssel einer Exegese aufsuchen, noch auch das poetische Werk als den bloßen Ausdruck einer solchen Traumatisierung lesen wollen. Zu formbewusst ist die Literatur, zu sehr sind ihre Verfahren artifiziell, als dass je ein exege-

---

der Universalgeschichte zusammen (die Arten der Kunstprosa als das Spektrum der universalhistorischen – im ‚Erzähler')" (Walter Benjamin, *Gesammelte Schriften*, hg. v. Rolf Tiedemann und Hermann Schweppenhäuser, 7 Bde., Frankfurt am Main 1972-1991, Bd. I.1, S. 1238).
24 Adorno, Ästhetische Theorie, S. 506. Vgl. auch S. 511: „Denn Kunst ist, oder war bis zur jüngsten Schwelle, unter der Generalklausel ihres Scheinens, was Metaphysik, scheinlos, immer nur sein wollte."
25 Siehe Anm. 8.
26 Joachim Küchenhoff, „Eine Krypta im Ich. Zur Identifikation mit früh verstorbenen Angehörigen", in: *Forum der Psychoanalyse* 7 (1991), H. 1, S. 31-46.

tischer Zugang auf der Basis einer psychoanalytischen Methodik gefunden werden könnte, der tatsächlich die Literatur aufschließt anstatt ihre Produzenten zu Patienten zu machen. Aber vielleicht sollte man auch diese abweisende Geste selbst wiederum unter Verdacht stellen und sich nicht allzu schnell mit ihr einverstanden erklären. Was wäre, wenn ein Autor seine individuelle Krypta als den exegetischen Schlüssel zu einer behaupteten kollektiven Krypta mit voller Bewusstheit benutzen würde und dabei ein Modell entwickelte, das eine kryptonymische Selbstlektüre gleichermaßen analytisch scharf wie auch durch poetische Selbstreferenz in den Rätselcharakter gesteigert vorstellig machte? Ein solcher Autor, dessen Literatur von vornherein ‚Meta-Literatur'[27] sein müsste und dessen Sprache die vorhandene durchbrechen, sie kryptonymisch perforieren müsste, hätte nicht allein eine individuelle Krypta zu bearbeiten und die ihr analoge kollektive zu postulieren, er müsste auch diese ganze Poetik mitdenken und zum Thema seiner Poesie machen. Es ginge also darum, mindestens zwei Krypten gegeneinander zu lesen und die eine als die Hermeneutik der anderen zu benutzen, um durch diese gegenseitige Anwendung alle Eindeutigkeit einer therapierenden Zurechnung zu zerstören und doch alles sagen zu können, im Hohlraum einer durch das Sprechen verschwiegenen Sprache. Erst bei diesem Stand der Konstruktion scheint die Frage der Erlösung auf; vorher wäre alles nur im engen Ritualraum der Selbstexegese gefangen.

Möchte man Auskunft erlangen über eine solche durchreflektierte kryptonymische Mimesis, über eine Literatur, in die das Schlachtfeld eingeschrieben ist, über eine Rede, die das kollektive Unbewusste einer ganzen Generation durch das eigene Trauma so komplett aufschließt, wie sie es verschließt, dann muss man Arno Schmidt lesen. Und möchte man wissen, wie die eine Generation eines Schriftstellerlebens durch eine permanente Wiedergeburt und Selbstpluralisierung die Frage der intergenerationellen Weitergabe, also *die Zeit mehrerer Generationen*, in *einen einzigen Zeitdurchgang* einfädeln kann, dann wird man diesen einen Werkzusammenhang Arno Schmidts zu verstehen haben. Denn die Frage der Erlösung als Frage der *Durchquerung einer Krypta*, welches die Voraussetzung ihrer Öffnung wäre, ereignet sich in Arno Schmidts letzten Texten *Abend mit Goldrand* und *Julia, oder die Gemälde*.

---

27 Arno Schmidt, *Zettel's Traum*, in: ders., *Bargfelder Ausgabe*. Werkgruppe IV: *Das Spätwerk*, Bd. 1, Berlin 2010, Teilbd. 2, S. 517.

V. Kryptenkopplungen

„Nach 1945" gab es ein paar dunklere Nächte, als es diejenigen sind, von denen Gumbrechts Buch berichten kann.[28] Als die russischen Alliierten bis Berlin und darüber hinaus vormarschierten, entstand für eine kurze Zeit, bis zur Etablierung der Militärgerichtsbarkeit, eine rechtsfreie Zone. Die Soldateska, die das von Deutschen verbrannte Land gesehen hatte, vergewaltigte die Frauen. Weder die BRD noch die DDR haben je dafür einen Diskurs etablieren können. Wenn man über die Latenz nach 1945 nachdenkt, also über die seltsame Sprachlosigkeit, über das bloße Weitermachen, dann wäre über dieses spezifische Schweigen nachzudenken. Leider ist die jüngst erschienene Studie *Das Geheimnis unserer Großmütter*[29] so vollkommen von der Gedankenlosigkeit einer deskriptiv-statistischen Methodik geprägt, dass sie wertlos ist. Immerhin geben die schon operationalisierten und also verkürzten Aussagen der inzwischen sehr alten Frauen einen Eindruck vom Ausmaß dieser Vergewaltigungen, die in der Form des stummen Wissens weit in die Nachkriegszeit hineingetragen wurden. Man pflegte zu sagen, dass in der Familie *alle etwas* gewusst haben, und es waren nicht wenige Familien. Weil *es* vorhanden war, ohne gesagt worden sein zu können, grundierte *es* die Lebensverhältnisse.

Theweleit[30] hat in seiner großartigen Exegese der *Seelandschaft mit Pocahontas* auf das Vergewaltigtsein der Protagonistin Selma hingewiesen und den Subtext der Erzählung als den Versuch entziffert, durch einen humoristischen Sexus eine Therapie des Zweiten Weltkriegs zu versuchen. In *Kaff auch Mare Crisium* bleibt in einer der Kernszenen offen, ob Hertha vergewaltigt wurde oder aus Angst vor der Möglichkeit erstarrt (s.u.). Deutet man die Verhaltenscharakteristik der beiden Frauen als Folge von erfahrenen und durch Selbstviktimisierung induzierten Vergewaltigungen, dann überkommt einen die düstere Ahnung, dass im Werk Arno Schmidts alle Frauengestalten aus der Re-

---

28 Hans Ulrich Gumbrecht, *Nach 1945. Latenz als Ursprung der Gegenwart*, Berlin 2012.
29 Svenja Eichhorn und Philipp Kuwert, *Das Geheimnis unserer Großmütter. Eine empirische Studie über sexualisierte Kriegsgewalt um 1945*, Gießen 2011.
30 Klaus Theweleit, *‚You Give Me Fever'. Arno Schmidt. Seelandschaft mit Pocahontas. Die Sexualität schreiben nach WW II*, Frankfurt am Main/Basel 1999.

aktion auf den literarisch erzeugten kollektiven Tatbestand der Vergewaltigung heraus zu entziffern sind.[31]

Ich habe einen literarischen Raum betreten, dessen einmalige Intensität alle noch so luziden Germanistendiskurse zum Unterschied von Realität und Fiktion hinfällig werden lässt. Der literarische Raum lässt die gesamte Konstellation einer Krypta lesen. Erste Andeutungen: Bilder konstituiert durch den hellen Blitz der Zerstörung; ein Motivgewebe, das Flucht, Ausweichen, Verstecken konnotiert; ein zweites Motivgewebe, das ein nicht ins Leben gekommenes Kind (,Julia') und eine ins Ungesprochene verschobene Vergewaltigungsthematik anspricht; eine verlorene Heimat; Übertragung und Gegenübertragung auf dem Feld kollektiver Symboliken; Krieg und Individualgeschichte als identische energetische Systeme.

Arno Schmidt hat vom Krieg selbst kaum geschrieben, mit der einen Ausnahme des Bombenangriffs am Ende des *Fauns* – aber hier handelt es sich um eine kriegerische Handlung in der ansonsten vom Krieg verschont gebliebenen Provinz. Die Szene des Schlachtfeldes selbst taucht nicht auf, Fluchtbewegungen herrschen vor (*Leviathan*: Methodiken des Entkommens). Literarische Konzepte, die in einer kriegerischen Handlung spielen (*Die Feuerstellung*) oder die direkt mit dem Krieg zusammenhängend im Kriegsgefangenenlager loziert sind (*Brüssel*),[32] blieben Fragment und wurden erst durch Nachlasseditionen bekannt. Arno Schmidts Romane und Erzählungen spielen in der unmittelbaren Nachkriegszeit, in den Negativutopien einer nach einem Krieg zerstörten Welt, in den Zwischenräumen gefährdeter Idyllen inmitten des Kalten Krieges, nicht aber im heißen Krieg. Aber der Krieg ist allgegenwärtig. Es gibt wohl kaum einen Text von Arno Schmidt, in dem nicht ein Schuss fallen würde, von irgendeinem Truppenübungsplatz in der Heide herüber getragen oder von ,Jägern' im nahen ,Wald' abgefeuert. Gleichwohl bietet das Gesamtwerk Anlass, wie in einem Puzzlespiel die Elemente einer unsäglichen Versehrtheit zusammenzutragen, in der Krieg und Individualgeschichte ineinander fließen.

---

31 *Via negationis*: Es gibt in *Kosmas* (BA I/1, S. 501) die berückende Szene, in der zwei in der Sexualität Unerfahrene ihren ersten Beischlaf angehen. Er scheitert an der fahrigen Nervosität der Beteiligten. Wo der Koitus aber ,gelingt' – oft genug in Schmidts Werk –, scheint er eine dunkle Vorgeschichte mit sich zu führen.

32 Arno Schmidt, *Brüssel. Die Feuerstellung. Zwei Fragmente.* Faksimile der Handschriften mit Typoskription, hg. v. Susanne Fischer, Frankfurt am Main 2002.

Kaum kaschiert berichtet einer der Arno-Schmidt-Teilabspaltungen, Olmers, im 28. Bild von *Abend mit Goldrand* aus der Kindheit im schlesischen Lauban und also von der Verachtung von Vater und Mutter (AmG, S. 222-243). Schmidts ebenfalls in *Abend mit Goldrand* mitgeteilter frühester Text *Pharos oder von der Macht der Dichter* (AmG, S. 252-263) bietet die Szene eines Vatermordes. Das durchgängige Werkmotiv, keine Kinder zeugen zu wollen – Kinderzeugen wäre im Sinne der Gnosis ein Akt unheilvoller Affirmation der im Kern bösen Schöpfung (zur Gnosis s.u.) –, deutet auf diese im Werk Schmidts nur angedeutete reine Negativität der familialen Urszene zurück. Mit den Fragen einer Schuldbeteiligung am Kriegsgeschehen – Schmidt war seit 1940 in der Wehrmacht, gegen Ende im Fronteinsatz – setzen sich viele Texte verschlüsselt auseinander, ohne dass sich mit Recht eine These etablieren lassen könnte.[33] *Kaff auch Mare Crisium* beschreibt das Scheitern einer Liebesbeziehung infolge der Zerstörtheit beider Protagonisten. Das Kernphantasma ist ein im Raum stehender Vergewaltigungsvorwurf, der im Text aber so kompliziert auf die verschiedenen Instanzen verteilt ist, dass er gewissermaßen strukturell wird und alle Referentialisierbarkeit verliert.[34] Möglich ist in dem Zusammenhang einer hypothetischen Rekonstruktion auch die Vermutung, dass der männliche Protagonist der Schmidt'schen Texte im Kriegsgefangenen-

---

33 So spekulativ wie wichtig ist der Aufsatz von Lars Clausen, „Axiomatisches in Arno Schmidts Weltmodell", in: *Arno Schmidt Stiftung, Bargfeld. Hefte zur Forschung* 1 (1992). S. 53-63, bes. S. 60f. Die Spuren sind in Schmidts Texten gelegt: Ist es eine zur Urschuld werdende Scham, den Krieg der Nazis mitgemacht haben zu müssen? Hat Schmidt einen fanatischen Offizier erschossen? Hat er einen Tötungsbefehl als Feigling ausgeführt? Welche Rolle spielte die Homosexualität in der Kriegsgefangenschaft? – Es werden Spuren in alle diese dunklen Vergangenheiten gelegt, und Clausen ist klug genug, sie Spuren bleiben zu lassen. Gleichwohl, für eine kryptonymische Lektüre ist es ausschlaggebend, dass die männlichen Protagonisten im Werk Schmidts – irgendwie sind sie ja alle Ich-Abspaltungen, würde man psychoanalytisch sagen – ihrerseits eine multiple Traumasemantik mitführen. Wenn man von den Vergewaltigungen der Frauen spricht, sollte von denen der Männer nicht geschwiegen werden, schon um zu verstehen, was es eigentlich heißt, wenn ‚nach 1945' Frauen und Männer zusammenleben wollen und es nicht können.

34 Vgl. die Spuren: Tante Heete behauptet, ein Mann könne eine Frau nicht vergewaltigen (BA I/3, S. 155f.). Hertha reagiert wie ein Vergewaltigungsopfer (BA I/3, S. 193f.). Karls Mond-Pendant Charles Hampden nimmt seinen Kratersturz als Vergewaltigung wahr (BA I/3, S. 183ff.), etc. – Man liest alle Details einer Vergewaltigungsszene, aber verteilt im Text, also ohne eigene Szene. Zitate nach: Arno Schmidt, *Bargfelder Ausgabe*, Zürich 1986ff.

lager Opfer einer homosexuellen Vergewaltigung geworden sein könnte – nicht umsonst ruft an einer Stelle der Wortgnom „Militär" das Kryptonym „Bettstellen" hervor.[35] Die in den *Ländlichen Erzählungen* gegebene kurze Kriegsgeschichte von dem unsinnigen Schießbefehl auf ein Lazarett und die darauf folgende absichtliche Falschjustierung des Geschützes verweist auf eine lange Motivreihe, in der das Danebenschießen, *coitus interruptus*, Impotenz und Homosexualität als eine tief gehende männliche Gender-Reflexion erscheinen. Männliche Sexualität wird hier überhaupt mit dem Bild der Kriegshandlung überblendet, so wie es einmal schockhaft (snapshot) in *Seelandschaft mit Pocahontas* ins Bild springt, als im Boot Erich sich sonnt und um der lückenlosen Bräune willen seine Hose auszieht:

/ »Aba intressant die Binseninseln, was?!«. Seerosen weiß und gelb. »Lauf brünieren lassen, daß a nich in der Sonne blitzt!« fügte er, alter Frontsoldat, hinzu, und zog die Badehose noch tiefer, wahrscheinlich um keinerlei Zweifel aufkommen zu lassen, daß er männlichen Geschlechtes sei. »Ruch ama!«: ein Düsenjäger johlte weit vor seinem Schall her: ein erschrockener Entenruf, die Binsen wackelten, und weg war der dünne Hals mitsamt dem bunten Bubikopf: Haubentaucher!: »Haste das gesehn?!« /   (BA I/1, S. 402)

Wenn derart bei Erich (Er=ich) das Genital mit dem Lauf einer Waffe identisch ist und passgenau dazu das Projektil als Düsenjäger daherkommt, um das Ejakulat in der sumpfigen Urlandschaft des Seerandes zu platzieren (als Schall, also als Wortkonzentrat), so dass vor Schreck der auf die Protagonistin Selma anspielende Bubikopf untertaucht, dann entpuppt sich die Szene nebenbei als eine, in der *Zeugung und Krieg identisch* werden. Einem solchen Unheil zu entkommen, die Schöpfung also zu leugnen und das Zeugen zu verweigern, kurzum: Gnostiker zu sein, bieten sich nur wenige Auswege, nämlich die genannten, Homosexualität, Impotenz, Danebenschießen, in jeglichem Sinne. Auch das ist eine Formel für Schmidts Werk: ein unausgesetztes Nichttreffenwollen, eine Bewegung des Ausweichens, permanenter Gang um die Krypta. Der Realismus der Maskierung erzeugt eine Sprache um einen Hohlraum herum. Im Inneren dieser monomanischen Selbstanalyse steckt ein mehrfach kodiertes unbetrauerbares Unheil: eine familiale Urszene, von der wir nur die Hassreaktion zu lesen

---

35 BA I/3, S. 339 – Gnom und Kryptonym sind Begriffe aus Abraham/Torok, Kryptonymie, S. 88-90, S. 165-171.

bekommen; eine Vergewaltigung, die als unendlich zersplittertes Bilderrätsel zirkuliert und die nur als Wunsch nach der Negation des Phallus an die Textoberfläche tritt; eine tiefe Scham, Soldat gewesen sein zu müssen; eine penetrant gehasste und stets wieder inszenierte männliche Homosexualität, deren Hintergrund so schwarz ist, wie der gigantische Scheißhaufen, den der Knecht in der irrwitzigen Parodie der Kosmogonie mitten in den Hof hinein setzt.[36] Auch dies ist Gnosis: ein Beischlaf, der nicht die Frau, sondern den Mann befruchtet und ihn die Welt als Scheiße gebären lässt.

VI. Sprache und Krypta

In einer dieser unsinnigen Diskussionsrunden, die sich auf Tagungen ereignen, teilte mir vor geraumer Zeit ein Diskutant mit, er könne den mit der linguistischen Laubsäge werkelnden Arno Schmidt nicht ausstehen. Der Kollege – der Name tut hier nichts zur Sache – wusste nicht, wie sehr er sich im Recht befand. In *Kühe in Halbtrauer* bereiten zwei Freunde das in der Heide gekaufte Häuschen zum Bezug vor, die Gattinnen in ein paar Tagen erwartend. Um Brennholz zu gewinnen, besorgen sie sich eine Kreissäge und zerkleinern damit alte Eisenbahnschwellen und im Gelände herumliegendes Wurzelholz. In die Arbeit vertieft und vom Lärm der Säge umgeben, merken sie nicht, dass sie zunehmend ertauben. Als die Frauen eintreffen, hören sie nichts mehr. Der humoristische Auftakt der Geschichte bereitet den Leser darauf

---

36 „Dann begann das Thier, das es nicht gibt – nennen wir's den so genanten kosmokomischen Eros – sich wieder in seine beiden Hauptbestandteile aufzulösen: Zebra=Otto, mit der gegorenen Visage; und sie, die Namenlose, die ich nunmehr für mindestens seine Gemahlin zu halten entscheidende Gründe hatte. Sie ordnete still am Over=All. Ergriff dann ihren, sehr steil an der Wand harrenden Rechen; und verschwand dorthin, wo sie her gekommen war. / Erdagegen schlurfte, die Hose so gut wie abgestreift, matt über'n Hof; ziemlich zu mir heran, (ohne mich wahrzunehm'm : 'n Arsch wie'n Raiffeisen !). Ging am erhöhten Urstromufer des Misthaufens in die Hocke, Hitzblattern am Geräusche, (vgl. KEHREIN, ‹Waidmannssprache›. Der sich also auch die 4 Jägerinnen leidenschaftlich bedienen würden – muß ich mir, nachher ma, vorzustellen versuchn); legte dort stöhnend 1 sehr großes Ei; (und brauchte das Gesicht ob seiner=selbst nicht zu verziehen – was, z.B., ich stets tun muß – obschon es sich um ein'n Geruch handelte, auf den man mühelos hätte mit Fingern zeigen können, ilu mann=mann! Naja; der Alltag ist eben das elementarische Daseyn.)" (BA I/3, S. 498).

vor, eine Kleinstmythe vorzufinden, in der der Ursprung nicht der Liebeskommunikation, sondern derjenige der Mienen- und Gebärdensprache erzählt werde, also eben auch der Ursprung von Schmidts gestischer Interpunktion. Tatsächlich aber schreibt Schmidt so präzis, wie er es eigentlich gar nicht wissen könnte, die Theorie der Krypta. Denn das Ertauben ist der Hohlraum der Sprache, um den herum sich die Kryptonymie formiert. Was dort zersägt wird, ist als Wurzelholz die Sprache selbst, sie wird in ihre Etyms zerlegt. Eigentlich wäre ja die spekulative Etymologie ein Versuch, die adamitische Sprache wiederzufinden. Aber Schmidt legt angesichts solcher metaphysischer Schwellenkunde die Schwellen gleich mit unter die Säge. Hier ist von Benjamins reiner Sprache die Rede nicht,[37] vielmehr von einer unreinen als Ergebnis spekulativer Etymologie. Man muss nur die zersägten Sprachmaterialien wiederum zusammensetzen, um den Unklartext zu generieren, so z.b. die zersägten Eisenbahn*schwellen* eines in der Nähe liegenden Bahn*körper*s (BA I/3, S. 340) zu den *Schwellkörpern*[38] einer zum pornographischen Lachkabinett (BA I/3, S. 315) verwandelten Sprache, die nur deshalb immer das eine sagt, weil sie das andere, im Ertauben, zu verschweigen sich bemüht. Die derart im Zersägen sich gebärende *Etymsprache* ist also die *Kaschierung der Krypta* oder besser: Sie ist die Sprache, die in jedem Wortsinn ihren anderen Sinn aktualisiert, um insgesamt diese wahrhaft störende Fähigkeit der Sprache, denotieren zu können, in die Vieldimensionalität der Konnotationen schlechthin aufzulösen. Es ist eine Auflösung, die hier auf die Erlösung verweist.

In diesem Sinne ist die Etymtheorie, die Schmidt selbst gibt, eine Irreführung:

[1 praktisches Beispiel zur Erläuterung dessen, was ich meine : in einer kleinen schlesischen Stadt, ('t is 30 years since) gab es einen Textilkaufmann namens ‹Stichnothe›, der einen notorischen ‹Lebenswandel› führte; weswegen 1 anderer, bosheits= & geist=reicher Bekannter von ihm dekretierte, er hätte eigentlich, viel korrekter, ‹Strichnutte› zu heißen – was Jeden, der es hörte, nicht nur ‹rein sachlich›, sondern als ‹glänzender Kalauer› sofort überzeugte.

---

37 Benjamin, Gesammelte Schriften, Bd. II.1, S. 144.
38 Vgl. auch schon Ulrich Goerdten, *Arno Schmidts* Ländliche Erzählungen, Wiesenbach 2011, S. 50.

Das aber besagt für unser Thema nicht mehr & nicht minder: als daß ‹Schtich› oder ‹Schtrich› (*trotz der* ‹r›; und das wird hier überwichtig, weil alle Theorien der Herren Schprachforscher Hohn sprechend!) als ‹dicht nebeneinander lagernd› von Herrn EVERYMAN prompt erkannt und genehmigt wurden. Und ‹Note› und ‹Nutte› nicht minder; wobei also auch die ‹Farbe› des, in beiden Worten ‹dunklen› Vokals, massenhaft hinreichte.] (BA III/2, S. 293f.)

Da ist nun, unter anderem, die Folgerung ziemlich unabweisbar : daß die Entscheidung zur ‹Lagerung beieinander› anscheinend nur von dem Fonetismus der Konsonantengruppe zu Beginn eines Wortes abhängt; dann von dem ‹ungefähren Valeur› des Mittel=Diftongs; und endlich dem Konsonantengemisch am Silbenende. (‹Belangloseres›, auch die gern überschätzten Konsonanten, werden dabei glatt ‹überfahren›, höchstens ‹mitgeschleift›. – Vorstellung eines solchen Dicktschnärries', (wobei ja auch gleich wieder, sehr passend, ‹dick + närrisch› oder auch ‹dictum› (‹dick=thun›?) & ‹schnarrend›, hervorboppen), in welchem dergleichen vor= & rückläufige Klanggruppen zusammengestellt wären. ‹Reimlexika› – MAY besaß da den ‹Peregrinus Syntax› sprich ‹Ferdinand Hempel› – bilden 1 der hierfür erforderlichen, mehreren Vorarbeiten.) (BA III/2, S. 162)

Der Forschung ist die Differenz zwischen einer derlei naiven Übersetzung eines Wortes in seinen Schuldzustand der Obszönität einerseits, der andererseits aber vollkommen ungeregelten poetischen Praxis von Schmidts Etymsprache immer schon aufgefallen. Man hat sich mit einer ausgleichenden Abwägung beholfen, mit ästhetischem Taktgefühl, also mit der Hochschätzung einer ästhetisch attraktiven Praxis gegenüber einer zu deterministischen Sprachontologie. Aber ästhetischer Takt, so passend er zuweilen sei, hilft nicht weiter, wenn es um die Krypta und die Frage der Erlösung geht.

Interpretiert man Schmidts Etyms als „*Kryptonyme* (Wörter, die verbergen)",[39] dann hat man mit einem Schlag die ganze wenig zielführende Debatte um die Frage der Vereindeutlichung der Etyms hinter sich gelassen. Die Etyms sind in ihrer notwendigen Funktion, den unbetrauerbaren Tod *nicht* zu bezeichnen, ganz *eindeutig*; sie sind also präzise Instrumente der vollständigen Auflösung der Sprache in einen Zustand der schmutzigen Konnotationen. Schmidt, der Joyce's *Finne-*

---

39 Abraham/Torok, Kryptonymie, S. 88.

gans Wake als „einen einzigen großen Unterleibs=Witz" (BA II/3, S. 60) bezeichnete, wusste was er tat. Besser kann man die als Hohlraum der Sprache phantomartig wandernden Krypten nicht verstecken als durch eine *permanente Pluralisierung* eben genau des Skandalons. Je schmutziger die Witze werden, desto ferner rückt das energetische Zentrum dieser reinen Negativität.

Schmidt geht den Grenzgang einer gnostischen Poetik so präzis, dass er die individuellen wie kollektiven Krypten in eine Meta=Litteratur übersetzt, die selbst schon als *Szenographie der Krypatheorie* lesbar ist. Aber diese Konstruktion ist wie die *Etymsprache* nichts anderes als wiederum – mit Abraham/Torok zu sprechen – eine *Deck-Krypta*. Weder die Etymsprache noch die Organisation der narrativen Protagonisten nach dem Modell der Freud'schen Instanzenlehre ist dazu da, um das Unbewusste aufzudecken.[40] Im Gegenteil, es geht in aller Präzision um ein Verdecken.

Eine dieser Konstruktionen, in denen die Aufdeckung der Szene als Deck-Krypta zwecks Kaschierung der Krypta selbst fungiert, sei kurz analysiert. Die in Schmidts Werk zentrale Erzählung *Caliban über Setebos* kann, folgt man der Forschung,[41] in ein Schema narrativer Ebenenstaffelung eingetragen werden:

– Erzählung I: Oberflächenerzählung als Mimesis des Alltags, Realismus, die Handlung: Düsterhenn sucht seine ehemalige Geliebte auf
– Erzählung II: Tiefennarration als Mythensynkretismus (vor allem: Orpheus, die Musen), sonstige zitierte Textzusammenhänge, Poetik des Plagiats
– Tiefentext I: Psychoanalyse, Aufdeckung der Triebenergien durch eine permanente etymistische Sexualisierung der Sprache („die ganze Sprache ist ja irgendwie sexuell superfoetiert!", BA I/3, S. 535)

---

[40] Schmidts Figurenensembles auf die Freud'sche Instanzenlehre abzubilden, und Ich, Es und Über-Ich fröhlich kalauernd durch die Texte vagabundieren zu sehen, ist ein beliebtes Spiel der Forschung. Es ist auch nicht falsch. Schmidt selbst hat ja die textuelle Schnitzeljagd nach Kräften befördert. Er hat es vor allem deshalb getan, weil er verstecken wollte. Deshalb gibt es wohl neben diesen nicht falschen Lektüren auch noch richtigere.

[41] Vgl. hierzu Stefan Jurczyk, *Symbolwelten. Studien zu* Caliban über Setebos *von Arno Schmidt*, Hamburg ²2010 und Ralf Georg Czapla, *Mythos, Sexus und Traumspiel. Arno Schmidts Prosazyklus* Kühe in Halbtrauer, Paderborn 1993, S. 273-309. Vgl. auch Robert Wohlleben, „Götter und Helden in Niedersachsen. Über das mythologische Substrat des Personals in *Caliban über Setebos*", in: *Bargfelder Bote* 3 (1973), S. 3-15.

– Tiefentext II: Etymsprache der 4. Instanz als Humor
– Textmodelle, die jederzeit und auf jeder Ebene eingespielt werden: Gnosis (die schwarze Welt) und als Selbstbehauptung die Tricks des Tricksters[42]

Lesbar gemacht werden diese Ebenen nach Schmidts Lesemodell[43] mehrfach: im literalen Sinn (man rekonstruiere die erzählte Welt), im autobiographischen Sinn (man rekonstruiere das Autorimago), im allegorischen Sinn (man rekonstruiere das metaphysische Weltmodell: z.b. Gnosis), im psychoanalytischen Sinn (man rekonstruiere die Triebdynamiken). Aber natürlich, es sind weitere Lesemodelle leicht denkbar: Intertextualität (z.b. man rekonstruiere die Tradition des humoristischen Romans, etwa dessen Skatologie), immanente Poetik (z.b. man rekonstruiere die Schreibszene), Medientheorien (man analysiere die verschiedenen Künste und Medien in Schmidts Texten). Zugleich gibt das Erzählmodell von *Caliban über Setebos* Hinweise auf die Freud'sche Instanzenlehre. Düsterhenn figuriert den Übergang von Es zu Ich mit einer Präponderanz des Ich. Der mit Präservativautomaten in kirchenlosen Heidedörfern sein Geld verdienende jüdische Mercedesfahrer amtiert als reichlich kurioses Über-Ich. Der nur berichtete Freund Roland ist Repräsentant des Es. Man kann solche Zuschreibungen an vielen Texten seit Schmidts zweiter Freudlektüre vornehmen, sie sind alle so richtig, wie sie falsch werden, wenn man sie am Ende ernst nähme.

Man wird auf die Konstruktion derartiger Erzählebenen und Figurensets ungern verzichten wollen. Sie etabliert mit den ordnungsschaffenden Gliederungen eine Rationalität in der komplexen Textualität, und sie gibt der Lektüre die befriedigende Möglichkeit jener entdeckerfreudigen Bastelei der syndikalistischen Dechiffrierung. Die sprachliche Sequenz wird auf diese Weise polyphon lesbar, als literarischer Realismus auf Mimesisebene, als Freud'sche Tiefenanalyse auf Etymebene, als Mythopoetik, als poetische Intertextualität auf der Ebene der literaturgeschichtlichen Verweise – und alle diese Ebenen interagieren, verstärken einander, vertiefen gegenseitig ihre jeweiligen Semiosen.

---

42 Vgl. zur Tricksterthese: Hartmut Dietz, „Der Trickster bei den Großen Müttern. Über Arno Schmidts Erzählmuster", in: *Bargfelder Bote* 182 (1993), S. 11-42.
43 Vgl. Schmidts ‚Lesemodell' in seinen Joyce-Texten *Das Geheimnis von Finnegans Wake* (BA II/2, S. 433-474) und *Der Triton mit dem Sonnenschirm* (BA II/3, S. 31-70) sowie in der Systematik von *Sitara* (BA III/2, S. 21, §26, §32).

Dennoch, die Behauptung lautet, dass alles dies den Status der *Deck-Krypta* hat. Der Leser wird mit einer permanenten Arbeit des Aufdeckens beschäftigt, er wird zum exegetischen Voyeur einer Entlarvungshermeneutik promoviert, zum Kombattanten eines Syndikats gemacht, in dem man sich Botschaften zuraunt und damit zuweilen tatsächlich promoviert. Aber alle Aufdeckung, zu der Schmidt so großartig einlädt, dient der Verdeckung. Gibt es ein Muster für diese Deckkrypta, ein Modell, in dem dies alles als Zusammenhang formulierbar ist?

VII. Gnosis

Es war ein Akt der Liebe,[44] vielleicht auch der Überheblichkeit – wer mag das schon unterscheiden wollen –, als eine der in Gott befindlichen und ihm untergeordneten Instanzen, Sophia oder in anderen Varianten die Acheronten, ihrem Herrn ein Geschenk machten. Sie schenkten ihm die Schöpfung, die Gott selbst, vielleicht aus guten Gründen, zurückgehalten hat.[45] Aber diese Liebe war nicht vollkommen. So misslang die Schöpfung, ihre Materie wurde nicht durch die vollkommene Liebe aufgehellt, vielmehr haben sich diese untergeordneten Instanzen als Werkmeister (Demiurgen) an einem ihnen nicht entgegenkommenden Stoff abgearbeitet. Gott bleibt an diesem Prozess unbeteiligt. Obwohl die Demiurgen anfänglich in ihm sein mussten, liegt doch die Verantwortung für die Schöpfung nicht bei Gott, folglich stellt sich in der Gnosis die Theodizeefrage nicht und folglich kann Gott Erlöser sein, ohne kosmologiebeteiligt und kosmologieverantwortlich sein zu müssen. Die Welt ist ein Gefängnis, ein Kerker, ein Ort negativer Energie (Schmidts Formel: das „Uni= sive Perversum",

---

44 Zur folgenden Gnosisdarstellung vgl. Hans Jonas, *Gnosis. Die Botschaft des fremden Gottes*, Frankfurt am Main 2008, bes. S. 69-75 (der Grundmythos). Und: Hans Jonas, *Gnosis und spätantiker Geist*, Göttingen ⁴1988 (zuerst 1934).
45 Es sind vor allem die Valentinianischen Spekulationen, die die Entfernung der inneren Instanzen vom göttlichen Zentrum in einer Semantik der Weiblichkeit denken. Andere Modelle der Gnosis bleiben hier neutraler und sprechen von einer innergöttlichen Ausdifferenzierung, einem einsetzenden Prozess der Selbstpluralisierung, damit einhergehend der Entfernung und des Entstehens eines partikulären Eigenwillens, der dann zur Schaffung der Welt führt. Da Arno Schmidt in *Aus dem Leben eines Fauns* aber eine lange Passage präsentiert, die vor allem der Valentinianischen Äonenspekulation folgt, ist der Ausgang beim weiblichen Modell (Sophia) naheliegend.

BA I/3, S. 528). Nur im Menschen ist tief in seinem Inneren ein Lichtkern verborgen, den die Archeronten, die ja selbst göttlichen Ursprungs sind, dort versteckt haben. Es bedarf eines Boten aus der Welt des Lichtes, der mit einem Weckruf den Menschen dazu auffordert, sich auf den Weg der Erkenntnis (Gnosis) zu begeben. Diese Erkenntnis führt für nur wenige Menschen aufsteigend, aber von Dämonen bekämpft, über ein System von Welten und Äonen, die alle durchschritten werden müssen, zum Licht, also auch zur Negation des Körperlichen. Vor allem aber führt der Weg der Erlösung durch die ganze Zeit, durch die Abfolge der Generationen, gar nicht so sehr verschieden von der Idee eines Erlöschens der Krypta durch lange Friedfertigkeit. Hans Jonas formuliert diesen Gedanken in seinem Gnosisreferat so: „Insofern führt der Weg der Erlösung durch die zeitliche Folge der ‚Generationen'. [...] „Welten und Generationen durchwanderte ich", sagte der Erlöser."[46]

Die Gnosis kennt intensive Bilderwelten:[47] Vorstellungen des Kerkers, Wanderungen durch Einöden und Gefahren, eine äußerst riskante und unwahrscheinliche Erlösung. Sie wurde vom Frühchristentum erfolgreich bekämpft, weil sie die in Christus behauptete Erlösungstat leugnete. Die Gnosis war nur zum Teil eine theologisierende Theoriebildung, sie war vor allem eine zunehmend als häretisch verfolgte Kultpraxis, in der die zur Erkenntnis führende Krise herbeigerufen werden sollte. Um die Gnosis ranken sich die Geschichten perverser Orgien, die das Erlösungsziel hatten, Gott aus seiner Verborgenheit hervorzulocken. Zur Gnosis gehört die Ablehnung des Kinderzeugens als eines Aktes der fehlgeleiteten Schöpfungsaffirmation. Es entstanden seltsame Mixturen aus asketischer und libertinärer Praxis.

Arno Schmidt zitiert die Valentinianische Äonenspekulation seitenlang im *Faun*, die Idee eines negativen Demiurgen im *Leviathan*; nach diesen frühen Texten sinkt das Modell tief in die Textstrukturen ein. Noch in *Abend mit Goldrand* ist Fraengers Boschdeutung, die bekanntlich die Gnosis bemüht hat, ein Verhandlungsgegenstand.

Schon das kurze Referat (ausführliche Darstellungen finden sich in der Forschung[48]) lässt die erstaunlichen, bis in die Bildkompositionen reichenden Parallelen zur Theorie der Krypta erkennen: Eine Kerkervorstellung, eine zur Gänze negative Energie, Dämonen, die Zersplit-

---

46 Jonas, Gnosis, S. 81.
47 Ebd., S. 75-130.
48 Dietmar Noering, „Der ‚Schwanz-im-Maul'. Arno Schmidt und die Gnosis", in: *Bargfelder Bote* 63 (1982), S. 3-18.

terung des Lichtfunkens[49] als Analogon zur kryptonymischen Etymologie, die namenlose Angst des Verstoßenseins, aber auch die winzige Hoffnung auf eine Wanderung durch die Generationen hindurch. Wenn man *Freud* vor dem Hintergrund der *Gnosis* liest, beide jedoch mit *Schopenhauer*, wenn man also Schmidts Lektürewege zugrundelegt, dann verwundert es nicht, eine so vollständige Modellentsprechung zwischen Abraham/Torok und Schmidts Gnosis zu finden. Wäre die Theorie der *Krypta* nicht in der auf Freud reagierenden psychoanalytischen Theoriegeschichte erfunden worden, hätte man sie sich bei Arno Schmidt besorgen können.

Der sowohl religionsgeschichtliche wie auch psychoanalytische Exkurs zeigt also eine starke Modellanalogie auf. Sie ist der Grund für meinen letzten Zug, den zum Begriff der Erlösung hin.

VIII. Erlösung

Was passiert, wenn eine kollektive Krypta über Generationen hinweg nicht mehr mit negativer Energie versorgt wird? Angenommen, die Menschen würden in Israel seit dem Zweiten Weltkrieg in Frieden leben, würde dann selbst diese starke Krypta, in der der unbetrauerbare Holocaust verborgen ist, mit der Zeit verschwinden, weil sie keine Nahrung mehr bekommt? Ist die *Erlösung* am Ende *prosaisch* zu denken als verblassende *Auflösung* der Krypten, den kollektiven wie denen der je eigenen Familienromane?

Diese Frage zu stellen, heißt zugleich, sie nicht beantworten zu können. Denn so wenig eine Krypta manifest zu machen wäre – man kann immer nur die Konstellation von Symptomen zu lesen versuchen –, so wenig ist ihr Verschwinden zu studieren. Wie will man das Erlöschen eines symbolischen Hohlraumes nachweisen? Und hat je einer den letzten Blick eines Gespenstes gesehen, wo doch schon der erste Blick auf ein Gespenst immer nur die Antwort auf den schon ergangenen Blick ist?

Aber die Frage einer solchen Erlösung als Sichauflösen der Krypta kann anders gestellt werden. Imaginieren wir anstelle einer längeren Abfolge der Generationen ein Zugleich von *Parallelwelten*, eine *Krümmung der Raumzeit*, schließlich eine *Durchdringung* dieser Welten – theologische Köpfe wie Arno Schmidt sprechen hier gern von *Perichorese*[50] – und

---

49 Jonas, Gnosis, S. 87.
50 Dieser Terminus (Durchdringung) ist in *Julia, oder die Gemälde* zentral. Dort findet sich die Formulierung der Durchdringung der Welten gemäß der theo-

daraus folgend eine Permanenz der Wiederkehr bei gleichzeitig ablaufender Biographie. Erlauben wir uns die Möglichkeit eines unaufgeregten Wechsels der Systeme, vom Wort ins Bild, vom Bild in die Luft, aus Mondschein ein zweidimensionales Mädchen aus Worten strickend, und: eine Sprache, die Mittelhochdeutsch, 18. Jahrhundert, Gegenwart, Latein, Englisch, Französisch, Spanisch frei fließend mischt, sodann ein „Wortballett"[51] aus gröbsten Perversitäten, die ganz nach dem riechen, was Benjamin in einer seiner Fehldeutungen einmal mit Blick auf Jahnn die „Heimatkunst der analen Zone"[52] nannte und eine Prosa, wie selbst Lyrik nie war. Imaginieren wir also in etwa das, was Arno Schmidt in *Abend mit Goldrand* und in *Julia, oder die Gemälde* gelungen ist, das Schwierigste, was je in der Literatur gedacht wurde (vielleicht vergleichbar noch mit Borges).

Agiert eine solche Prosa unter Zeitbedingungen, bei denen in Generationenabfolgen zu denken ist? Die Krypta öffnen, das heißt hier, die verdeckende Sprache, die ihren Hohlraum umschließt, zugleich als den Hohlraum zu lesen, der in einer anderen Krypta von einer verdeckenden Sprache umschlossen wird, et vice versa. *Krypten lesen und übersetzen Krypten*, bis in der Durchdringung (*Perichorese*) die Differenzen schwinden: *integrale Prosa*, nach Benjamin (s.o.). Das also ist der spekulative Gedanke, auf den es mir ankommt: Schmidt schreibt am Ende Texte, die es vermögen, die Arbeit der Generationenabfolge zu übernehmen. Er schreibt in seiner *Meta=Litteratur* die intensivste Form der Psychoanalyse, es geht im Ernst darum, schon hier diese Welt porös zu machen für die eindringenden *Paralleluniversen*, so dass die über die Generationenabfolge laufende Auflösung der Krypten in einem einzigen Moment der Raumzeitkrümmung lesbar wird. Wenn Erlösung das Verlöschen der Krypta ist, dann unternimmt Arno Schmidts Spätwerk den Versuch, *die dafür nötige Länge der Zeit* dadurch herzustellen, dass eine *Ontologie von Parallelwelten* erzeugt wird. Was dergestalt in einer *Gleichzeitigkeit* über-, neben- und ineinander existiert, wäre in die Län-

---

logischen Trinität der oder Freud'schen Instanzen. Schmidt spricht ja schon früher von der Durchdringung („[…] eine ganz seltsame Durchdringung der Zeiten […], BA I/4, S. 282; „[…] die wechselseitige Durchdringung dieser beiden Welten […]", BA III/4, S. 489 bzw. 239), aber erst in der *Julia* und in *Abend mit Goldrand* wird daraus ein konsequentes Erzählprogramm. Vgl. Arno Schmidt, „Julia, oder die Gemälde", in: ders., *Bargfelder Ausgabe*. Werkgruppe IV: Das Spätwerk, Bd. 4, Zürich 1992, S. 20, S. 125 [Julia].

51 „Unbesorgt; wenn ich getrunkn hab', weiß ich Alles: stippe meinen schärfstn Kiel id Hippokrene, zu anakoluthisch'n Wortballettismen –" (AmG, S.160).
52 Benjamin, Gesammelte Schriften, Bd. VI, S. 141.

ge der chronologischen Extension verlegt jene *longue durée*, welche nötig ist, um die Krypta zum Erlöschen zu bringen. Arno Schmidts Prosa öffnet also die Krypta, sie liegt nicht auf der Zeitachse einer langen Generationenfolge, sondern in einer Raumzeitkrümmung, die eine Wiederholung und eine Parallelität der konventionellen Zeiten impliziert. Und also entsteigt dem Bild ein nie gewesenes Kind (der unmögliche Gegenstand eines unbetrauerbaren Todes), flach wie ein Blatt Papier, reine Sprache, das verborgene Gespenst einer nicht möglichen Trauerarbeit, Julia, das in Arno Schmidts Werk verschwiegene Kind, die Schreibszene:

> JULIA (ihr Körper nur ein wenig Stoff, der einen lichten Glanz einhüllt. Sie kommt behend auf ihn zu; das duftende Miederchen bebt vor ihm; die wundervoll beseelten Augen. Das Bildchen lacht verlegen; flimmernd: ›Wohin?‹):»Ich geh' Deines Weges. –: Mags'D mich denn so?‹ (das leichte schwankende Kleid. Brüstchen seidenpüppig. Das verlegene Gesichtchen schmückt schon seine Schulter.)
> JHERING (Sie atmen sich an):»Ein Mann könnte tausend Jahre lang hinsehen, und immer noch nach dem Anblick hungern.« (Und sie halten, ein paar leise, verdrehte Herzschläge lang: die Blaßgoldne hat den Körper nur, daß Sie Einem nich gleich davon fliegt. (Ob Sie auch dran denkt?))
> JULIA (Ich?):»Ich zersinn' mein'n arm'm Kopf nach ei'm Spruch, der macht, daß ich mich andauernd in Deine Hände leg'n darf! – Ja, Du?!«; (Sie tanzt in die Höhe; Sie flunkert mit den Augen; (Sie zeigt beim Lachen die Zähne & immer ein bißchen Zahnfleisch darüber): die Flügel der kleinen Nase beben. Sie visiert blitzschnell in die Runde: ?; (das Schirmchen, das die Sonnenglut zu grauseid'nem Gefunkel zerstiebt, legt sich vor die BankGruppe der Andern=drüben. (Ganz kurz tippt Mund auf Mund. Die Unerfahrenen. (Und dann wollen Wir miteinander reden oder schweigen – beides ist schön; da es von Uns Zweien zusammen geschieht.)))
> (Ein Gesicht wie der FrühlingsHimmel! (›Das macht das blaue Kleid.‹, bemerkt die Kleine gefällig.). / Und der Abschied der Hände: so schwer, so langsam, daß ein Finger sich einzeln vom andern löst .....)
> JULIA:»Wir seh'n Uns dann gleich wieder, gelt?! – : Ich sitz' so lang, und flecht mir meine Thränen durch die Finger! – Tschü=üs!!!«
> (›Ic dir nach sihe, ic dir nach sendi mit minen funf fingrin funui under funfzic engili‹ .....)[53]

---

53 Julia, S. 41f.

Arno Schmidts Prosa öffnet die Krypta, und also geht die erste und letzte Frau, ein Kind, das alle Männer hatte, also alle Vergewaltigungen kennt und Ann'Ev' (andere Ewigkeit) heißt, in das Bild hinein, in dem alle offenbaren Körper ohne Schatten gemalt und alle Geschlechter ohne Haare sind, Boschs *Garten der Lüste*:

[…]
Nur Ann'Ev' ist noch dort stehen geblieben. Plötzlich hebt sich ihre Hand – :)
ANN'EV': »My Double!; die Entfernte, die Ich bin! – : das ist Mshunia Kushta! –«. (Sie geht auf das Gemälde zu: :wobei sie kleiner wird – (immer das Blatt über ihrer Schulter) – ist nur noch fußhoch – setzt die Sohle auf den Rahmen – : und tritt, rechts unten, ins Bild hinein. Neckt, im Vorbeigehen, den Vogel auf dem Rande der großen genoppten GlasVase; und spricht dann die Nackte mit dem BlumenSchapel, der CitrusFrucht (?) am Ende des langen Haares (id KnieKehle) an: ? – Man hört; man wendet sich ihr zu. Bis die Lange die Hand von der Hüfte nimmt, und nach vorn zeigt: ! / Ann'Ev' geht im VorderstGrund entlang – (da hebt Der mit dem fantastischen BlumenHut, der StielFeder, das Gesicht aus seiner RiesenErdbeere? – Vorbei an den HandstandMachenden. Um den Großen Fisch herum, (der auch nicht verfehlt, sein GlotzAuge zu ihr hoch zu drehen). Und tritt vor die
Große Dozierende hin, (mit den 2 ÜberJohannisbeeren auf dem Scheitel); Die erst die Brauen höher spannt: ? – sich ihr dann aber entgegen wendet: sie umarmen einander freundlich \ feierlich. Ann'Ev' trägt Jener etwas vor; – ; sie erhält Antwort aus dem großen gleichmütigen Gesicht. Wieder die Frage. Diesmal ein Kopfwiegen mit gespitztem Munde. Sie dreht sich etwas, und weist auf die DreierGruppe von Männern, die sich rechtshinter ihr unterhält. /
[…]
// Entsetzen der Draußen: wird Sie unsichtbar!?// Aber schon erscheint sie wieder, neben dem liegenden Pärchen. : das Mädchen dreht den Kopf: ? Erkennt sie: ! Springt auf: sie umarmen sich, stürmisch, und küssen sich; wühlen die Stirnen aneinander; lachen sich dann wieder, ekstatisch, an, und legen sich die Köpfe, erschöpft, auf die Schultern. (Indes der Tanz des Paares Rücken=an=Rücken, (Köpfe & Oberlieb in *einer* BlütenGlocke verhüllt), beglückwünschend weiter geht.) Endlich faßt man sich bei den Händen; es zieht ihnen, ein süßschwerer Abschied, die Arme immer länger: – , –. Bis Ann'Ev' denn weiter muß – (nicht ohne einiges ZurückWinken: ›!‹)

[...]
Verhält einen Herzschlag lang, – , bückt sich dann; und hebt 1 der SamenKugeln auf, eine rote. / Dann setzt sie, umsichtig, den Fuß wieder auf den Rand des Bildes; – tut einen leichten Sprung: ' – auf den FußBoden des Zimmers. Und kommt, rasch wachsend, wieder an ihren alten Platz. Steht einen Augenblick; überlegend; – geht dann auf A&O's Schreibtisch zu; und legt ihm die (nun auch tennisballgroß gewordene) Frucht (?wohl eher Sammelhülle für mehrere Samen?), unbeholfen auf seine SchreibUnterlage: –.

In der Parallelspalte zu der zitierten Sequenz ist zu lesen:

(: ? – : ist es nich ... wie wenn ein ganzfeiner=leiser ... Gesang? / Auch Egg hat das rechte Ohr nach vorne gewandt: ... / :
: ›... Mildere Sonnen scheinen darein. Himmlischer Söhne geistige Schöne. Schwankende Beugung schwebet vorüber (vornüber): sehnende Neigung folget hinüber ... Wo sich für's Leben, tief in Gedanken, Liebende geben. Laube bei Laube. Sprossende Ranken, lastende Traube. Stürzen in Bächen schäumende Weine, rieseln durch reine edle Gesteine; lassen die Höhen hinter sich liegen, breiten zu Seen sich ums Genügen grünender Hügel. Und das Geflügel schlürfet sich Wonne; flieget der Sonne, fliegete den hellen Inseln entgegen, die sich auf Wellen gaukelnd bewegen. Wo wir in Chören Jauchzende hören, über den Auen Tanzende schauen, die sich im Freien Alle zerstreuen: Einige klimmen über die Höhen, Andere schwimmen über die Seen, Andere schweben: Alle zum Leben; Alle zur Ferne liebender Sterne seliger Huld ....‹

Arno Schmidts Prosa öffnet die Krypta, und also steht der irdischen Trennung eine Utopie vom „Finden‹ von 2 ‚Richtijen'" (AmG, S. 230), von der Vereinigung mit dem ‚Komplement' entgegen, dessen Möglichkeit allein der gekrümmten Raumzeit und der in ihr eingeschlossenen Wiederkehr sich verdankt:

((?): natürlich *giebt* es dieses ›Komplement‹, Martina; aber):»Dem begegnesDu nie. Und wenn Du ihm begegnesD, liegn die verruchtestn Hindernisse dazwischn ... (?): ach, daß ›Sie‹ schon verheiratet iss, wäre noch das Geringste, siehe Tristan und Isolde. Aber wenn sie, aus irgendeinem ›Versehen‹ der tückischen Natur, 1 wenn nicht gar 2 Generationen auseinander sind?« (ich habe schon Greise kleine

Mädchen mit seltsamen Augen mustern sehen: und Die gaben den Blick, wunderlich ernst, zurück! (Oder wenn Du gar über ein Bild gerätsD, das sein Meister vor 400 Jahren gemalt hat; und Du weißt plötzlich: Die! Die dort am Rande; Die mit dem gelben Haar ... – Er stockt; erwacht; verwirrt sich. Er sagt zu Ann'Ev'): »Verzeihung. –«

(AmG, S. 230)

Arno Schmidts Prosa öffnet die Krypta, und also sollen alle Akteure wiederkehren, das ganze Ensemble jener Figuren, die immer wieder Freuds Instanzenlehre orchestriert haben und doch ein einziges Bilderrätsel sind. Es ist die Formel der *apokatastasis panton*:

Begegnung mit den Gestalten meiner Bücher
(Julia, S.149)